Wissensbasierte Diagnosesysteme
im Service-Support

T0255557

Springer
Berlin
Heidelberg
New York
Barcelona
Hongkong
London
Mailand
Paris
Singapur
Tokio

Frank Puppe   Susanne Ziegler
Ulrich Martin   Jürgen Hupp

Wissensbasierte Diagnosesysteme im Service-Support

Konzepte und Erfahrungen

Mit 54 Abbildungen

 Springer

Prof. Dr. Frank Puppe
Lehrstuhl für Künstliche Intelligenz und Angewandte Informatik
Universität Würzburg, Am Hubland, 97074 Würzburg
puppe@informatik.uni-wuerzburg.de

Susanne Ziegler
TUTech Technologie GmbH der TU Hamburg, 21071 Hamburg

Ulrich Martin
Siemens ElectroCom GmbH & Co. OHG, 78459 Konstanz

Jürgen Hupp
Koenig & Bauer AG
Friedrich-Koenig-Str. 4, 97080 Würzburg

Die Deutsche Bibliothek – CIP-Einheitsaufnahme
Wissensbasierte Diagnosesysteme im Service-Support: Konzepte und Erfahrungen/
von Frank Puppe ... – Berlin; Heidelberg; New York; Barcelona; Hongkong; London;
Mailand; Paris; Singapur; Tokio: Springer, 2001
ISBN 3-540-67288-5

ACM Computing Classification (1998): I.2.1, I.2.5–6, H.4.2, H.2.8,
H.5.2, K.6.1

Additional material to this book can be downloaded from http://extras.springer.com.

ISBN 3-540-67288-5 Springer-Verlag Berlin Heidelberg New York

Dieses Werk ist urheberrechtlich geschützt. Die dadurch begründeten Rechte, insbesondere die der Übersetzung, des Nachdrucks, des Vortrags, der Entnahme von Abbildungen und Tabellen, der Funksendung, der Mikroverfilmung oder der Vervielfältigung auf anderen Wegen und der Speicherung in Datenverarbeitungsanlagen,
bleiben, auch bei nur auszugsweiser Verwertung, vorbehalten. Eine Vervielfältigung
dieses Werkes oder von Teilen dieses Werkes ist auch im Einzelfall nur in den Grenzen der gesetzlichen Bestimmungen des Urheberrechtsgesetzes der Bundesrepublik
Deutschland vom 9. September 1965 in der jeweils geltenden Fassung zulässig. Sie ist
grundsätzlich vergütungspflichtig. Zuwiderhandlungen unterliegen den Strafbestim-
mungen des Urheberrechtsgesetzes.

Springer-Verlag Berlin Heidelberg New York,
ein Unternehmen der BertelsmannSpringer Science+Business Media GmbH

© Springer-Verlag Berlin Heidelberg 2001
Printed in Germany

Die Wiedergabe von Gebrauchsnamen, Handelsnamen, Warenbezeichnungen usw. in
diesem Werk berechtigt auch ohne besondere Kennzeichnung nicht zu der Annahme,
daß solche Namen im Sinne der Warenzeichen- und Markenschutz-Gesetzgebung als
frei zu betrachten wären und daher von jedermann benutzt werden dürften.

Umschlaggestaltung: Künkel + Lopka Werbeagentur, Heidelberg
Satz: Reproduktionsfertige Vorlage von den Autoren
Gedruckt auf säurefreiem Papier   SPIN: 10763252   45/3142 GF – 5 4 3 2 1 0

Vorwort

Wer komplexe Produkte verkaufen will, muß einen guten Service-Support gewährleisten. Das betrifft gleichermaßen sowohl immaterielle Produkte wie Software oder Dienstleistungen als auch Maschinen und Anlagen. Angesichts immer kürzerer Innovationszyklen und immer leistungsfähigerer Produkte erfordert der Service-Support zunehmend mehr Fachwissen. Dies gilt insbesondere für die schnelle und kompetente Behebung von Störungen. Deren Ursachen liegen oft nicht nur in technischen Mängeln des Produktes, sondern auch in falscher Bedienung, schlechter Konfigurierung oder inadäquater Betriebsweise. Jedoch ist es meist nicht leicht, die verschiedenen Fehlerkategorien auseinanderzuhalten, was die Komplexität weiter erhöht. Neben den traditionellen Service-Support-Strategien wie Handbücher, Rundschreiben, Hotline, Call-Center und Service vor Ort werden in letzter Zeit wissensbasierte Diagnosesysteme immer interessanter, zumal sich die verschiedenen Strategien gut kombinieren lassen. Bei letzteren wird das Diagnosewissen von Service-Support-Fachexperten formalisiert und kann dann einfach – insbesondere im Inter- oder Intranet – auf neue Problemfälle angewendet werden. Die Hauptschwierigkeit ist ihr oft beträchtlicher Entwicklungs- und Wartungsaufwand. Eine volle Ausnutzung ihres Potentials muß daher bei der Reduktion dieses Aufwandes ansetzen.

Diese Zielsetzung war der Schwerpunkt eines vom Bundesministerium für Bildung und Forschung (BMBF) in den letzten fünf Jahren geförderten Leitprojektes im Bereich Arbeit und Technik, in dem Informatiker, Soziologen und verschiedene Unternehmen die entsprechenden Methoden weiterentwickelten und erprobten.[1] Ausgangspunkt war die These, daß im Vergleich zum konventionellen Knowledge Engineering, das durch Zusammenarbeit von Wissensingenieuren und Fachexperten charakterisiert ist, eine beträchtliche Einsparung und Effizienzsteigerung durch die selbständige Wissensformalisierung der Fachexperten möglich ist. Diese „Selbstakquisition" wurde durch technische Weiterentwicklungen unterstützt, in den Betrieben umgesetzt und von den Soziologen begleitet und evaluiert.

In diesem Buch werden die Ergebnisse und Erfahrungen aus den unterschiedlichen Perspektiven der Beteiligten vorgestellt. Dadurch entsteht ein facettenreiches Bild der aktuellen Technologie wissensbasierter Systeme und ihrer praktischen Umsetzung.

---

[1] „Kooperierende Diagnostik-Expertensysteme zur Komplexitätsreduktion bei der Entwicklung sehr großer Wissensbasen"; geförderte Projektpartner: Lehrstuhl für Informatik VI der Universität Würzburg mit TuTech Technologie GmbH der TU Hamburg-Harburg, Arbeitsbereich Technikbewertung und Technikgestaltung (Förderkennzeichen 01HP844) sowie die Koenig & Bauer AG (Förderkennzeichen 01HP834).

Die informatischen Ergebnisse umfassen die Bereitstellung von Wissensformalisierungsmustern zur Unterstützung der Wissensorganisation, grafische Wissensabstraktionen, die Modularisierung von Wissensbasen mit kooperierenden Diagnoseagenten, die Integration von informellem Wissen (Texte, Bilder) mit formalisiertem Wissen und die Wissensbereitstellung im Internet. Alle Konzepte wurden durch Weiterentwicklung des Diagnostik-Shellbaukastens D3 implementiert, der aufgrund seiner grafischen Wissenserwerbskomponente und seines breiten Spektrums an unterstützten Wissensarten und Problemlösungsmethoden bereits eine gute Ausgangsbasis bot. Die wichtigsten diagnostischen Wissensarten sind Erfahrungs-, Modell- und Fallwissen. In unseren betrieblichen Anwendungen stützten wir uns hauptsächlich auf Erfahrungswissen. Modelle eignen sich zwar gut für die Diagnose technischer Fehler auf der Basis von Konstruktionsunterlagen, aber weniger gut für die übrigen oben angesprochenen Fehlerkategorien. Für das fallbasierte Schließen war die Anzahl gut dokumentierter Fehlerfälle zunächst nicht ausreichend, sie werden jedoch schrittweise hinzugefügt. Ihr ergänzender Nutzen besteht darin, daß für Fälle, die nicht mit dem Erfahrungswissen lösbar sind, in der Fallbasis nach ähnlichen Fällen gesucht werden kann.

Aus soziologischer Sicht wurde vor allem das Konzept der „Selbstakquisition" und die Einführung des Diagnose- und Informationssystems in die Unternehmensorganisation untersucht. Es wurde deutlich, daß Fachleute, die gewohnt sind, Probleme bei der Inbetriebnahme komplexer Maschinen unter Zeitdruck zu lösen, auch bei der Wissensformalisierung kreativ mit Entwicklungswerkzeugen umgehen können. Auf der Basis dieser Untersuchungen wurde – in enger Zusammenarbeit mit den Monteuren der Koenig & Bauer AG – ein Tutorial erstellt und in Schulungen eingesetzt, das Facharbeitern eine adäquate Einführung in die ihnen fremde Welt der Wissensformalisierung und -implementierung mit dem Diagnostik-Shellbaukasten D3 bietet. Die oben erwähnten Wissensformalisierungsmuster verfolgen darüber hinaus das Ziel, praktisch bewährte Strategien zu verallgemeinern und auch zu standardisieren, damit nicht jeder Fachexperte das Rad neu erfinden muß. Für das wichtigste Muster, die heuristischen Entscheidungsbäume, wurde deswegen ein spezielles Tutorial von Siemens ElectroCom erstellt. Ein weiterer wichtiger soziologischer Forschungsschwerpunkt lag auf der Einführung des Diagnosesystems in die Unternehmensorganisation und den einschlägigen Fragen zum Projektmanagement.

Die Selbstakquisition wurde erfolgreich in mehreren betrieblichen Projekten unterschiedlicher Größe umgesetzt, deren Erfahrungen ausführlich geschildert werden. Bei Koenig & Bauer, dem weltweit drittgrößten Druckmaschinenhersteller, wurde ein Diagnose- und Informationssystem für Druckmaschinen entwickelt. Ähnlich komplex sind auch Briefsortieranlagen, wofür der Marktführer Siemens ElectroCom ebenfalls ein Diagnose- und Informationssystem erstellte. Zwei sehr viel kleinere Projekte beziehen sich auf die Diagnose von Laserschweißanlagen zur Produktion von Benzineinspritzventilen bei Bosch und die Unterstützung der Hotline bei der Softwarefirma GTI (für letzteres s. Beitrag „Diagnostik im Internet").

Der Dank der Autoren des Buches gilt zunächst den zusätzlichen Autoren der einzelnen Beiträge. Weiterhin danken wir Ilona Kopp vom Projektträger des

BMBF, die das Projekt über die gesamte Laufzeit betreut hat, Prof. Dr. Thomas Malsch (TU Hamburg-Harburg) als Leiter der soziologischen Begleitforschung und natürlich allen beteiligten Mitarbeitern in den Firmen und Universitäten. Dazu gehören Stefan Landvogt, Dr. Bettina Reinhardt, Siegfried Kohlert, Thomas Unglert, Dr. Bernhard Puppe, Joachim Baumeister, Ioannis Iglezakis von der Universität Würzburg, Dr. Ulrich Mill vom IuK Institut für sozialwissenschaftliche Technikforschung in Dortmund, Volker Fischer, Robert Kallisch, Gerhard Eimann und alle weiteren beteiligten Monteure der Koenig & Bauer AG, Matthias Gottwald, Inge Hooyberghs, Andreas Eisenmann, Bernd Straub, Reiner Gerstenberger, Purau Bahatyani, Ulrich Reimann, Henning Frehe, Jürgen Berger, Rainer Messerschmidt, Kai Benecke, Rudolf Kissendorfer von Siemens ElectroCom sowie bei der Robert Bosch GmbH in Bamberg die Fertigungsabteilung 3 unter der Leitung von Dr. Torsten Penz für die Genehmigung und Unterstützung des Vorhabens und insbesondere der Werkstudent Bastian Eichfelder. Für das Korrekturlesen des Manuskriptes danken wir Joachim Baumeister, Petra Braun, Christoph Oechslein, Barbara Puppe und Jutta Tempelmann. Schließlich danken wir dem Springer-Verlag, insbesondere Dr. Hans Wössner, Ingeborg Mayer und Gabi Fischer, für die bewährte Zusammenarbeit.

Würzburg, im September 2000   Die Autoren

Autorenliste

Dr. Stefan Bamberger   <Stefan.Bamberger@khe.siemens.de>
Siemens AG, A&D AS E 213, Östliche Rheinbrückenstr. 50, 76187 Karlsruhe

Thilo Beckmann   <Thilo.Beckmann@de.bosch.com>
Robert Bosch GmbH, BaW/TEF1.23, Robert-Bosch-Str. 40, 96050 Bamberg

Mitchel Berberich   <mitchel@informatik.uni-wuerzburg.de>
Universität Würzburg, Lehrstuhl für Informatik VI, Am Hubland, 97074 Würzburg

Christian Betz   <betz@informatik.uni-wuerzburg.de>
Universität Würzburg, Lehrstuhl für Informatik VI, Am Hubland, 97074 Würzburg

Prof. Manfred Daniel <daniel@ba-karlsruhe.de>
Berufsakademie Karlsruhe, Ausbildungsbereich Wirtschaft/Wirtschaftsinformatik,
Erzbergerstr. 121, 76133 Karlsruhe,

Dr. Ute Gappa   <Ute.Gappa@de.bosch.com>
Robert Bosch GmbH, K7/EPB-FR, Theodor-Heuss-Allee 70, 60486 Frankfurt

Stefan Hessler   <SHessler@kba-print.de>
Koenig & Bauer AG, Friedrich-Koenig-Str. 4, 97080 Würzburg

Jürgen Hupp   <JHupp@kba-print.de>
Koenig & Bauer AG, Friedrich-Koenig-Str. 4, 97080 Würzburg

Richard Kestler   <RKestler@kba-print.de>
Koenig & Bauer AG, Friedrich-Koenig-Str. 4, 97080 Würzburg

Dr. Franziska Klügl   <kluegl@informatik.uni-wuerzburg.de>
Universität Würzburg, Lehrstuhl für Informatik VI, Am Hubland, 97074 Würzburg

Ulrich Martin   <Ulrich.Martin@kst.siemens.de>
Siemens ElectroCom GmbH & Co. OHG, 78459 Konstanz

Hartmut Müller   <Hartmut.Mueller@kst.siemens.de>
Siemens ElectroCom GmbH & Co. OHG, 78459 Konstanz

Prof. Dr. Frank Puppe   <puppe@informatik.uni-wuerzburg.de>
Universität Würzburg, Lehrstuhl für Informatik VI, Am Hubland, 97074 Würzburg

Sabine Schwingeler   <schwingeler@tu-harburg.de>
TUTech Technologie GmbH der TU Hamburg-Harburg,
Arbeitsbereich Technikbewertung und Technikgestaltung, 21071 Hamburg

Susanne Ziegler   <su.ziegler@t-online.de>
TUTech Technologie GmbH der TU Hamburg-Harburg,
Arbeitsbereich Technikbewertung und Technikgestaltung, 21071 Hamburg

Inhaltsverzeichnis

Teil I

Einführung

1. Entscheidungsunterstützung im Service-Support

Frank Puppe

1.1 Einleitung

Die Aufgabe des Service-Supports ist die Kundenbetreuung nach Verkauf eines Produktes. Insbesondere bei komplexen Maschinen, Anlagen oder Softwaresystemen benötigt der Kunde außer einer umfassenden Dokumentation mit Handbüchern und Zeichnungen einen kompetenten, ständig verfügbaren Ansprechpartner zur Lösung vielfältiger Probleme, die sich während der laufenden Nutzung ergeben. Die Bedeutung des Service-Supports wird dadurch unterstrichen, daß häufig Wartungsverträge abgeschlossen werden, in denen die maximale Zeitdauer bis zur Lösung eines Problems schriftlich vereinbart wird. Die Hersteller der Produkte lösen dieses Problem meist durch die Einrichtung einer Hotline, die als Call Center ausgelagert sein kann, aber häufig aus eigenen Mitarbeitern besteht. Ein Kundenanruf wird von dem Hotline-Personal entweder direkt beantwortet, an entsprechende Fachleute weitergeleitet oder als Problemfall notiert, der später abgearbeitet wird. Außerdem wird – außer bei Trivialfällen – meist aus Dokumentations- und ggf. Abrechnungsgründen ein Bericht geschrieben. Die Verwaltungsaufgaben einer Hotline können gut durch Service-Support-Software unterstützt werden. Eine Skizze für ein typisches Service-Support-System zeigt Abb. 1.

Ein Kunde ruft beim Service an. Der Servicemitarbeiter (SM) muß den Kunden bzw. seine Maschine zuerst identifizieren. Das soll außer über die Kunden- bzw. Maschinennummer auch über andere Angaben des Kunden (z.B. Kundenname, Mitarbeitername, Baujahr der Maschine, Ort des Kunden) möglich sein (A1). Nach der Identifikation bekommt der SM eine Übersicht über die bisherigen Kundenkontakte (A2) sowie über die Produktkonfiguration des Kunden (A3) angezeigt. Durch einfachen Klick kann er sich detailliertere Informationen zu einem bestimmten Kundenkontakt (A4) oder zur Produktkonfiguration (A5) holen. Weiterhin kann er einen neuen Kundenkontakt anlegen (A6), der neben allgemeinen Verwaltungsinformationen auch eine mehr oder weniger ausführliche Problembeschreibung enthält (A7). Falls Fälle häufig an andere Experten oder Außendienstmitarbeiter zur Lösung weitergeleitet werden, ist ein Workflowsystem hilfreich, das den Problemstatus und die jeweiligen Verantwortlichkeiten für die Problemlösung verwaltet (A8). Wenn das Problem abgeschlossen ist, wird die Problemlösung eingetragen, der Kundenkontakt geschlossen, ggf. eine statistische Auswertung vorgenommen und eine Rechnung erstellt (A9). Manche Service-Support-Systeme gestatten dem Kunden auch, über das Internet mit einer Falliden-

tifikationsnummer den Status der Problembearbeitung im Workflowsystem direkt
abzufragen.

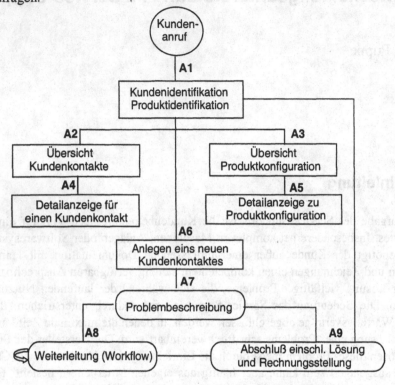

Abb. 1: Rechnergestützter Service-Support

Für das Finden von Problemlösungen können die meisten Service-Support-
Systeme jedoch kaum Unterstützung anbieten. Wenn Handbücher Anleitungen
zum Erkennen und Beheben von Fehlern enthalten, können Service-Mitarbeiter
darin über Inhaltsverzeichnis, Index oder – falls die Handbücher elektronisch vorliegen – über freie Suchbegriffe die relevanten Stellen suchen. Allerdings ist dieser Prozeß mühsam, und auch das Interpretieren der gefundenen Informationen
kann schwierig sein, da diese nicht auf die aktuelle Problemsituation bezogen
sind. Daher sind die Hotline-Mitarbeiter bei der Problemlösung meist auf sich
oder kompetente Mitarbeiter im Hintergrund angewiesen. Neben dem hohen Personalaufwand umfassen die Kosten einer guten Hotline deswegen auch einen
beträchtlichen Qualifikationsaufwand der Mitarbeiter – entweder zur Einarbeitung
oder weil Experten von anderer Arbeit freigestellt werden müssen.

1.2 Diagnosesysteme zur Entscheidungsunterstützung

Eine nützliche Erweiterung von Service-Support-Systemen sind daher Funktionen,
die die Problemlösung selbst unterstützen (und nicht nur die Problemverwaltung).
Die zwei wichtigsten Ansätze, die sich auch kombinieren lassen, sind wissensbasierte Diagnosesysteme und intelligente Information-Retrieval-Systeme.

Wissensbasierte Diagnosesysteme erfordern eine standardisierte Dateneingabe, so daß die Daten anschließend automatisch interpretiert werden können. Am häufigsten sind Computer-Fragebögen, die im Vergleich zu Papierfragebögen flexibler sein können, indem Folgefragen nur dann auftauchen, wenn sie in dem aktuellen Problemkontext relevant sind. Alternativ kann man auch bereits gespeicherte Daten aus Datenbanken oder mit Sensoren automatisch erhobene Daten übernehmen. Zur Auswertung der Daten kann das Wissen in verschiedener Form repräsentiert werden, z.B. in Entscheidungsbäumen, Entscheidungstabellen, statistischen, heuristischen, überdeckenden, funktionalen oder fallbasierten Relationen. Die Auswahl hängt von der Art des vorhandenen Vorwissens, dem Aufwand zur Formalisierung und Wartung des Wissens, der angestrebten Genauigkeit der Diagnostik aber auch den Vorlieben der Wissensbasisentwickler und den zur Verfügung stehenden Werkzeugen ab.

Als Ausgangspunkt für die Integration von Diagnosesystemen in Service-Support-Systeme aus Abb. 1 eignet sich die Erfassung der Problembeschreibung (A7). Während die meisten Systeme dort nur eine Freitexteingabe anbieten, würde bei einem Diagnosesystem ein dynamischer Fragebogen oder eine Standardterminologie bereitgestellt, mit welcher der Benutzer sein Problem beschreibt. Durch die Formalisierung der Problembeschreibung wird eine vielfältige Unterstützung möglich:

- ein standardisiertes Berichtswesen mit der Generierung verschiedener Berichtstypen aus denselben Grunddaten und der Möglichkeit zu statistischen Auswertungen,
- Hinweise auf nützliche Untersuchungen und mögliche Fehlerursachen, die aufgrund der Falldaten mithilfe von formalisiertem Expertenwissen oder statistischem Wissen hergeleitet werden,
- Hinweise auf ähnliche Fälle, indem die Falldaten mit früheren Fällen mittels eines vagen Ähnlichkeitsmaßes verglichen werden (d.h. nicht nur exakte Datenbankabfragen),
- schneller Zugriff auf Dokumente (Handbücher, Zeichnungen, Videos, Reparaturstrategien), indem entweder von den Diagnosen direkte Zeiger zu relevanten Stellen in den Dokumenten gesetzt werden oder aus dem Diagnosesystem eine Suchanfrage für die (vorher indizierten) Dokumente generiert wird,
- Einsatz für tutorielle Zwecke, indem vom Diagnosesystem korrekt gelöste Fälle als Fallstudien präsentiert werden, die der Benutzer selbst lösen muß und dabei ggf. kritisiert wird.

Es gibt mehrere Zielgruppen für ein Diagnosesystem: Kunden, Hotline-Mitarbeiter und Fachexperten. Kunden bringen am wenigsten Vorwissen mit, sind aber häufig am stärksten motiviert, ihr Problem mit einem Diagnosesystem zu lösen, während es bei Experten eher umgekehrt ist. Das kann sich auf die Gestaltung eines Systems z.B. so auswirken, daß die Fragebögen für Experten relativ kurz in ihrer Fachsprache gehalten sind, während sie bei Kunden wegen ihres geringeren Vorwissens ausführlicher sein müssen. Im letzteren Fall werden aus verschiedenen, eventuell redundant erfragten Beobachtungen höherwertige Merkmalsabstraktionen hergeleitet, die die anschließende Diagnostik erleichtern (z.B. eine

Abbildung von numerischen Daten in Klassen wie „zu niedrig", „normal" und „zu hoch", wozu häufig auch Kontextdaten mitberücksichtigt werden müssen). Wenn man das System für mehrere Zielgruppen auslegen will, dann sollten die Teilsysteme miteinander kommunizieren und insbesondere ihre erhobenen Daten austauschen können, so daß diese nicht mehrfach erfragt werden müssen. Das Ergebnis des Diagnosesystems sind einerseits Vorschläge, welche Untersuchungen zusätzlich durchgeführt werden sollen und andererseits Diagnosen, die mit Handlungs- und Reparaturanleitungen verknüpft sind. Häufig ist auch beides kombiniert, z.B. wenn eine Untersuchung darin besteht, ein Teil auszutauschen und anschließend zu testen, ob das System funktioniert.

1.3 Vorteile

Die Entwicklung wissensbasierter Systeme zur Unterstützung des Service-Support bietet eine Menge von Chancen und Risiken. Ihr Nutzen hängt von dem Vorwissen und der Motivation der Hotline-Mitarbeiter ab, die das Diagnosesystem anwenden. Wenn diese z.B. auf bestimmte Teile der Maschine spezialisiert sind oder nur Grundkenntnisse haben, dann kann ein Diagnosesystem sie in die Lage versetzen, sehr viel mehr Fälle ohne Hinzuziehen von Spezialisten zu klären. Das gilt in noch stärkerer Weise für Kunden, insbesondere beim Erkennen und Beheben von Bedienungsfehlern. Da die meisten Produkte immer komplizierter werden, andererseits sich die Zykluszeiten verkürzen, in denen die Kunden Erfahrungen im Umgang mit dem Produkt sammeln können, kann der Hersteller deren Zufriedenheit und Effektivität durch ein Beratungs- und Diagnosesystem beträchtlich steigern. Dabei besteht je nach Komplexität ein fließender Übergang von einer einfachen Liste häufiger (Bedien)Fehler und ihrer Abhilfen, die sich in vielen Handbüchern findet, zu Diagnosesystemen mit dynamischen Fragebögen und komplexen Bewertungsfunktionen. Da ein Diagnosesystem für Kunden auf Einzelplatzrechnern schwer zu aktualisieren ist, bietet sich die Bereitstellung des Wissens im Internet an. Auf diesen Ansatz, auch in Kombination mit verteiltem Problemlösen, wird in Kap. 7 ausführlich eingegangen.

Ein anderer wichtiger Nutzen resultiert aus der automatischen Dokumentation, die bei der Nutzung eines Diagnosesystems anfällt. Da eine Dokumentation der Problemfälle ohnehin in den meisten Hotline- und Service-Support-Abteilungen notwendig ist, kann man ein wissensbasiertes System auch so auslegen, daß es in erster Linie die Dokumentation unterstützt und standardisiert. Erst in zweiter Linie leitet es dann aus den erhobenen Daten Diagnosevorschläge her, wobei man u.U. auf das Stellen spezieller Fragen zur Abklärung von Hypothesen verzichtet, wenn dies nicht aus Dokumentationsgründen ohnehin erforderlich ist. Der Nutzen eines wissensbasierten Dokumentationssystems ist vielfältig:

- Die gestellten Fragen sind nicht starr, sondern an das Problem angepaßt, d.h. es werden keine unnötigen Daten erhoben.
- Die Dokumentation wird standardisiert und ggf. das Einhalten des Standards überprüft. Daraus können aussagekräftige Statistiken generiert werden.

- Falls mehrere Arten von Dokumenten (z.B. Tätigkeitsberichte, Rechnungen) zu einem Fall benötigt werden, so können sie aus der Dokumentation heraus mit geeigneten Schablonen generiert werden.
- Falls interessante Fälle auftreten, können diese in eine Fallsammlung übertragen und entsprechend indiziert werden. Spätere Benutzer können automatisch auf diese Fälle aufmerksam gemacht werden, falls sie einen ähnlichen Fall eingeben.

Schließlich haben viele Untersuchungen gezeigt, daß der Einsatz von Diagnosesystemen zu einer Qualifizierung der Benutzer führen kann, da sie das dem Diagnosesystem zugrundeliegende Wissen schnell lernen, wenn sie das System häufig nutzen. Dieser Effekt wird durch verschiedene System-Eigenschaften begünstigt:

- Das Wissen sollte in einer übersichtlichen und lesbaren Form dargestellt werden, am besten in einem Browser-Format, so daß es leicht zugänglich ist. Das ist auch nützlich, damit sich die Benutzer einen schnellen Überblick über die Leistungsfähigkeit des Systems verschaffen können.
- Während der Nutzung ist eine gute Erklärungskomponente wichtig, die dem Benutzer zeigt, wie man Problemmerkmale erkennen kann, warum bestimmte Fragen gestellt, Untersuchungen vorgeschlagen oder Diagnosen und Reparaturstrategien hergeleitet bzw. ausgeschlossen werden.
- Schließlich kann man aus den korrekt gelösten Fällen auch Trainingsfälle generieren, bei denen der Benutzer die Ausgangsdaten des Falles präsentiert bekommt und dann weitere Information anfordern oder Diagnosen und Reparaturvorschläge stellen muß. Das System vergleicht diese mit den aufgrund der Wissensbasis hergeleiteten Aktionen und generiert passende Kommentare (s. [Puppe et al. 96, Kap. 2.8][1]).

1.4 Entwicklungsaufwand

Der Einsatz von Diagnosesystemen erfordert einen beträchtlichen Aufwand zur Wissensformalisierung und zur kontinuierlichen Pflege des Wissens. Die daraus resultierenden Kosten müssen dem Nutzen gegenübergestellt werden, der im letzten Abschnitt betrachtet wurde. Daher hängt die Bilanz erheblich davon ab, wie hoch der Aufwand ist und wie er ggf. reduziert werden kann. Im folgenden gehen wir auf die wichtigsten diesbezüglichen Techniken ein.

Die primäre Frage ist, wer das Wissen formalisiert. Die drei Alternativen sind der indirekte, direkte und automatische Wissenserwerb. Beim indirekten Wissenserwerb befragt ein Wissensingenieur Experten und liest ggf. Fachliteratur, um auf der Basis seines Verständnisses des Anwendungsgebietes das Diagnosesystem zu erstellen. Beim direkten Wissenserwerb formalisieren die Fachleute ihr Wissen selbständig. Beim automatischen Wissenserwerb wird die Wissensbasis aus Fällen

[1] Puppe, F., Gappa, U., Poeck, K. und Bamberger, S.: Wissensbasierte Diagnose- und Informationssysteme, Springer, 1996.

gelernt. Jede Form hat Probleme: Der indirekte Wissenserwerb ist relativ kost-spielig und fehleranfällig; der direkte Wissenserwerb setzt voraus, daß die Fach-leute ihr Wissen formalisieren können, und der automatische Wissenserwerb funktioniert nur, wenn es viele qualitativ hochwertige Fallbeschreibungen mit bekannter Lösung gibt.

Wir schlagen eine Kombination der Methoden vor, wobei der Schwerpunkt auf dem direkten Wissenserwerb liegt: Dabei müssen die Fachleute vielfältige Unter-stützung bei der Wissensformalisierung bekommen. Ein wesentlicher Teil der in den folgenden Kapiteln vorgestellten Beiträge beschäftigt sich damit. Dazu gehört zunächst ein komfortables problemspezifisches Entwicklungswerkzeug, mit dem Fachleute ihr Wissen möglichst bequem und schnell eingeben können. Hier ver-wenden wir den von uns in den letzten 10 Jahren entwickelten Diagnostik-Shellbaukasten D3 (s. [Puppe et al. 96]; das Programm befindet sich mit einem Tutorial auf der beigefügten CD). Er umfaßt eine konsequent grafische Wissens-erwerbskomponente, die auch als visuelle Programmiersprache aufgefaßt werden kann. Da Wissensbasen sehr groß werden können, werden zur Bewahrung der Übersicht Mechanismen zur grafischen Wissensaggregation und -abstraktion be-nötigt (Kap. 5). Weiterhin benötigen die Fachleute, die ja keine Informatik-Aus-bildung haben, Unterstützung bei der Wissensstrukturierung. Dazu bietet D3 eine Reihe verschiedener Wissensarten und zugehöriger Problemlösungsmethoden an. Jedoch reicht der daraus resultierende Strukturierungsgrad noch nicht. Deswegen haben wir Wissensformalisierungsmuster erstellt, die sehr konkrete Vorgehens-weisen für den strukturierten Wissenserwerb darstellen. Einige Muster (Heuristi-sche Entscheidungsbäume, Heuristische Entscheidungstabellen und Diagnose-Scores und zwei Zusatzmodule für Datenabstraktion und Testindikation) werden in Kap. 2–4 vorgestellt. Zur Illustration für die Eingabe heuristischer Entschei-dungsbäume ist im Anhang auf der CD eine Schritt-für-Schritt-Anleitung für D3 ergänzt. Bei der Auswahl und ggf. der Adaptation der Wissensart und des Wis-sensformalisierungsmusters hat sich herausgestellt, daß ein Wissensingenieur mit einschlägiger Erfahrung zur Beratung der Fachleute sehr hilfreich ist. Er sollte auch später als Ansprechpartner erhalten bleiben, wenn im Laufe des Projektes Probleme auftreten. Trotz aller dieser Unterstützungen ist es nicht selbstverständ-lich, daß Facharbeiter ohne Ausbildung in der Wissensformalisierung in der Lage sind, weitgehend selbständig Wissensbasen zu erstellen. Empirische Befunde dazu werden in Kap. 10 berichtet.

Die Komplexität einer Wissensbasis steigt meist überproportional mit ihrer Größe: Kleine Wissensbasen sind wesentlich einfacher zu erstellen und vor allem auch zu pflegen als große. Daher ist die Zerlegung eines Anwendungsbereiches in viele kleine Teilwissensbasen attraktiv, die allerdings kooperieren müssen, um das Gesamtproblem zu lösen. Wenn man jede Wissensbasis zusammen mit ihrem Inferenzmechanismus als autonomen Agenten betrachtet, der sich mit anderen Agenten austauschen kann, bieten sich Techniken der Multiagentensysteme zur Umsetzung dieser Mechanismen an. Diese wurden an die Bedürfnisse des verteil-ten diagnostischen Problemlösens angepaßt und durch entsprechende Erweiterun-gen des Shellbaukastens D3 implementiert (Kap. 6). Die Aufteilung eines Anwen-dungsbereiches in autonome Agenten mit der Fähigkeit zur Kommunikation sollte dazu genutzt werden, für verschiedene Fachleute maßgeschneiderte Module zu definieren, die ihren jeweiligen Kompetenzspektren gut entsprechen. Außerdem sollten Produktinnovationen und Variantenvielfalt berücksichtigt werden, indem man sich häufig ändernde Wissensteile in separate Wissensbasen auslagert.

Für die kontinuierliche Pflege der Wissensbasen bietet sich das fallbasierte Schließen [Puppe et al. 96, Kap. 4.3.4] an. Voraussetzung ist, daß die Fallbeschreibung mit den vorhandenen Fragebögen hinreichend präzise möglich ist. Dann können neue Fälle mit ihrer korrekten Lösung in eine Fallsammlung eingefügt werden. Die Kompetenz des Diagnosesystems verbessert sich dann alleine dadurch, daß bei mehr Fällen auch die Wahrscheinlichkeit steigt, zu einem neuen Fall einen ähnlichen, bereits bekannten Fall in der Fallsammlung zu finden. Allerdings sollte von Zeit zu Zeit auch das Regelwerk angepaßt bzw. neue Fragen in die Fragebögen aufgenommen werden.

Weiterhin ist eine kritische Frage die Art des Zusammenspiels zwischen formalisiertem und informellem Wissen (z.B. Verweise auf Texte und Bilder). Als Leitlinie kann gelten, daß man zur Aufwandsminimierung Wissensblöcke, die die Nutzer noch bequem überschauen können, nicht formalisieren muß, sondern als Problemlösung einen Verweis auf entsprechende Dokumente anbieten kann. Eine Schwierigkeit ist häufig das Finden der richtigen Stelle in umfangreichen Handbüchern. Da eine direkte Verzeigerung für den Entwickler zu aufwendig sein kann, benötigt man intelligente Suchmechanismen für Textdokumente. Dieser Problembereich wird in Kap. 8 angesprochen.

Schließlich spielen auch organisatorische Fragen eine entscheidende Rolle für den Erfolg eines Projektes. So müssen die Fachleute, die die Teilwissensbasen erstellen, entsprechend entlastet werden, ohne dadurch indirekte soziale oder finanzielle Nachteile in Kauf nehmen zu müssen. Außerdem haben wir gute Erfahrungen damit gemacht, wenn das Wissen des Systems personalisiert wird, d.h. der Autor einer Wissensbasis nach außen erkennbar und verantwortlich bleibt. Ein Leitfaden zu organisatorischen Fragen bei Entwicklung und Einsatz von Diagnosesystemen findet sich in Kap. 9.

1.5 Schlußbemerkungen

Entscheidungsunterstützungssysteme für den Service-Support können Verwaltungssysteme gut ergänzen, indem die ohnehin notwendigen Problembeschreibungen standardisiert werden und Diagnosewissen hinzugefügt wird. Die wichtigsten Vorteile umfassen diagnostische Unterstützung – auch über das Internet –, bessere Fall-Dokumentationen und Qualifikationseffekte für die Benutzer. Jedoch kann der Entwicklungs- und Pflegeaufwand bei größeren Systemen enorm sein. Daher liegt der Schwerpunkt dieses Buches im Aufzeigen von Ansätzen, die den Entwicklungsaufwand verringern und dezentralisieren. Die Methoden wurden in verschiedenen Projekten getestet, über deren Erfahrungen in den Kap. 11–13 berichtet wird. Mit der Software und den Anleitungen im Anhang des Buches kann der Leser auch selbst erproben, kleine Wissensbasen in seinem Anwendungsbereich zu entwickeln und einzusetzen.

Teil II

Entwicklung von Diagnosesystemen mit Wissensformalisierungsmustern

2. Heuristische Entscheidungsbäume

Frank Puppe, Ulrich Martin

Zusammenfassung: Heuristische Entscheidungsbäume sind ein objektbasiertes Wissensformalisierungsmuster für Diagnostik-Probleme.

Zweck

Erweitere und modularisiere Entscheidungsbäume zur Fehlersuche oder für ähnliche Problemklassen, so daß sie auch bei teilweise unvollständigen Daten und unsicherem Wissen Lösungen vorschlagen können.

Motivation

Für die Fehlersuche sind Entscheidungsbäume weit verbreitet, da sie mit vergleichsweise geringem Formalisierungsaufwand einen hohen Nutzen bieten. Problematisch ist aber, daß sie sicheres Bewertungswissen erfordern und voraussetzen, daß der Benutzer alle ihm gestellten Fragen beantworten kann. Wenn beides zwar im allgemeinen gilt, aber Ausnahmen regelmäßig vorkommen, dann ist eine geringfügige Erweiterung zu heuristischen Entscheidungsbäumen sehr effektiv. Sie impliziert auch eine strenge Modularisierung, so daß statt einem großen Entscheidungsbaum viele kleine Bäume in strukturierter Form zusammenarbeiten. Dabei können Hypothesen nicht nur bestätigt, sondern auch verdächtigt und ausgeschlossen werden.

Anwendbarkeit

Verwenden Sie heuristische Entscheidungsbäume zur Fehlersuche in folgenden Situationen:

- Allgemeine Eignung von Entscheidungsbäumen: Es kommt bei der Problemlösung hauptsächlich darauf an, die richtigen Fragen in der richtigen (ökonomischen) Reihenfolge zu stellen, aus deren Antworten die Lösung im allgemeinen direkt hergeleitet wird. Dies ist typisch für viele technische Diagnoseprobleme, bei denen Fehlerursachen an eindeutigen Symptomen erkannt bzw. ausgeschlossen werden können.

  Die Anwendbarkeit wird nicht eingeschränkt, wenn der Benutzer manche Fragen zur Aufwandsminimierung oder wegen technischer Probleme mit „unbekannt" beantwortet. In diesem Fall sollen die übrigen Fragen des heuristischen Entscheidungsbaums weiter abgearbeitet werden, und die Hypothesen, welche den mit „unbekannt" beantworteten Fragen entsprechen, bleiben verdächtigt, falls keine Lösung gefunden wurde.

- Die Anwendbarkeit wird ebenfalls nicht eingeschränkt, wenn das Anwendungsgebiet sehr groß ist, sofern es sich modularisieren läßt. Zur Modularisierung dient die Einteilung des Anwendungsgebietes in Problembereiche, die wiederum aus modulartigen, kleinen Entscheidungsbäumen zusammengesetzt sind.

- Single Fault Assumption: Das Ziel ist das Herausfinden einer Fehlerursache. Falls mehrere Fehlerursachen vorliegen, können sie nacheinander erkannt und behoben werden. Für Anwendungen, bei denen es wichtig ist, multiple Fehlerursachen gleichzeitig zu erkennen, eignen sich heuristische Entscheidungsbäume schlecht.

- Heuristische Entscheidungsbäume sind für Probleme ungeeignet, bei denen die Lösung durch die Verknüpfung vieler vieldeutiger Merkmale hergeleitet werden muß (z.B. Pflanzenerkennung, medizinische Diagnose; s. „verwandte Muster"). Eine Verknüpfung weniger Merkmale kann dagegen noch durch heuristische Entscheidungsbäume berücksichtigt werden.

2. Heuristische Entscheidungsbäume   15

Beispiel (Erläuterung s. nächste Abschnitte): Baumerkennung (stark vereinfacht)

Einstiegsuntersuchung:

1. Einheimische Baumart ⇒ Nein → Anderer Baum
⇒ Ja → *1.1 Hat der Baum Nadeln?* ⇒ Ja → Problembereich Nadelbaum
⇒ Nein → Problembereich Laubbaum

Problembereich Nadelbaum:

Lösungen: Fichte, Tanne, Kiefer, Anderer Baum.
Untersuchungen: Samen, Nadeln, Stamm.

Untersuchung Samen:

1. Fruchtart: ⇒ rundliche Zapfen → Kiefer
⇒ längliche Zapfen → *1.1 Zapfenrichtung* ⇒ hängend → Fichte
⇒ stehend → Tanne

Untersuchung Nadeln:

1. Nadellänge   ⇒ lang → Kiefer
⇒ kurz → 1.1 *Nadelanordnung* ⇒ eher scheitelförmig → Tanne
⇒ rundum   → Fichte

Untersuchung: Stamm (auch für Laubbäume relevant!)

1. Rindenoberfläche ⇒ rissig oder geborsten (wie die meisten Bäume)
⇒ glatt   → Buche (Kontext: keine Nadeln)
2. Stammfarbe   ⇒ braun oder grau (wie die meisten Bäume)
⇒ rötlich   → Kiefer (Kontext: Nadeln)
⇒ weißlich → Birke (Kontext: keine Nadeln)

Problembereich Laubbaum:

Lösungen: Eiche, Buche, Ahorn, Linde, Kastanie, Esche, Birke, Anderer Baum
Untersuchungen: Früchte und Blüten, Blätter, Stamm (s.o.).

Untersuchung Früchte und Blüten

1. Fruchttyp ⇒ Kastanie   → Kastanie
⇒ tetraederförmig, braun (Buchecker)   → Buche
⇒ becherförmig, grün/braun (Eichel)   → Eiche
⇒ Propeller mit Kern   → Linde
⇒ Flügel mit 1 Kern   → Esche
⇒ Flügel mit 2 Kernen   → Ahorn

2. Blüten   ⇒ grün/gelb, vor oder mit dem Laubaustrieb   → Ahorn
⇒ weiß/gelb, klein, nach dem Laubaustrieb   → Linde
⇒ weiß oder rot, kerzenförmig, nach dem Laubaustrieb → Kastanie
⇒ gelb, klein, vor dem Laubaustrieb   → Esche
⇒ gelbe Kätzchen, mit dem Laubaustrieb   → Eiche
⇒ grünlich, klein, mit dem Laubaustrieb   → Buche

Untersuchung Blätter

1. Blatttyp
⇒ gefiedert (von einem Blattstiel fingerförmig angeordnete Blätter) → Kastanie
⇒ 9-15 gegenständige kleine Blätter an einem Blattstiel → Esche
⇒ ein Blatt pro Stiel → *1.1 Blattaufteilung*
⇒ geteilt (tiefe Einschnitte) → Ahorn
⇒ gebuchtet (kleine Einbuchtungen) → Eiche
⇒ ungeteilt → *1.1.1 Blattform*
⇒ herzförmig → Linde?, Birke?
⇒ rund oder elliptisch → Buche?
⇒ Andere Blattform
→ *1.1.2 Blattrand*
⇒ glattrandig → Buche?, Ahorn?
⇒ gesägt/gezackt → Linde?, Birke?, Kastanie?

Struktur

Da das Muster aus zwei Phasen besteht, zeigen wir die Struktur aus Gründen der Übersichtlichkeit in zwei Abbildungen, wobei die erste Abbildung die Auswahl mittels Einstiegsuntersuchung und die zweite Abbildung die Bearbeitung des ausgewählten Problembereiches zeigt.

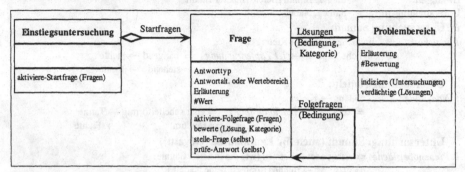

Abb. 1: Auswahl eines Problembereichs aufgrund spezieller Einstiegsuntersuchungen[1].

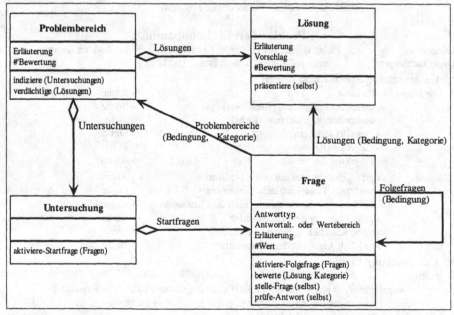

Abb. 2: Bearbeitung eines Problembereichs zum Herausfinden einer Lösung[1].

---

[1] Die Legende entspricht der Notation in UML (Unified Modeling Language). Eine Klasse wird durch Name, Attribute und Methoden (Prozeduren) dargestellt. Attribute, die auf Objekte einer anderen Klasse verweisen, sind als einfache „Assoziationen" (der Pfeil deutet die Hauptleserichtung an) oder als stärkere „Aggregationen" mit einer Raute gekennzeichnet, wobei zusätzliche Parameter zu den Attributen in Klammern notiert sind. Das # (z.B. beim Attribut Bewertung) soll andeuten, daß dieses Attribut nicht statisch wie die übrigen Attribute ist, sondern zur Laufzeit berechnet wird.

Teilnehmer

Problembereich (Grobdiagnose):
- beschreibt einen abgegrenzten Problembereich, der aus Lösungen (Feindiagnosen) und einer Liste von Untersuchungen (Entscheidungsbäume) besteht, die zur Klärung der Lösungen beitragen.
- Wenn der Problembereich aktiviert ist, verdächtigt er alle seine Lösungen und arbeitet seine Untersuchungen der Reihe nach ab, bis eine Lösung bestätigt ist.

Lösung (Feindiagnose):
- repräsentiert eine Lösung (z.B. Fehlerursache) zu dem Problembereich.
- enthält Vorschläge zur Behebung der Fehlerursache, sofern möglich.
- wird dynamisch bewertet und kann die Kategorien verdächtigt, bestätigt oder ausgeschlossen haben.

Untersuchung (Entscheidungsbaum, Frageklasse):
- bewirkt systematische Datenerfassung zum Finden der Fehlerursache.
- besteht aus einer Liste von Startfragen.

Frage (Merkmal, Symptom)
- besteht aus einem Fragetext, Antwortalternativen bzw. bei numerischen Fragen einem Wertebereich und ggf. Erläuterungen, wie die Frage zu beantworten ist.
- enthält Verweise auf Folgefragen, für die eine Bedingung über ihren Antwortalternativen bzw. ihrem Wertebereich erforderlich ist.
- enthält Verweise auf Problembereiche bzw. Lösungen, die in Abhängigkeit einer Bedingung der Antwortalternativen bzw. des Wertebereichs Problembereiche oder Lösungen bewerten (bestätigten, ausschließen, verdächtigen).

Interaktionen

1. Beim Aufruf des Systems wird die Einstiegsuntersuchung aktiviert.
2. Die Einstiegsuntersuchung aktiviert ihre Startfragen.
3. Die Startfragen werden dem Benutzer gestellt. Aufgrund seiner Antworten werden ggf. Folgefragen aktiviert, die ebenfalls dem Benutzer gestellt werden, und schließlich wird eine Grobdiagnose (Problembereich) ausgewählt.
4. Der Problembereich verdächtigt automatisch alle seine potentiellen Lösungen (Feindiagnosen). Außerdem aktiviert er alle seine Untersuchungen.
5. Alle Untersuchungen des Problembereichs werden der Reihe nach bearbeitet, bis eine Lösung bestätigt ist, woraufhin die noch nicht bearbeiteten Untersuchungen abgebrochen werden. Die aktuelle Untersuchung aktiviert wiederum ihre Startfragen.
6. Die Startfragen werden dem Benutzer gestellt. Aufgrund seiner Antworten werden normalerweise Folgefragen gestellt, bis schließlich Lösungen bewertet werden. Lösungen können ausgeschlossen d.h. aus der Liste der anfangs automatisch verdächtigten Lösungen entfernt werden, der Verdacht kann verstärkt werden, was durch Akkumulation zur Bestätigung führen kann, oder sie können

direkt bestätigt werden. Im Falle der Bestätigung werden noch die restlichen Fragen der aktuellen Untersuchung abgearbeitet, jedoch keine weiteren Untersuchungen mehr berücksichtigt und die Lösung als Ergebnis ausgegeben.

7. Aufgrund der Fragen einer Untersuchung kann auch der Problembereich gewechselt werden, indem der aktuelle Problembereich ausgeschlossen und ein anderer Problembereich bestätigt wird. Auch in diesem Fall werden die restlichen Fragen der aktuellen Untersuchung noch abgearbeitet, aber die weiteren Untersuchungen des alten Problembereiches nicht mehr weiterverfolgt.

8. Falls eine Untersuchung oder eine Lösung in mehreren Problembereichen vorkommt, werden die zugehörigen Fragen nur einmal gestellt und eventuelle Lösungsbewertungen übernommen.

9. Als Ergebnis werden der aktuelle Problembereich und die bestätigte Lösung ausgegeben. Verdächtigte Lösungen werden nur erwähnt, falls es keine bestätigten Lösungen gibt oder falls der automatische Anfangsverdacht verstärkt wurde. Zu den ausgegebenen Lösungen werden ggf. textuelle oder multimediale Dokumente wie Erläuterungen und Handlungsvorschläge angezeigt.

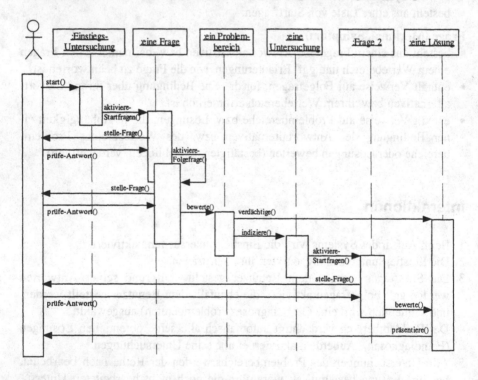

Abb. 3: Vereinfachtes Inferenzdiagramm für heurististische Entscheidungsbäume

Den groben Ablauf bei der Bearbeitung heuristischer Entscheidungsbäume faßt das Inferenzdiagramm in Abb. 3 zusammen, das auf die Methoden in den Klassendiagrammen aus Abb. 1 und Abb. 2 Bezug nimmt.

Konsequenzen:

- Vorteile: Heuristische Entscheidungsbäume lassen sich fast ebenso einfach und schnell wie einfache Entscheidungsbäume formalisieren, können aber partiell unvollständige Daten und unsicheres Wissen wesentlich besser bearbeiten. Das Wissen ist für Menschen leicht interpretierbar.
- Empfehlungen:
  - Große Entscheidungsbäume sind schwer wartbar. Deswegen sollte man das Anwendungsgebiet in möglichst viele und spezifische Problembereiche modularisieren, und pro Problembereich mehrere Untersuchungen angeben, so daß die einzelnen Entscheidungsbäume sehr klein sind und nur wenige Fragen umfassen. Der Auswahl des Problembereichs durch die Einstiegsuntersuchung(en) kommt daher besondere Bedeutung zu.
  - Wenn Teile des Wissens sich häufig ändern, z.B. durch Einführung neuer Varianten, dann entsteht ein großer Pflegeaufwand. Er kann reduziert werden, wenn für die Varianten eigene Problembereiche bzw. Untersuchungen angelegt werden, so daß die Änderungen durch Auswahl bzw. Austausch der entsprechenden Module lokal bleiben.
  - Die Festlegung einer ökonomischen Reihenfolge der Fragen einer Untersuchung bzw. der Untersuchungen eines Problembereichs erfordert Erfahrungswissen. Sie ergibt sich meist aus einem Kompromiß zwischen dem Aufwand zur Durchführung der Untersuchung bzw. dem Beantworten der Frage und der geschätzten Wahrscheinlichkeit, daß damit das Problem gelöst wird. Meist wird man zum Anfang einfache Tests und später aufwendigere durchführen, aber manchmal rentiert sich eine aufwendige Untersuchung auch frühzeitig, wenn damit z.B. viele mögliche Fehlerursachen auf einmal geklärt werden können.
  - Manchmal ist es sinnvoll, mehrere Folgefragen direkt hintereinander zu stellen, z.B. wenn diese in jedem Fall gestellt werden müssen oder man damit rechnet, daß einige davon mit unbekannt beantwortet. Zur Auswertung der Fragen können dann in Ausnahmefällen Kombinationsregeln erforderlich sein (s. Eweiterungen).
- Probleme:
  - Je größer der Anteil des unsicheren Wissens im Vergleich zu sicheren Diagnose-Bewertungen ist, desto ungeeigneter werden heuristische Entscheidungsbäume im Vergleich zu anderen Wissensformalisierungsmustern.
  - Sie sind auch nicht gut für die Herleitung von Mehrfachlösungen geeignet.
  - Fehlerhafte Eingaben führen im allgemeinen zu falschen Ergebnissen.
- Erweiterungen: Um die Anwendbarkeit von heuristischen Entscheidungsbäumen in Grenzfällen noch zu ermöglichen, sind für die beiden erstgenannten Probleme einfache Erweiterungen denkbar. Allerdings ist es schwierig, ihren Grenzwert im vorhinein richtig einzuschätzen, da der Vorteil heuristischer Entscheidungsbäume gerade in der einfachen Grundstruktur besteht. Wir geben daher nur drei Erweiterungsideeen an:
  - Um Mehrfachlösungen grundsätzlich behandeln zu können, muß nur das bisherige Abbruchkriterium, das Bestätigen einer Lösung, aufgehoben werden.

- Eine typische Situation mit unsicherem Wissen ist, wenn man aufgrund eines Befundes die Lösungsmenge zwar erheblich einschränken, aber sich trotzdem nicht auf eine Lösung festlegen kann. In diesem Fall kann man ein Zwischenergebnis in Form einer Grobdiagnose formulieren, die automatisch alle ihre Feindiagnosen, d.h. die eingeschränkte Lösungsmenge, verdächtigt.
- Wenn man mehrere Fragen zur Herleitung von Lösungen kombinieren will, benötigt man eine Erweiterung, die Kombinationsregeln berücksichtigt. Da sich solche Kombinationsregeln in Entscheidungsbäumen schlecht visualisieren lassen, sollten sie nur in begründeten Ausnahmefällen benutzt werden.

Implementierung

Wir geben hier als Implementierung an, wie der Experte sein Wissen mit Hilfe des Diagnostik-Shellbaukastens D3 und seiner grafischen Wissenseingabekomponente selbständig formulieren kann. Da D3 verschiedene Wissensformalisierungsmuster unterstützt, muß es zunächst entsprechend konfiguriert werden[2]. Die Teilnehmer-Objektklassen sind in D3 wie folgt benannt:

- Problembereiche sind Diagnosen (Grobdiagnosen).
- Lösungen sind ebenfalls Diagnosen (Feindiagnosen).
- Untersuchungen sind Frageklassen.
- Fragen sind Symptome vom Typ „erfragt".[3]

Der Wissensbasisentwickler benötigt folgende Editoren:

a) Eingabe der Problembereiche und Lösungen in der Diagnosehierarchie. Der 1. Level der Diagnosen unterhalb vom Wurzelobjekt „Klassifikation" wird automatisch als „Problembereich" interpretiert, bei der jede Diagnose alle ihre direkten Nachfolger automatisch verdächtigt, ohne daß Regeln dazu eingegeben werden müssen. Diagnosen ohne Nachfolger gelten als Feindiagnosen (Lösungen), deren Bestätigung zum Abbruch des Dialoges führen, wobei aber noch die aktuelle Frageklasse bis zu Ende weiter bearbeitet wird.

b) Abweichungen von diesen Annahmen werden über ein zusätzliches Attribut „Diagnose-Bedeutung" festgelegt, das über die Attributtabelle eingegeben wird. Es enthält die Werte „Problembereich" und „Lösung", mit dem Diagnosen unabhängig von ihrer Stellung in der Hierarchie als Problembereich bzw. Feindiagnose mit der gleichen Funktionalität wie bei Punkt a festgelegt werden können. Der Wert „Nichts" bedeutet, daß die Diagnose keine besondere Funktionalität (d.h. weder Problembereich noch Feindiagnose) hat. Wenn kein Wert angegeben wird, gelten die Standardannahmen unter Punkt a.

---

[2] Konfigurierung in der Dialogoberfläche: Ablage .. Benutzereinstellungen .. zur Wissensnutzung: „Muster: Heuristischer Entscheidungsbaum = ja; Single-Fault-Assumption = ja.

[3] Zusätzlich gibt es in D3 Symptominterpretationen (Symptomabstraktionen), d.h. Symptome vom Typ „hergeleitet", die bei heuristischen Entscheidungsbäumen nicht benutzt werden.

c) Eingabe der Frageklassen (Untersuchungen) in der Frageklassen- oder der Fragehierarchie. Zur Strukturierung können auch Frageklassenoberbegriffe benutzt werden (z.B. um die Frageklassen eines Problembereiches zusammenzufassen).

d) Eingabe der Entscheidungsbäume im Entscheidungsbaumeditor. Er ermöglicht die schnelle Eingabe der Fragen, ihrer Antworttypen und Antwortalternativen, ihrer Regeln zur Herleitung von Folgefragen und zur Herleitung von Diagnosen. Da es häufig notwendig ist, für eine Frage-Diagnose-Beziehung zwei Regeln zu formulieren (eine zur Bestätigung, die andere zum Ausschluß), gibt es eine Option im Entscheidungsbaum („positiv->Diagnose mit Negation"), die beide Regeln gleichzeitig generiert:

1. Wenn Frage = Antwortalternative X, dann Diagnose bestätigt.

2. Wenn Frage = nicht Antwortalternative X, dann Diagnose ausgeschlossen.

Beide Regeln werden separat angezeigt und müssen falls notwendig separat editiert werden. Wenn der Benutzer eine Frage mit „unbekannt" beantwortet, dann feuert keine der beiden obengenannten Regeln.

e) Eingabe der Frageklassen eines Problembereichs im Diagnoseformular im Attribut „Frageklassen nach Bestätigung".

f) Eingabe von einem kurzen erklärenden Text zum Problembereich ebenfalls im Diagnoseformular im Attribut „Kurzinfo".

g) Eingabe der Startfrageklasse im Formular „zur Wissensbasis".

h) Eingabe von Multimedia-Dokumenten (html) in der Attributtabelle zu den betroffenen Objekten.

i) Eingabe von Fragetexten und textuellen Erklärungen zu Fragen in der Attributtabelle.

Für Spezialfälle werden weiterhin folgende Editoren benötigt:

j) Falls man die einfachen Regeln im Entscheidungsbaum erweitern muß (durch unsichere Bewertungen oder zusätzliche Randbedingungen), dann geschieht dies aus dem Entscheidungsbaum heraus über die Option „Herleitung bearbeiten", die ein einfaches Regelformular öffnet.

k) Falls eine Frage nicht mit „unbekannt" beantwortbar sein soll, dann kann man die ansonsten automatisch hinzugefügte Antwortalternative „unbekannt" bei der Frage mit einem neuen Attribut „unbekannt ausgeblendet" unterdrücken. Dies wird in der (einfachen) Attributtabelle zu Fragen eingegeben.

Eine genaue Anleitung mit Bildschirmhardcopies zum Aufbau von heuristischen Entscheidungsbäumen findet sich im Anhang auf der CD.

Verwandte Muster und bekannte Verwendungen

Das Muster ist eng mit einfachen Entscheidungsbäumen verwandt. Es wird insbesondere zur Fehlersuche in technischen Systemen eingesetzt.

Praktische Erfahrungen

Das Wissensmuster wurde im Kontext eines Projektes zur Entwicklung eines Diagnosesystems entwickelt, das Hotline-Mitarbeiter bei der Fehlerbehebung unterstützt (s. Kap. 12). Im folgenden wird deren Vorgehensweise ohne Computer-Unterstützung mit der des Wissensmusters verglichen.

Komplexe Maschinen lassen sich meist entsprechend ihrer konstruktiven Einheiten in Module aufteilen. Diese repräsentieren z.B. abgrenzbare Hardwareeinheiten, welche bestimmte Funktionen der Maschine übernehmen. Diese Aufteilung führt oft zu einer entsprechenden Spezialisierung der Hotline-Mitarbeiter. Daher ist es naheliegend, das Diagnosewissen entsprechend den Modulen in eigenständigen Wissensbasen abzubilden. Die daraus resultierenden „Diagnoseagenten" kooperieren mittels den in Kap. 6 beschriebenen Techniken des verteilten Problemlösens. Eine einzelne Wissensbasis wird typischerweise von einem Modulexperten entwickelt und gepflegt. Da er nur gelegentlich daran arbeitet, benötigt er eine leicht nachvollziehbare Schablone zur Wissenseingabe, wie sie heuristische Entscheidungsbäume darstellen.

Problembereiche

Wie eingangs beschrieben, übernimmt ein Modulexperte die Diagnose eines Fehlerfalles, nachdem das verdächtigte Modul identifiziert ist. Zunächst versucht der Modul-Experte, das Problem einem überschaubaren Teilbereich des Moduls zuzuordnen. Dies ist notwendig, da die behandelten Module eine relativ hohe Komplexität aufweisen. Es erfolgt eine Modularisierung aus reiner Diagnostiksicht, die sich hauptsächlich an gemeldeten Einstiegsymptomen orientiert. Bei den gefundenen Teilbereichen handelt es sich deshalb um sinnvolle diagnostische Einheiten, welche nicht unbedingt Aggregate des Moduls sind, sondern auch Bereiche umschreiben, die sich z.B. an Funktionen oder an Zuständen des Moduls orientieren.

Beispiel Laserdrucker, der über Ethernet angesprochen wird:
Bei diesem Modul gibt es u.a. die Aggregate Ethernetkarte, Toner-Einheit und Papiereinzug. Diese stellen aber nicht unbedingt sinnvolle Problembereiche dar, da aus den Einstiegssymptomen meist nicht direkt auf diese geschlossen werden kann. Aus Symptomsicht sind beim Aufbau einer Wissensbasis Problembereiche wie „schlechtes Druckbild" oder „Drucker druckt nicht" sinnvoller. In jedem Problembereich werden Untersuchungen zur Klärung des Problems durchgeführt. Bei „Drucker druckt nicht" gehören dazu z.B. die Untersuchung ob der Drucker „online" ist oder ob sich noch genügend Papier im Schacht befindet, aber auch Untersuchungen an den genannten Aggregaten. Besitzt der Drucker eine eigene Selbstdiagnose, kann es zusätzlich sinnvoll sein, die verschiedenen Fehlermeldungen des Druckers als Problembereiche aufzubauen. Hier wäre dann ein Problembereich „Fehler 25: Toner leer" denkbar, in dem die Untersuchung „Füllstand Toner" ausgeführt wird[4]. Die gleiche Untersuchung kann auch im Problembereich „Drucker druckt nicht" verwendet werden.

---

[4]   Der Fehler wird teilweise auch bei halbvoller Kartusche gemeldet und läßt sich durch Lockerung des Toners (Klopfen/Schütteln) beheben.

Aus dem Beispiel wird ersichtlich, daß Aggregate sowohl als Untersuchungen in einem Problembereich als auch als eigene Problembereiche modelliert werden können, wobei letzteres sinnvoll ist, wenn die Aggregate an eindeutigen Symptomen erkannt werden können. Die Identifizierung der Problembereiche ist daher nicht immer standardisierbar (z.B. entlang einer Aggregat/Bauteil-Hierarchie), sondern oft ein kreativer Prozeß, bei dem sowohl individuelle Vorgehensweisen der Experten, als auch modulspezifische Eigenheiten relevant sind.

Um Problembereiche zu identifizieren, müssen neben den gemeldeten Einstiegssymptomen, oft weitere Problemmerkmale erfragt werden. Es gibt also eine Vorab- oder Einstiegsuntersuchung, in der geklärt wird, in welchem Problembereich der Fehler zu suchen ist.

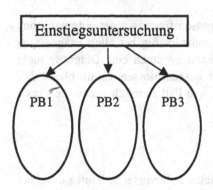

Die vom Experten ausgeführte Vorabuntersuchung zur Orientierung wird in der Wissensbasis durch die *Einstiegsuntersuchung* abgebildet. Diese Untersuchung wird immer als erste ausgeführt und enthält alle Fragen, die nötig sind, um auf die verschiedenen *Problembereiche (PB)* zu verzweigen. Die Untersuchung stellt gewissermaßen die Schnittstelle dar, die von den gemeldeten Einstiegssymptomen eines Kunden zu der detaillierten Fehlersuche innerhalb eines Problembereichs führt.

Verdächtigung und Klärung

Die Auswahl eines Problembereichs durch den Experten impliziert meist schon Verdächtigungen, wo genau die Fehlerursache liegen könnte. Sie basieren auf der Erfahrung des Experten und müssen durch genauere Untersuchungen bestätigt werden. Oft werden die verdächtigten Fehlerursachen nach dem Prinzip „Versuch und Irrtum" nacheinander überprüft. Die Reihenfolge der Untersuchungen ist dabei von der individuell gewohnten Vorgehensweise des Experten beeinflußt. Allen Experten gemein ist jedoch die Vorgehensweise, Untersuchungen, die entweder sehr einfach (billig) sind, beziehungsweise solche, die am häufigsten zum Ziel führen, zuerst auszuführen. Sobald eine Untersuchung zur Bestätigung einer Diagnose führt, wird der Dialog beendet und das Ergebnis ausgegeben[5]. Ausgeführte Untersuchungen, die nicht zur Bestätigung einer verdächtigten Diagnose führen, schließen diese häufig aus. Können bestimmte Fragen, die zur Klärung einer Diagnose nötig sind, nicht beantwortet werden, bleibt der Verdacht hingegen erhalten. Dieser Verdacht ist nur dann wichtig, und muß eventuell weiter verfolgt werden, wenn eine Lösung durch keine andere Untersuchung ermittelt werden konnte.

---

[5] „Single fault assumption"

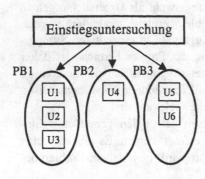

Die beschriebene Vorgehensweise in der Praxis wird in den Wissensbasen dadurch umgesetzt, daß den Problembereichen Untersuchungen (U) und Verdachtsdiagnosen zugeordnet werden. Untersuchungen werden als kleine Entscheidungsbäume mit Fragen, Folgefragen und Diagnosebewertungen dargestellt. Die Verdachtsdiagnosen eines Problembereichs werden automatisch verdächtigt und müssen ggf. durch Regeln im Entscheidungsbaum rückgesetzt werden.

Die anfängliche Verdächtigung aller Feindiagnosen führt zu einer automatischen Behandlung der Antwort „unbekannt", die standardmäßig bei allen Fragen vorkommt. Wählt der Benutzer diese Antwort, kann eventuell eine Diagnose nicht geklärt werden. Sie wird weder bestätigt, noch ausgeschlossen. Damit bleibt aber der anfängliche Verdacht bestehen, was in diesem Fall ziemlich genau die Praxis abbildet.

Wiederverwendbare Untersuchungen

Bei sehr komplexen Modulen macht sich dieselbe Fehlerursache häufig in relativ diffusen Fehlerbildern bemerkbar. Die zu beobachtenden Symptome hängen z.B. vom operativen Zustand des Moduls beim Auftreten des Fehlers ab. Ist beispielsweise eine Festplatte eines Steuerrechners voll, zeigt sich ein völlig anderes Fehlerbild, wenn der Rechner gerade gebootet wird, als wenn sich dieser im „Normalbetrieb" befindet. Die Modellierung von Problembereichen, angelehnt an die Vorgehensweise in der Praxis, orientiert sich an den anfänglich zu beobachtenden Symptomen und nicht an den möglichen Lösungen. Dies führt dazu, daß bestimmte Untersuchungen in mehreren Problembereichen sinnvoll einzusetzen sind.

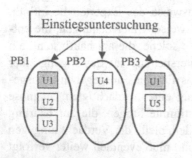

Für das erwähnte Beispiel könnte das bedeuten, daß die Untersuchung (U1), ob auf der Festplatte genug Speicherplatz vorhanden ist, sowohl im Problembereich „Rechner bootet nicht korrekt" als auch im Problembereich „Performance Problem Steuerrechner" benutzt wird. Diese modulare Sichtweise auf der Ebene der Untersuchungen muß bei deren Aufbau berücksichtigt werden.

In Verbindung mit der bereits erwähnten Steuerung, die den Dialog beendet, wenn eine Diagnose bestätigt werden konnte, und dem Mechanismus der automatischen Verdächtigung von Diagnosen, führt dieses Modell zu modular verwendbaren Wissens-Bausteinen. Die Bausteine sind relativ einfach aufzubauen und kombinierbar, da sie die Expertensicht aus der Praxis widerspiegeln.

Sequenz und Verzweigung

Die sequentielle Vorgehensweise innerhalb eines Problembereichs setzt voraus, daß unabhängig von den Ergebnissen einer Untersuchung – sofern keine Diagnose hergeleitet werden kann – immer dieselbe Folgeuntersuchung sinnvoll ist.

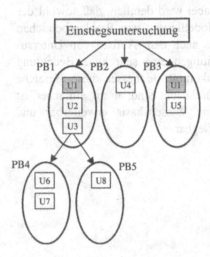

Oft müssen in einer Untersuchung Fragen gestellt werden, die, je nach Antwort, verschiedene Folgeuntersuchungen notwendig machen. Hier handelt es sich um eine Verzweigung, die in dem bisher vorgestellten Modell noch nicht vorkommt. Das Konzept der Problembereiche kann jedoch auch diesen Fall einfach abdecken. Gibt es in einer Untersuchung eine Verzweigung, ist dies das Signal dafür, daß weitere Problembereiche nötig sind, um die Pfade der Verzweigung abzuhandeln. Die Aktivierung der Problembereiche erfolgt genau wie die Aktivierung aus der Einstiegsuntersuchung. Bei genauer Betrachtung des Modells fällt auf, daß es eigentlich unerheblich ist, von wo ein Problembereich aktiviert wird. Darüber hinaus ist es möglich, Problembereiche von mehreren Stellen aus zu aktivieren. Es handelt sich also auch bei den Problembereichen um wiederverwendbare Einheiten.

Wechsel des Problembereichs

Gelegentlich wird ein Experte durch die Symptome am Anfang eines Falles auf eine falsche Spur geführt. Nach einigen detaillierten Untersuchungen kommt es zu einer Neuorientierung. Dazu ist ein Wechsel des Problembereichs notwendig. Dann sollen nicht nur analog zum zuvor beschriebenen Mechanismus neue Untersuchungen durchgeführt bzw. Hypothesen verdächtigt, sondern außerdem die vom alten Problembereich angestoßenen Aktionen (Hypothesen und noch nicht abgearbeitete Untersuchungen) zurückgezogen werden.

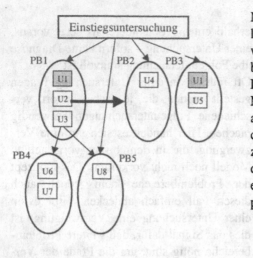

Nebenstehendes Diagramm verdeutlicht die verschiedenen flexiblen Verwendungsmöglichkeiten von Problembereichen in einer Wissensbasis. Dabei wird deutlich, daß sowohl der Modellierung von Problembereichen als auch dem Aufbau von Untersuchungen eine sehr hohe Bedeutung zukommt. Je besser diese Bereiche durchdacht sind, desto einfacher ist eine Wissensbasis erweiterbar und pflegbar.

3. Diagnose-Scores und Heuristische Entscheidungstabellen

Frank Puppe

Zusammenfassung: In diesem Beitrag werden zwei objektbasierte Wissensformalisierungsmuster vorgestellt, die sich zur Lösung von Diagnostikproblemen eignen: Diagnose-Scores, bei denen im Prinzip jede Merkmalsausprägung auf jede Diagnose positiv oder negativ bewertet wird, und Heuristische Entscheidungstabellen, bei denen die Diagnosen typischerweise mit wenigen, aber komplexen Kombinationsregeln bewertet werden. Als Ergänzung werden häufig die Zusatzmodule „Datenabstraktion" und „Testauswahl" benötigt (vgl. Kap. 4).

3.1 Diagnose-Scores

auch bekannt als: heuristische Diagnostik

Zweck

Wähle die beste Lösung aus einer Menge von Alternativen aus, indem jedes Lösungsobjekt ein Konto (Score) bekommt, auf das aufgrund einzelner Problemmerkmale Punkte addiert oder subtrahiert werden.

Motivation

Bei vielen Auswahlproblemen (z.B. Fehlersuche, Objektidentifikation, Bewertung) gibt es keine eindeutigen Auswahlkriterien. Stattdessen werden die einzelnen Problemmerkmale (Beobachtungen) jeweils bewertet, wie stark sie für oder gegen die Lösungskandidaten sprechen. Aufgrund der tatsächlich vorhandenen Merkmale werden die Bewertungen aggregiert und der beste Kandidat gewählt. Wenn es viele Merkmale gibt, ist die Methode relativ robust gegenüber unbekannten oder sogar einzelnen falsch eingegebenen Merkmalen.

Anwendbarkeit

Verwenden Sie Diagnose-Scores bei Auswahlproblemen in folgenden Situationen:

- Allgemeine Eignung von Diagnose-Scores: Sie haben Bewertungswissen, welche Merkmale wie stark für oder gegen die verschiedenen Lösungskandidaten sprechen. Die Lösung zu dem Problem wird durch Zusammenfassung vieler vieldeutiger Merkmale hergeleitet.
- Die Merkmalserfassung ist standardisiert, d.h. es ist nicht notwendig, gezielt Untersuchungen zur Erfassung spezieller Merkmale zu indizieren. Falls dies erforderlich ist, benötigen Sie das Zusatzmodul „Untersuchungsindikation".
- Die Einzelmerkmale sind relativ unabhängig voneinander und haben für sich bereits eine gewisse Aussagekraft. Falls dies nicht gilt, sollten sie zunächst zu höherwertigen „Merkmalsabstraktionen" aggregiert, bevor sie diagnostisch interpretiert werden. Dazu benötigen Sie das Zusatzmodul „Datenabstraktion". Das ist insbesondere bei Benutzern mit geringem Vorwissen oder der Interpretation vorgegebener Meßdaten sinnvoll.
- Es wird nur eine Lösung gesucht (Single Fault Assumption) oder – falls Mehrfachlösungen berücksichtigt werden sollen – beeinflussen sich die Merkmale der Lösungen nicht wechselseitig.

Struktur

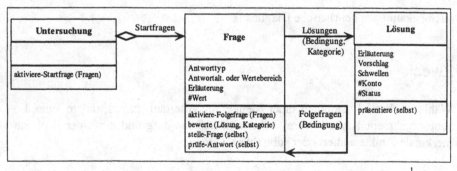

Abb. 1: Auswahl von Lösungen aufgrund von Untersuchungen und ihren Fragen[1]

---

[1] Die Legende entspricht der Notation in UML (Unified Modeling Language). Eine Klasse wird durch Name, Attribute und Methoden (Prozeduren) dargestellt. Attribute, die auf Objekte einer anderen Klasse verweisen, sind als einfache „Assoziationen" (der Pfeil deutet die Hauptleserichtung an) oder als stärkere „Aggregationen" mit einer Raute gekennzeichnet, wobei zusätzliche Parameter zu den Attributen in Klammern notiert sind. Das # (z.B. beim Attribut Wert) soll andeuten, daß dieses Attribut nicht statisch wie die übrigen Attribute ist, sondern zur Laufzeit berechnet wird.

Beispiel (Erläuterung s. nächste Abschnitte): Baumerkennung (stark vereinfacht)

	Kiefer	Tanne	Fichte	Eiche	Buche	Linde	Esche	Birke	Ahorn	Kasta
Nadeln = ja	+	+	+	---	---	---	---	---	---	---
Nadeln = nein	---	---	---	+	+	+	+	+	+	+
Rundliche Zapfen	+++									
Längliche Zapfen	-	+	+							
-- hängend		---	+++							
-- stehend		+++	---							
Lange Nadeln	+++	-	-							
Kurze Nadeln	-	+	+							
-- eher scheitelförmig		++	-							
-- rundum		-	++							
Rissige oder geborstene Rinde				--						
Glatte Rinde	--	--	--	--	++	--	--	--	--	--
Rötliche Stammfarbe	++	--	--	--	--	--	--	--	--	--
Weißliche Stammfarbe	--	--	--	---	---	--	---	+++	---	---
Normale braun/graue Stammfarbe						---				
Frucht: Kastanien				---	---	---	---	---	---	+++
Frucht tetraederförm., braun (Bucheck.)				-	+++	--	--	--	--	--
Frucht becherförm., grün/braun (Eiche)				+++	-	--	--	--	--	--
Frucht: Propeller mit Kern				--	--	+++	-	--	--	--
Frucht: Flügel mit 1 Kern				--	--	-	+++	--	-	--
Frucht Flügel mit 2 Kernen				--	--	-	-	--	+++	--
Blüte: grün/gelb vor/mit Laubaustritt				--	-	--	--	--	+++	--
Blüte: weiß/gelb nach Laubaustritt				--	--	+++	--	--	--	--
Blüte: gelb, klein vor Laubaustrieb				--	--	--	++	--	-	--
gelbe Kätzchen mit Laubaustrieb				++	--	--	--	--	--	--
Blüte: grünlich, klein, mit Laubaustrieb				--	++	--	--	-	--	--
Blüte: weiß od. rot, kerzenfö. nach Laub				--	--	--	--	--	--	+++
Gegenständige kleine Blätter				--	--	--	+++	--	--	--
Gefiederte Blätter				--	--	--	--	--	--	+++
Ein Blatt pro Stiel								--		--
-- geteiltes Blatt				-	-	-			-	++
-- gebuchtetes Blatt				+++	--				--	
-- ungeteiltes Blatt				--					--	
-- herzförmige Blattform						+		+		
-- elliptische Blattform					++					
-- andere Blattform						-	-		-	
---- ganzrandiger Blattrand				+					+	
---- gesägter Blattrand						+		+		+

Teilnehmer (Objektklassen)

Lösung (Diagnose):
- repräsentiert eine Problemlösung (z.B. Fehlerursache, erkanntes Objekt, Handlungsvorschlag).
- enthält Informationen zur Problemlösung und ihrer Umsetzung.
- enthält ein Punktekonto, das die Wahrscheinlichkeit der Lösung bewertet. Es wird mit Schwellen in einen Status (z.B. ausgeschlossen, unklar, verdächtigt, bestätigt) abgebildet.

Untersuchung (Frageklasse):
- bewirkt systematische Datenerfassung zum Finden der Lösung.
- besteht aus einer Liste von Startfragen.

Frage (Merkmal, Symptom)
- besteht aus einem Fragetext und Antwortalternativen bzw. einem numerischen Wertebereich, ggf. mit Erläuterungen.
- enthält Verweise auf Folgefragen, für die eine Bedingung über ihren Antwortalternativen bzw. ihrem Wertebereich erforderlich ist.
- enthält Verweise auf Problembereiche bzw. Lösungen, die in Abhängigkeit einer Bedingung über ihren Antwortalternativen bzw. ihrem Wertebereich Lösungen mit positiven oder negativen Punkten bewerten.[2] Negative Punktbewertungen können aus Aufwandsgründen auch ganz oder teilweise weggelassen werden, verbessern aber die diagnostische Genauigkeit erheblich. Im Extremfall wird jede Antwortalternative im Hinblick auf jede Lösung bewertet.[3]

Interaktionen

1. Beim Aufruf des Systems werden die Untersuchungen aktiviert.
2. Die Untersuchungen werden der Reihe nach bearbeitet. Wenn eine Lösung bestätigt wurde und die Single-Fault-Assumption gilt, werden die noch nicht bearbeiteten Untersuchungen abgebrochen. Die aktuelle Untersuchung aktiviert wiederum ihre Startfragen.

---

[2] Die Besonderheit dieses Musters liegt darin, daß keine Kombinationsregeln verwendet werden. Stattdessen werden Antwortalternativen für sich im Hinblick auf Diagnosen bewertet, z.B. wenn Frage1 = Antwortalternative1, dann bekommt Diagnose1 X1 Punkte, Diagnose2 bekommt X2 Punkte usw. (s. auch „Konsequenzen")

[3] Dadurch ergibt sich eine sehr reguläre Struktur der Wissensbasis, die leicht auf Vollständigkeit zu überprüfen ist. Wenn eine Frage viele Antwortalternativen besitzt, von denen nur eine für eine Diagnose relevant ist, dann kann die Negation der relevanten Antwortalternative Eingabeaufwand sparen: Wenn Frage1 = *nicht* Antwortalterantive1 dann bekommt Diagnose1 X3 Punkte. Diese Regel kann mehrere Regeln ersetzen: Wenn Frage1 = Antwortalternative2 oder Wenn Frage1= Antwortalternative3, usw. dann bekommt Diagnose1 X3 Punkte. Das ist allerdings nicht optimal, wenn z.B. die übrigen Antwortalternativen verschieden stark gegen Diagnose1 sprechen.

3. Die Startfragen werden dem Benutzer gestellt. Aufgrund seiner Antworten kommen eventuell Folgefragen. Außerdem werden auf die Konten der Lösungen positive oder negative Punkte entsprechend den Bedingungen übertragen.

4. Für jede Lösung werden die Bewertungen auf dem Konto summiert und mit dem Attribut Schwellen in einen Status „ausgeschlossen", „unklar", „verdächtigt" oder „bestätigt" transformiert. Wenn die Single-Fault-Assumption gilt, kann man die Kategorie „bestätigt" auch nur an die relativ beste Lösung vergeben, ggf. unter den zusätzlichen Voraussetzungen, daß ein Mindestvorsprung zur zweitbesten Lösung besteht und eine Mindestschwelle überschritten wurde. Wenn die Single-Fault-Assumption nicht generell, aber für Teilbereiche gilt, so kann man diese Teilbereiche als Grobdiagnosen definieren, mit Regeln herleiten, und dann für jede bestätigte Teilbereichs-Grobdiagnose ihre relativ beste Nachfolgerdiagnose als eine Teillösung auswählen.

5. Als Ergebnis werden die besten n Lösungen – ggf. aufgeteilt nach Teilbereichs-Grobdiagnosen – mit ihrer Punktzahl und ihrem Status (bestätigt oder verdächtigt) ausgegeben. Zu den bestätigten Lösungen werden ggf. textuelle oder multimediale Dokumente wie Erläuterungen und Handlungsvorschläge angezeigt.

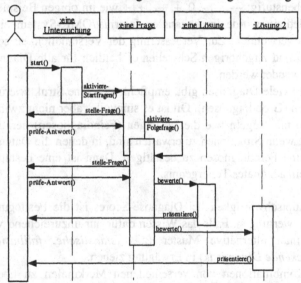

Abb. 2: Vereinfachtes Inferenzdiagramm für Diagnose Scores

Den groben Ablauf bei der Bearbeitung von Diagnose Scores faßt das Inferenzdiagramm in Abb. 2 zusammen, das auf die Methoden in dem Klassendiagramm aus Abb. 1 Bezug nimmt.

Konsequenzen:

* Vorteile:
  – Diagnose-Scores sind relativ robust gegenüber unvollständigen oder sogar leicht fehlerhaften Eingabedaten.

- Das Bewertungswissen von Diagnose-Scores läßt sich aufgrund seiner regulären Struktur durch Tabellen gut visualisieren und eingeben und ist für Menschen leicht interpretierbar.
- Empfehlungen:
  - Lange Fragelisten erfordern entsprechend viel Zeit beim Benutzer zum Beantworten. Daher empfiehlt sich, zu Beginn eines Projektes die akzeptable Zeitdauer für die Benutzer zu ermitteln und die Anzahl der Fragen und Antwortalternativen daraufhin auszurichten. Im allgemeinen gilt: erfahrene Benutzer sollten wenige diagnostisch hochwertige Fragen bekommen, unerfahrene Benutzer viele leicht zu beantwortende Fragen, die ggf. mit dem Zusatzmodul Datenabstraktion zu höherwertigen Merkmalsabstraktionen aggregiert werden müssen.
  - Die Anzahl der zu beantwortenden Fragen läßt sich häufig durch hierarchisch strukturierte Fragebögen mit Fragen und Folgefragen verringern.
  - Bezüglich der genauen Bewertung von einzelnen Antwortalternativen für Diagnosen sollte man nicht überpräzise sein. Dafür eignen sich statistische Verfahren besser. Daher reichen meist wenige Bewertungskategorien aus, z.B. siebenstufig: ---, --, -, 0, +, ++, +++ wie im obigen Beispiel. Für die Innere Medizin wurde im bekannten Internist/QMR-System ein 13-stufiges Schema verwendet.. Zur Verbesserung der Verständlichkeit sollten die Kategorien und zugehörigen Schwellen einheitlich für alle Diagnosebewertungen verwendet werden.
  - Wenn es viele Diagnosen gibt, empfiehlt sich eine Strukturierung mit Oberbegriffen (Grobdiagnosen). Oft ist es sinnvoll – aber nicht zwingend –, diese genauso mit Regeln wie die Lösungen (Feindiagnosen) herzuleiten, insbesondere wenn Situationen zu erwarten sind, in denen die Daten nicht ausreichen, eine Feindiagnosen zu bestätigen. Dann ist eine bestätigte Grobdiagnose ein adäquates Teilergebnis.
- Probleme:
  - Die Hauptschwierigkeit bei Diagnose-Scores ist die Festlegung der vielen Einzelbewertungen. Falls das Wissen dafür nur unzureichend vorhanden ist, sollte man alternative Muster (z.B. *statistische, fallbasierte, kausalüberdeckende Diagnostik*) in Erwägung ziehen.
  - Falls Kombinationen von verschiedenen Merkmalen zu überproportional starken Diagnosebewertungen führen, eignen sich Einzelbewertungen nicht. Gelegentliche Sonderfälle können mit der Datenabstraktion (s. nächster Punkt) oder auch mit Kombinationsregeln mit mehr als einer Vorbedingung berücksichtigt werden. Im allgemeinen ist aber das Muster *heuristische Entscheidungstabellen* vorzuziehen.
- Erweiterungen:
  - Falls einzelne Antwortalternativen wenig aussagekräftig oder redundant sind, sollte man sie vor der diagnostischen Auswertung zu Symptomabstraktionen aggregieren (Zusatzmodul „Datenabstraktion"), die dann wie Fragen verwendet werden können.
  - Falls zur Überprüfung von verdächtigten Diagnosen spezielle Untersuchungen notwendig sind, sollte man das Zusatzmodul „Testauswahl" benutzen.

Implementierung

Wir geben als Implementierung an, wie der Experte sein Wissen mit Hilfe des Diagnostik-Shellbaukastens D3 und seiner grafischen Wissenseingabekomponente selbständig formulieren kann. Die Teilnehmer-Objektklassen sind in D3 wie folgt benannt:

- Lösungen sind Diagnosen (Grob- und Feindiagnosen).
- Untersuchungen sind Frageklassen.
- Fragen sind Symptome vom Typ „erfragt".[4]

Der Wissensbasisentwickler benötigt folgende Editoren:

a) Eingabe der Diagnosen in der Diagnosehierarchie. Der Bezug zwischen Grob- und Feindiagnosen kann wie folgt spezifiziert werden:
   - Grobdiagnosen können mit Regeln ihre Feindiagnosen verdächtigen.
   - Bestätigte Feindiagnosen können ihre Grobdiagnosen bei der Ergebnisaus- gabe „mitbestätigen", falls diese nicht mit Regeln hergeleitet wurden. Dies wird durch einen globalen Konfigurationsschalter angegeben.
   - Grobdiagnosen können Fehlerbereiche darstellen, für die eine Ursache ge- funden werden muß. Dann werden alle Nachfolger (Feindiagnosen) dieser Grobdiagnose als Konkurrenten aufgefaßt. Wenn ein Fehlerbereich bestätigt ist, wird die am besten bewertete Feindiagnose bestätigt, falls der Abstand zur zweitbesten Feindiagnose eine gewisse Mindestdifferenz übersteigt. Da- zu muß bei der Grobdiagnose das Attribut „Knotentyp" auf „oder" gesetzt und ggf. das Attribut „Mindestdifferenz" gesetzt werden (als Defaultwert ist die Kategorie $p4 = 20$ Punkte gesetzt). Beides wird in der Attributtabelle zu Diagnosen eingegeben.
b) Eingabe der Frageklassen (Untersuchungen) in der Symptomhierarchie. Zur Strukturierung können auch Frageklassenoberbegriffe benutzt werden (z.B. um die Frageklassen eines Problembereiches zusammenzufassen).
c) Eingabe der Fragen, Antwortalternativen, Folgefrageregeln und Folgefragen zu einer Frageklasse im Entscheidungsbaumeditor. Da er nicht dazu benutzt wird, Diagnosebewertungen anzugeben, sollte man ihn entsprechend konfigurieren.
d) Eingabe der Startfrageklassen im Formular „zur Wissensbasis".
e) Eingabe von Multimedia-Dokumenten (html) in der Attributtabelle zu den betroffenen Objekten.
f) Eingabe von Fragetexten und textuellen Erklärungen zu Fragen in der Attri- buttabelle.
g) Falls eine Frage nicht mit „unbekannt" beantwortbar sein soll, dann kann man die ansonsten automatisch hinzugefügte Antwortalternative „unbekannt" bei der Frage mit einem neuen Attribut „unbekannt ausgeblendet" unterdrücken. Dies wird in der (einfachen) Attributtabelle zu Fragen eingegeben.

---

[4] Zusätzlich gibt es in D3 Symptominterpretationen (Symptomabstraktionen), d.h. Sym- ptome vom Typ „hergeleitet", die im Zusatzmodul „Datenabstraktion" erläutert werden.

h) Eingabe der relevanten Problemmerkmale für jede Diagnose im Editor „Regelelemente".

i) Eingabe der eigentlichen Diagnose-Bewertungen in der Diagnose-Übersichtstabelle für eine oder mehrere ausgewählte Diagnosen. Die Defaultkonfiguration stellt 17 Kategorien mit folgender Semantik bereit:

Sichere Bewertungskategorien

p7 = hinreichend   n7 = nie   pp = notwendig

Wenn eine Regel mit der Bewertung n7 gefeuert hat, ist die Lösung in jedem Fall ausgeschlossen. Wenn eine Regel mit der Bewertung pp *nicht* gefeuert hat, kann die Lösung nicht bestätigt werden. Wenn eine Regel mit der Bewertung p7 gefeuert hat und keine der ersten beiden Bedingungen zutrifft, ist sie immer bestätigt.

Unsichere Bewertungskategorien
(p = positiv für die Lösung; n = negativ gegen die Lösung):

p6	=	fast immer:	80 Punkte	n6 =	fast immer:	−80 Punkte
p5+	=	regelmäßig:	50 Punkte	n5- =	regelmäßig:	−50 Punkte
p5	=	weitaus meistens:	40 Punkte	n5 =	weitaus meistens:	−40 Punkte
p4	=	mehrheitlich:	20 Punkte	n4 =	mehrheitlich:	−20 Punkte
p3	=	häufig:	10 Punkte	n3 =	häufig:	−10 Punkte
p2	=	manchmal:	5 Punkte	n2 =	manchmal:	−5 Punkte
p1	=	selten:	2 Punkte	n1 =	selten:	−2 Punkte

Wenn kein sicheres Kriterium erfüllt ist, werden die Punkte aller gefeuerten Regeln addiert und wie folgt interpretiert:

Wenn Punktekonto ≥ 42 Punkte (> p5), dann Lösung bestätigt.
Wenn Punktekonto von 10 bis 41 Punkte (≥ p3), dann Lösung verdächtigt.
Wenn Punktekonto von −41 bis 9 Punkte (< p3), dann Lösung unklar.
Wenn Punktekonto < −41 Punkte (< n5), dann Lösung ausgeschlossen.

Diese Interpretation gilt nicht, wenn Lösungen als Konkurrenten definiert sind (s. Punkt a, dritter Spiegelstrich). Dann wird die relativ beste Lösung aus jeder Konkurrenten-Menge bestätigt, auch wenn der Punktestand unterhalb der Schwelle von 42 liegt.

Bekannte Verwendungen und verwandte Muster

Das Muster wird erfolgreich für eine robuste Wissensbasis zur Pflanzenerkennung eingesetzt. Ein verwandtes Muster ist „heuristische Entscheidungstabellen" (s. Abschnitt 3.2).

3.2 Heuristische Entscheidungstabellen

Zweck

Wähle die beste Lösung aus einer Menge von Alternativen aus, indem Lösungsobjekte durch logische Verknüpfungen von Problemmerkmalen bewertet werden.

Motivation

Bei vielen Auswahlproblemen (z.B. Fehlersuche, Objektidentifikation, Bewertung) gibt es zwar keine eindeutigen Einzelauswahlkriterien, aber Kombinationen
von Einzelkriterien sind relativ aussagekräftig, da sie im Vergleich zu Diagnose-
Scores überproportionale Verstärkungen der Bedeutung von Einzelkriterien ausdrücken können. Indem solche Kombinationen als logische Verknüpfungen formalisiert werden, können die für Menschen oft schwer handhabbaren unsicheren
Bewertungsschemata stark eingeschränkt werden. Das Ergebnis ist eine heuristische Entscheidungstabelle für jede Diagnose. Im Vergleich zu einfachen Entscheidungstabellen können Diagnosen nicht nur bestätigt, sondern auch verdächtigt werden, wobei zur Klärung des Verdachtes gezielt Untersuchungen aktiviert
werden können.

Anwendbarkeit

Verwenden Sie heuristische Entscheidungstabellen bei Auswahlproblemen in
folgenden Situationen:
- Allgemeine Eignung heuristischer Entscheidungstabellen: Die Lösung zu dem
  Problem wird durch Verknüpfung vieler vieldeutiger Merkmale hergeleitet und
  Sie haben Bewertungswissen, welche Kombinationen von Merkmalen charakteristisch für die Lösungen sind. Die Vorteile gegenüber Diagnose-Scores sind
  eine knappere und verständlichere Darstellung des Bewertungswissens und die
  Möglichkeit, Kombinationen von Einzelmerkmalen überproportional zu bewerten.
- Ein Problem heuristischer Entscheidungstabellen ist der Umgang mit unvollständig und vor allem fehlerhaft erfaßten Merkmalen. Dafür eignen sich Diagnose-Scores besser.
- Heuristische Entscheidungstabellen erlauben die Formalisierung auch sehr
  komplexer Domänen. Dafür sind meist Zusatzmodule erforderlich, die sich
  problemlos kombinieren lassen:

– Wenn bei heuristischen Entscheidungstabellen zur Überprüfung verdächtigter Lösungen zusätzliche Merkmale erfaßt werden müssen, benötigen Sie das
Zusatzmodul „Untersuchungsindikation".
– Wenn Sie die Einzelmerkmale vor der diagnostischen Auswertung zu höherwertigen Merkmalsabstraktionen zusammenfassen wollen, benötigen Sie
das Zusatzmodul „Datenabstraktion".

Beispiel (Erläuterung s. nächste Abschnitte): Baumerkennung (Linde; stark vereinfacht)

	Linde	Linde	Linde	Linde
Art der Verknüpfung	und	oder	oder	2 aus 4
Bewertung	P4	P7	N7	N7
Nadeln = nein	+	-		
Normale bräunliche Stammfarbe		-		
Frucht: Propeller mit Kern			+	-
Blüte: Weiß/gelb nach Laubaustritt			+	-
Ein Blatt pro Stiel				-
-- ungeteiltes Blatt				-
-- herzförmige Blattform			+	-
---- gesägter Blattrand			+	-

Struktur

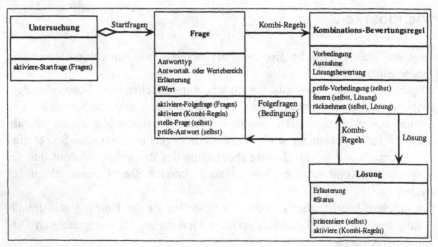

Abb. 3: Auswahl von Lösungen aufgrund von Kombinations-Bewertungsregeln, die Einzelbedingungen über beliebig vielen Fragen und anderen Lösungen mit logischen Konnektoren (nicht, und, oder) verknüpfen (Legende s. Abb. 1).

Teilnehmer

Untersuchung (Frageklasse):
- bewirkt systematische Datenerfassung zum Finden der Fehlerursache.
- enthält ggf. Erläuterungen zur technischen Durchführung.
- besteht aus einer Liste von Startfragen.

Frage (Merkmal, Symptom)
- besteht aus einem Fragetext und Antwortalternativen bzw. bei numerischen Fragen aus einem Wertebereich, ggf. mit Erläuterungen
- enthält Verweise auf Folgefragen, die durch eine Bedingung über ihren Antwortalternativen bzw. ihrem Wertebereich präzisiert wird.
- enthält Verweise auf alle Kombinationsregeln, an denen die Frage beteiligt ist.

Kombinations-Bewertungsregel (Kombi-Regel)
- die Vorbedingung ist eine logische Kombination über Einzelbedingungen. Einzelbedingungen können sich auf Fragen oder Lösungen beziehen, z.B. „Frage1 = Antwortalternative1" oder „Diagnose1 = bestätigt". Logische Verknüpfungsoperationen sind die Konnektoren „und", „oder" und „nicht". Sehr nützlich ist ein weiterer Konnektor „n-aus-m" der besagt, daß mindestens n aus m Einzelbedingungen zutreffen müssen. Die Verknüpfungsoperationen können beliebig geschachtelt werden, z.B. „(und A (nicht B) (oder C D (und E F)) (2 aus G H I J))", wobei A - J Einzelbedingungen seien.
- Die Ausnahme zur Regel ist wie die Vorbedingung aufgebaut. Ihre Bedeutung ist, daß wenn sie zutrifft, die Regel nicht feuern kann bzw. zurückgezogen werden muß. Der Unterschied einer Regel „wenn A dann B außer C" im Vergleich zu der ähnlichen Regel „wenn A und (nicht C) dann B" besteht darin, daß nur die erste Regel feuern kann, wenn C noch unbekannt ist.
- Die Lösung ist ein Verweis auf das Lösungsobjekt.
- Die Bewertung gibt an, wie die sicher die Lösung ist. Typische Bewertungen sind bestätigt, verdächtigt und ausgeschlossen.

Lösung (Diagnose):
- repräsentiert eine Problemlösung (z.B. Fehlerursache, erkanntes Objekt, Handlungsvorschlag).
- enthält Informationen zur Problemlösung und ihrer Umsetzung.
- ebenso wie Fragen können auch Lösungen (Grobdiagnosen) zur Herleitung anderer Lösungen in ‚Kombi-Regeln' benutzt werden.
- der Status (ausgeschlossen, unklar, verdächtigt, bestätigt) gibt die Gesamtbewertung aufgrund der gefeuerten Kombinations-Bewertungsregeln an.

Interaktionen

1. Beim Aufruf des Systems werden die Untersuchungen aktiviert.
2. Die Untersuchungen werden der Reihe nach bearbeitet. Die aktuelle Untersuchung aktiviert wiederum ihre Startfragen.

3. Die Startfragen werden dem Benutzer gestellt. Aufgrund seiner Antworten werden eventuell Folgefragen gestellt. Außerdem werden die Kombinationsregeln überprüft, die sich auf die aktuellen Fragen beziehen.

4. Jede aktivierte Kombinationsregel prüft, ob ihre Vorbedingung erfüllt ist und keine Ausnahme zutrifft. Dann feuert sie und überträgt ihre Bewertung auf die Lösung. Falls eine Ausnahme einer bereits gefeuerten Regel zutrifft, wird sie zurückgezogen, indem sie eine entsprechende inverse Nachricht an die Lösung schickt.

5. Aufgrund der empfangenen oder zurückgezogenen Bewertung wird der Status der Lösung (verdächtigt, bestätigt, ausgeschlossen) gesetzt. Falls das Zusatzmodul Testindikation benutzt wird, werden ggf. weitere abzuarbeitende Untersuchungen aufgrund des Status indiziert. Außerdem werden die Kombinationsregeln überprüft, die sich auf den Status der Lösung beziehen (Schritt 4).

6. Als Ergebnis werden die bestätigten und verdächtigten Lösungen ausgegeben und ggf. textuelle oder multimediale Dokumente wie Erläuterungen und Handlungsvorschläge angezeigt.

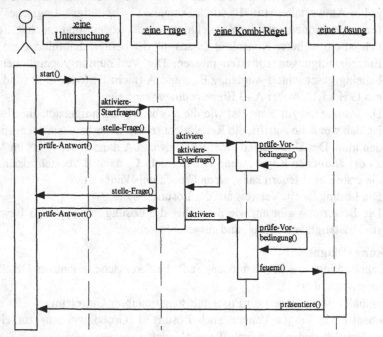

Abb. 4: Vereinfachtes Inferenzdiagramm für heuristische Entscheidungstabellen

Den groben Ablauf bei der Bearbeitung von heuristischen Entscheidungstabellen faßt das Inferenzdiagramm in Abb. 4 zusammen, das auf die Methoden in dem Klassendiagramm aus Abb. 3 Bezug nimmt.

Konsequenzen:

- Vorteile:
  - Heuristische Entscheidungstabellen erlauben die Formulierung von sehr komplexem diagnostischen Wissen.
  - Jede Regel steht für sich. Daher ist der Aufbau sehr modular. Typischerweise gibt es eine komplexe Regel zur Verdächtigung der Lösung und eventuell mehrere zur Bestätigung und zur Rücknahme der Verdächtigung.
- Empfehlungen:
  - Zur Verdächtigung von Lösungen empfiehlt sich eine Regel, die die verschiedenen Verdachtsmomente mit „oder" verknüpft. Falls ein Verdachtsmoment für sich nicht ausreicht, sollten Sie n-aus-m Regeln benutzen, die eine Mindestanzahl von Verdachtsmomenten festlegen.
  - Manchmal reicht es aus, Bestätigungsregeln so zu formulieren, daß man die Mindestanzahl der Verdachtsmomente einfach erhöht. Falls es zusätzliche eindeutige Kriterien zur Bestätigung gibt, sollten diese als Zusatzregeln formuliert werden.
  - Wenn es Anhaltspunkte gibt, die gegen eine Lösung sprechen, sollten diese als zusätzliche Regeln mit negativer Bewertung formuliert werden, um verdächtigte Lösungen zurücknehmen zu können.
  - Zur gezielten Anforderung von Untersuchungen benötigen Sie das Zusatzmodul „Testindikation", wobei die Kosten/Nutzen-Indikation auf der Basis verdächtigter Lösungen naheliegt.
  - Ausnahmen von Regeln sind insbesondere für 2 Situationen sehr nützlich:
    - Es gibt verschiedene Untersuchungen, die dasselbe Merkmal erfassen; typischerweise eine billige, unsichere und eine teurere und genauere Methode. Dann kann man die Durchführung der genaueren Methode als Ausnahme für Regeln, die Schlußfolgerungen aus der billigen Methode ziehen, deklarieren. Das bewirkt nach Durchführung der genauen Methode, daß deren Auswertung die der billigen Methode ersetzt. Eine allgemeinere, aber mit größerem Formalisierungsaufwand verbundene Möglichkeit zur Behandlung dieses Problems ist die Benutzung von Merkmalsabstraktionen (Zusatzmodul Datenabstraktion).
    - Man muß damit rechnen, daß der Benutzer viele Fragen nicht beantwortet, z.B. weil er nicht vorgegebene Fragebögen ausfüllt, sondern selbst die Initiative hat und nur wenige Hauptmerkmale eingibt. Dann sollte man die Regeln so formulieren, daß sie schon aus den Hauptmerkmalen Schlußfolgerungen ziehen, auch wenn es Bedingungen gibt, die die Schlußfolgerungen außer Kraft setzen können. Diese Bedingungen kann man als Ausnahmen zu den Regeln formulieren. Falls die entsprechenden Daten später bekannt werden, führen sie zur Rücknahme der Regeln, aber solange sie noch unbekannt sind, können trotzdem schon plausible Lösungen hergeleitet werden.
- Probleme:
  - Die Hauptschwierigkeit bei heuristischen Entscheidungstabellen ist der Umgang mit unvollständigen Daten. Bei naiver Anwendung feuern die komple-

xen Regeln oft nicht, weil der Benutzer nicht alle erforderlichen Daten eingegeben hat. Gegenmaßnahmen sind eine sorgfältige Indikation von Untersuchungen mit dem Zusatzmodul Testindikation. Weiterhin hilft die Verwendung von Ausnahmen (s. letzter Punkt) und die Benutzung von „oder" bzw. „n-aus-m"- Vorbedingungen (im Vergleich zu „und"-Verknüpfungen), da diese auch dann feuern können, wenn nicht alle Einzelbedingungen erfüllt sind. Sie sollten aber bei unvollständigen Daten immer das Muster „Diagnose-Scores" oder die Muster statistische, fallbasierte und überdeckende Diagnostik in Betracht ziehen.

– Heuristische Entscheidungstabellen eignen sich noch schlechter, wenn mit gelegentlichen Falscheingaben des Benutzers zu rechnen ist, da dies in komplexen Regeln schwer berücksichtigt werden kann. Auch dafür sind die oben erwähnten Muster besser geeignet. Das Problem kann durch Erfassung redundanter Merkmale gemildert werden, die mit dem Zusatzmodul Datenabstraktion vorverarbeitet werden. Weitere Hilfe bietet ein zweites Zusatzmodul zur Plausibilitätskontrolle der Eingabedaten.

• Erweiterungen:

– Im allgemeinen benötigen Sie zur Klärung verdächtigter Diagnosen durch spezielle Untersuchungen das Zusatzmodul „Testauswahl".

– Falls einzelne Antwortalternativen wenig aussagekräftig oder redundant sind, sollte man sie vor der diagnostischen Auswertung zu Symptomabstraktionen aggregieren (Zusatzmodul „Datenabstraktion"), die dann wie Fragen verwendet werden können.

Implementierung

Wir geben hier als Implementierung an, wie der Experte sein Wissen mit Hilfe des Diagnostik-Shellbaukastens D3 und seiner grafischen Wissenseingabekomponente selbständig formulieren kann. Die Teilnehmer-Objektklassen sind in D3 wie folgt benannt:

• Lösungen sind Diagnosen (Grob- und Feindiagnosen).
• Untersuchungen sind Frageklassen.
• Kombinationsbewertungsregeln sind Diagnoseregeln
• Fragen sind Symptome vom Typ „erfragt".[5]

Der Wissensbasisentwickler benötigt folgende Editoren:

a) Eingabe der Diagnosen in der Diagnosehierarchie. Der Bezug zwischen Grob- und Feindiagnosen kann wie folgt spezifiziert werden:

    -    Grobdiagnosen können in Kombinationsregeln ihre Feindiagnosen bewerten.

---

[5] Zusätzlich gibt es in D3 Symptominterpretationen (Symptomabstraktionen), d.h. Symptome vom Typ „hergeleitet", die im Zusatzmodul „Datenabstraktion" erläutert werden.

- Bestätigte Feindiagnosen können ihre Grobdiagnosen bei der Ergebnis-
  ausgabe „mitbestätigen", falls diese nicht mit Regeln hergeleitet wurden.
  Dies wird durch einen globalen Konfigurationsschalter angegeben.
- Grobdiagnosen können Fehlerbereiche darstellen, für die eine Ursache
  gefunden werden muß. Dann werden alle Nachfolger (Feindiagnosen)
  dieser Grobdiagnose als Konkurrenten aufgefaßt. Wenn ein Fehlerbereich
  bestätigt ist, wird die am besten bewertete Feindiagnose bestätigt, falls
  der Abstand zur zweitbesten Feindiagnose eine gewisse Mindestdifferenz
  übersteigt. Dazu muß bei der Grobdiagnose das Attribut „Knotentyp" auf
  „oder" gesetzt und ggf. das Attribut „Mindestdifferenz" gesetzt werden
  (als Defaultwert ist die Kategorie p4 = 20 Punkte gesetzt). Beides wird in
  der Attributtabelle zu Diagnosen eingegeben.

b) Eingabe der Frageklassen (Untersuchungen) in der Symptomhierarchie. Zur
   Strukturierung können auch Frageklassenoberbegriffe benutzt werden (z.B.
   um die Frageklassen eines Problembereiches zusammenzufassen).

c) Eingabe der Fragen, Antwortalternativen, Folgefrageregeln und Folgefragen
   zu einer Frageklasse im Entscheidungsbaumeditor. Da er nicht dazu benutzt
   werden sollte, Diagnosebewertungen anzugeben, sollte man ihn entsprechend
   konfigurieren.

d) Eingabe der Startfrageklassen im Formular „zur Wissensbasis".

e) Eingabe von Multimedia-Dokumenten (html) in der Attributtabelle zu den
   betroffenen Objekten.

f) Eingabe von Fragetexten, Bildern und textuellen Erklärungen zu Fragen in
   der Attributtabelle. Ebenfalls dort kann man die standardmäßig hinzugefügte
   Antwortalternative „unbekannt" bei Fragen ausblenden.

g) Eingabe der relevanten Problemmerkmale für jede Diagnose im Editor „Regelelemente".

h) Eingabe der eigentlichen Diagnose-Bewertungen in der Detailtabelle für eine
   ausgewählte Diagnose. Diese eignet sich gut für Regelvorbedingungen mit
   nur einem Konnektor (und, oder, n-aus-m, z.B. (2 aus A B C D)) und ist noch
   akzeptabel für Regelvorbedingungen für zwei verschachtelte Konnektoren
   z.B. (und A B (oder C D)). Dabei kann jede Einzelbedingung auch negiert
   sein. Bei noch größerer Schachtelungstiefe wird der n-Stufen-Regeleditor benötigt. Im allgemeinen reichen neben den sicheren Bewertungskategorien
   zwei unsichere Bewertungskategorien für die Verdächtigung und die Rücknahme der Verdächtigung aus:

Sichere Bewertungskategorien

p7 = hinreichend   n7 = nie   pp = notwendig

Wenn eine Regel mit der Bewertung n7 gefeuert hat, ist die Lösung in jedem
Fall ausgeschlossen. Wenn eine Regel mit der Bewertung pp *nicht* gefeuert
hat, kann die Lösung nicht bestätigt werden. Wenn eine Regel mit der Bewertung p7 gefeuert hat und keine der ersten beiden Bedingungen zutrifft, ist
sie immer bestätigt.

Wenn man ausdrücken will, daß Lösungen in dem Anwendungsbereich grundsätzlich nicht „sicher" sein können, sollte man statt p7 die Kategorie p6 benutzen, die auch Diagnosen bestätigt.

Unsichere Bewertungskategorien
p3 =   verdächtigt: 10 Punkte   n3 =   nicht-verdächtigt: −10 Punkte
In D3 wird dasselbe Grundschema wie bei Diagnose-Scores verwendet, so daß ein fließender Übergang möglich ist. Man sollte sich jedoch bei heuristischen Entscheidungstabellen in der Basisversion auf eine Kategorie zur Verdächtigung und eine zur Rücknahme der Verdächtigung beschränken, wofür sich die Kategorien p3 und n3 eignen. Da sich die Bewertungen verschiedener Regeln addieren würden und ab 42 Punkte eine Diagnose als bestätigt gilt, sollte man nach Möglichkeit nur eine Verdachtsregel schreiben und − falls sie aus verschiedenen Teilen besteht − diese mit „oder" verknüpfen.

Bekannte Verwendungen und verwandte Muster:

Das Muster eignet sich auch für sehr komplexe Wissensbasen und wird insbesondere für medizinische Wissensbasen eingesetzt. Verwandte Muster sind einfache Entscheidungstabellen und Diagnose-Scores (s. Abschnitt 3.1).

4. Testindikation und Datenabstraktion

Frank Puppe

Zusammenfassung: In diesem Beitrag werden zwei optionale Zusatzmodule für die Wissensformalisierungsmuster aus Kap. 3 vorgestellt, die mit diesen frei kombiniert werden können: die Testindikation, mit der die Anforderung zusätzlicher Merkmale gesteuert werden kann, und die Datenabstraktion, mit der die Merkmale vorverarbeitet werden können.

4.1 Zusatzmodul Testindikation

Zweck

Definiere Kriterien, um zusätzliche Tests zur Abklärung von Diagnosen auszuwählen.

Motivation

Bei vielen Auswahlproblemen (z.B. Fehlersuche, Objektidentifikation, Bewertung) gibt es aufwendige Tests, die sich nur unter bestimmten Umständen lohnen, insbesondere zur Abklärung verdächtigter Diagnosen. Das dazu notwendige Wissen läßt sich in allgemeiner Form repräsentieren, die unabhängig von dem eigentlichen Diagnosewissen ist.

Anwendbarkeit

Verwenden Sie die Testindikation als Zusatzmodul bei Diagnosemustern in folgenden Situationen:

- Die standardmäßig erhobenen Basisdaten und Beschwerden einschließlich sich direkt daran anschließender Folgefragen reichen nicht aus, um die Problemlösung zu finden. Dafür ist die gezielte Indikation mehr oder weniger aufwendiger Tests (Untersuchungen) notwendig.

- Die Auswahl der nützlichsten Tests hängt von ihrem Aufwand und den aktuellen Verdachtsdiagnosen ab, oder es gibt standardisierte Vorgehensweisen aufgrund bestimmter Zwischenergebnisse.

Struktur

Abb. 1: Auswahl von Untersuchungen aufgrund verdächtigter oder bestätigter Lösungen[1]

Teilnehmer

Lösung (Diagnose):
- hat aufgrund der bisherigen diagnostischen Auswertung einen Status, bei dem hier folgende Werte wichtig sind: verdächtigt, bestätigt.
- enthält eine Liste von Untersuchungen, die zur Klärung eines Verdachts wichtig sind (d.h. im Status „verdächtigt").
- enthält eine Liste von Untersuchungen, die nach der Bestätigung der Lösung abgearbeitet werden sollen (d.h. im Status „bestätigt").

Untersuchung (Frageklasse):
- besteht aus einer Liste von Startfragen, die bei Aktivierung gestellt und ggf. durch Folgefragen verfeinert werden (in Abb. 1 nur angedeutet).
- enthält eine Aufwandskategorie, die den Aufwand zur Durchführung der Untersuchung beschreibt.

Interaktionen

1. Das Zusatzmodul „Testindikation" wird aktiv, wenn die Start-Untersuchungen abgearbeitet sind.

---

[1] Die Legende entspricht der Notation in UML (Unified Modeling Language). Eine Klasse wird durch Name, Attribute und Methoden (Prozeduren) dargestellt. Attribute, die auf Objekte einer anderen Klasse verweisen, sind als „Assoziationen" mit einem Pfeil gekennzeichnet, der die Hauptleserichtung andeutet.

2. Falls es bestätigte Lösungen gibt, werden von diesen alle Einträge aus „Untersuchungen-nach-Bestätigung" nach ihrem Attribut Aufwandskategorie sortiert. Die Untersuchung mit dem geringsten Aufwand wird aktiviert.
3. Falls in Schritt 2 keine Untersuchung gefunden wurde, werden die verdächtigten Lösungen betrachtet. Die am stärksten verdächtigte Lösung aktiviert ihre erste noch nicht abgearbeitete „Untersuchung-zur-Klärung".
4. Nach Durchführung der aktivierten Untersuchung werden die Schritte 2 und 3 aufgrund der eventuell geänderten Lösungsbewertungen solange wiederholt, bis keine Untersuchung mehr aktiviert werden kann.

Konsequenzen

- Vorteile:
  - Das Zusatzmodul „Testindikation" erlaubt eine einfache Formalisierung des Wissens über die Aktivierung von Tests.
  - Es berücksichtigt zwei Mechanismen: Die hypothesengesteuerte Indikation zur Klärung verdächtigter Diagnosen und die standardisierte Indikation nach der Bestätigung von Diagnosen.
- Empfehlungen:
  - Oft ist es ausreichend, nur einen der beiden Mechanismen zu benutzen. Dadurch läßt sich die Struktur noch weiter vereinfachen.
  - Ein häufiges Problem sind zu lange Dialoge, wenn z.B. viele Tests zur Klärung von allen möglichen Hypothesen aktiviert sind, obwohl schon eine Lösung gefunden werden konnte. In diesem Fall kann die Single-Fault-Assumption helfen, die bereits nach dem Finden der ersten Lösung den Dialog abbricht.
- Probleme:
  - Manche Diagnosemuster (überdeckende, fallbasierte, statistische Diagnostik) haben kein Konzept, bei dem Diagnosen explizit verdächtigt oder bestätigt werden. Man kann sich dadurch behelfen, daß man die jeweils bestbewertete Hypothese als Verdachtsdiagnose betrachtet, die ihre Tests zur Klärung aktiviert. Für Untersuchungen nach Bestätigung fehlt aber das Konzept der Bestätigung von Diagnosen. Man kann sich behelfen, indem man Untersuchungen direkt mit Regeln aktiviert (s. Erweiterungen).
- Erweiterungen:
  - Die standardisierte Indikation von Untersuchungen kann man außer von bestätigten Diagnosen auch direkt von Merkmalen mit Indikationsregeln der Art „wenn Merkmal1 = Antwortalternative1 dann aktiviere Untersuchung1" anstoßen, wobei auch Merkmalskonstellationen mit logischen Verknüpfungen denkbar sind.
  - Manchmal ist es wichtig, bestimmte Untersuchungen in bestimmten Situationen zu unterdrücken, z.B. weil sie zu gefährlich oder zu teuer sind. Dies läßt sich am bequemsten unabhängig von den sonstigen Indikationsmechanismen mit sogenannten Kontraindikationsregeln erreichen, die äquivalent

wie die obengenannten Indikationsregeln aufgebaut sind. Sie verhindern jegliche Indikation der betroffenen Untersuchungen.

- Es kann sinnvoll sein, mehrere Verdachtsdiagnosen gleichzeitig abzuklären statt nur die am besten bewertete wie oben angegeben zu betrachten. In diesem Fall sollten Untersuchungen, die zur Klärung mehrerer Verdachtsdiagnosen nützlich sind, bevorzugt aktiviert werden. Allerdings muß dies in Verhältnis zu ihren Kosten gesetzt werden. Daher ist in diesem Fall eine komplizierte Kosten/Nutzen-Verrechnung erforderlich, bei der jeder Untersuchung außer ihren Kosten ein numerischer Nutzen zur Klärung der verschiedenen Diagnosen zugeordnet wird. Ausgehend von den betrachteten Verdachtsdiagnosen wird die Untersuchung ausgewählt, die bezüglich des addierten Nutzens zur Klärung der betrachteten Verdachtsdiagnosen im Verhältnis zu ihren Kosten am besten abschneidet.

Implementierung

Wir geben hier als Implementierung an, wie der Experte sein Wissen mit Hilfe des Diagnostik-Shellbaukastens D3 und seiner grafischen Wissenseingabekomponente selbständig formulieren kann. Wir gehen davon aus, daß schon eine Wissensbasis mit Diagnosen und Frageklassen (Tests, Untersuchungen) existiert und nur das zusätzliche Wissen zur Testindikation eingegeben werden soll. Der Wissensbasisentwickler benötigt dazu folgende Editoren:

a) Eingabe eines oder beider Attribute „Frageklassen-zur-Klärung" bzw. „Frageklassen-nach-Bestätigung" im Diagnoseformular. Die jeweiligen Frageklassen werden aus der Frageklassenhierarchie übertragen. Dabei sollte man auf die richtige Reihenfolge achten.

b) Wenn „Frageklassen nach Bestätigung" definiert sind, sollte außerdem das Attribut Aufwandsklasse für jede Frageklasse eingegeben werden. Das geschieht am schnellsten in der Attributtabelle. Die dort eingegebenen numerischen Werte haben keine absolute, sondern nur eine relative Bedeutung, d.h. je kleiner die Aufwandsklasse, desto eher wird die Frageklasse aktiviert.

Für die Erweiterungen sind zusätzliche Editoren erforderlich:

c) Die Kosten/Nutzen-Verrechnung von Frageklassen zur Abklärung mehrerer verdächtigter Diagnosen[2] geschieht am besten in dem Editor „Frageklassenübersichtstabelle" in dem alle numerischen Angaben zusammmen eingegeben werden können.

d) Die Indikations- und Kontraindikationsregeln gibt man am besten als Einzelregeln im einfachen Regelformular ein (Regeltyp: Indikation bzw. Kontraindikation von Frageklassen).

---

[2] Konfigurierung der Anzahl der betrachteten Verdachtsdiagnosen in: Wissensnutzung .. Ablage .. Benutzereinstellungen .. zur Wissensnutzung .. Anzahl Diagnosen .. <Zahl>

4.2 Zusatzmodul Datenabstraktion

Zweck

Aggregiere die Rohdaten zu diagnostisch aussagekräftigeren Merkmalsabstraktionen, um die anschließende diagnostische Interpretation zu erleichtern. Häufig korrespondieren die Merkmalsabstraktionen zu Begriffen der jeweiligen Fachsprache zur Problembeschreibung.

Motivation

Bei vielen Auswahlproblemen (z.B. Fehlersuche, Objektidentifikation, Bewertung) gibt es eine Diskrepanz zwischen den Rohdaten, die durch Fragen an den Benutzer, per Datentransfer oder als automatisch erhobene Meßwerte zur Problembeschreibung erfaßt werden, und der Art und Weise, wie Probleme in der Fachsprache beschrieben werden. Die Datenabstraktion dient dazu, diese Lücke zu schließen.

Anwendbarkeit

Verwenden Sie die Datenabstraktion als Zusatzmodul bei Diagnosemustern in folgenden Situationen:

- Die Rohdaten (Benutzerfragen, Meßwerte, Transfer gespeicherter Daten) sind hinsichtlich der diagnostischen Auswertung teilweise redundant. Dieses Problem läßt sich durch Zusammenfassung redundanter Einzeldaten zu Datenabstraktionen lösen.
- Die Rohdaten haben einzeln eine zu geringe Aussagekraft. Diese läßt sich durch Zusammenfassung ähnlicher Merkmale zu Merkmalsabstraktionen beträchtlich steigern. Das ist besonders nützlich für Muster ohne Kombinationsregeln wie z.B. Diagnose Scores.
- In der Anwendungsdomäne werden vorwiegend numerische Daten erhoben, während sich das Auswertungswissen eher qualitative Beschreibungen bezieht (z.B. erheblich zu hoch, zu hoch, normal, zu niedrig). Für Abstraktionen numerischer zu qualitativen Aussagen einschließlich eventueller arithmetischer Operationen oder Vergleich mit Tabelleneinträgen benötigen Sie die Datenabstraktion.

Struktur

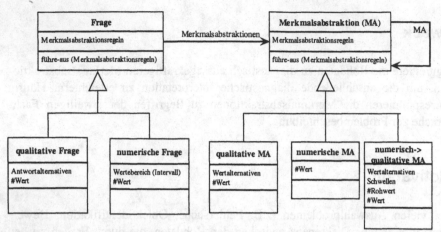

Abb. 2: Abstraktion von Fragen zu Merkmalsabstraktionen (MA) mit Darstellung von relevanten Spezialisierungen (Legende s. Abb. 1; Unterklassen erben alle Eigenschaften von der übergeordneten Klasse, die durch einen Pfeil nach oben gekennzeichnet ist).

Teilnehmer

Frage (Merkmal)

Im Kontext der Datenabstraktion ist die Fähigkeit von Fragen wichtig, mit Merkmalsabstraktionsregeln den Wert von Merkmalsabstraktionen zu setzen bzw. zu beeinflussen. Wir unterscheiden zwei Typen von Fragen, qualitative und numerische Fragen, die bestimmte Typen von Merkmalsabstraktionen herleiten können.

- *Qualitative Frage:* Sie besteht aus einer Liste von Antwortalternativen und ihr Wert ist eine (one-choice) oder mehrere (multiple-choice) der Antwortalternativen.
- *Numerische Frage:* Ihr Wertebereich ist ein Intervall und ihr Wert eine konkrete Zahl.

Merkmalsabstraktion

Merkmalsabstraktionen werden aus Fragen oder anderen Merkmalsabstraktionen hergeleitet. Deswegen haben sie wie Fragen die Fähigkeit, mit Merkmalsabstraktionsregeln den Wert von Merkmalsabstraktionen zu setzen bzw. zu beeinflussen. Wir unterscheiden drei Typen von Merkmalsabstraktionen, qualitative und numerische Merkmalsabstraktionen sowie eine Kombinationsform. Sie werden durch unterschiedliche Arten von Regeln hergeleitet.

- Qualitative Merkmalsabstraktionen
  - Sie besitzen eine Menge von vordefinierten Wertalternativen.
  - Ihr Wert wird mit Regeln direkt gesetzt, z.B. wenn Frage1 = Antwortalternative1, dann setze Merkmalsabstraktion1 auf Wert1. Typischerweise werden in der Vorbedingung der Regeln logische Verknüpfungen benutzt. Diese

entsprechen den logischen Verknüpfungen im Muster „heuristische Diagnostik mit Kombinationsregeln".

- Numerische Merkmalsabstraktionen
  - Ihr Wertebereich sind die reellen Zahlen.
  - Ihr Wert kann auf 2 Arten mit Regeln hergeleitet werden:
    1. Durch eine arithmetische Formel, die Antworten von numerischen Fragen verrechnet. Eine typische Regel ist: „Wenn numerische-Frage1 = bekannt und numerische-Frage2 = bekannt, dann setzte Wert von numerischer-Merkmalsabstraktion auf (Wert von numerische-Frage1 + Wert von numerische-Frage2)".
    2. Durch ein Scoring-Verfahren, bei dem mit Regeln Punkte auf die Merkmalsabstraktion übertragen werden, z.B. „wenn Frage1 = Antwortalternative1, dann addiere 3 Punkte auf Merkmalsabstraktion1." Die Merkmalsabstraktion verfügt über ein Konto („Wert"), auf dem alle Punkte gesammelt werden.
  - Numerische Merkmalsabstraktionen können wie numerische Fragen in Vorbedingungen von Regeln verwendet werden, z.B. (Num-MA1 > 10) oder (Num-MA2 zwischen 10 und 20) usw., mit denen andere Merkmalsabstraktionen oder Diagnosen berechnet werden.
- Numerisch->Qualitative Merkmalsabstraktionen
  - Während numerische Merkmalsabstraktionen Arithmetik und Scoring-Verfahren ermöglichen, erlauben qualitative Merkmalsabstraktionen die Definition hochwertiger Abstraktionen, die den weiteren diagnostischen Prozeß erheblich vereinfachen. Häufig wird beides kombiniert, d.h. man berechnet erst numerische Merkmalsabstraktionen und wandelt diese dann in qualitative Merkmalsabstraktionen um. Der Typ numerisch->qualitiative Merkmalsabstraktionen erlaubt die Kombination beider Operationen in einem Schritt[3]. Dazu besitzt dieser Typ zusätzlich zu den Attributen und der Funktionsweise von numerischen Merkmalsabstraktionen weitere Attribute:
    - Rohwert: Dies entspricht dem Attribut „Wert" bei numerischen Merkmalsabstraktionen.
    - Wert: Der numerische Rohwert wird mittels der Schwellen in einen qualitativen Wert umgewandelt.
    - Wertalternativen: Aufzählung der möglichen qualitativen Werte.
    - Die Schwellen sind eine Liste von n Zahlen $x_1 \ldots x_n$, die n+1 Intervalle definieren, wobei jedes Intervall einem Wert aus den Wertalternativen entspricht. Die Umsetzung wird wie folgt berechnet: wenn Rohwert $\leq x_1$, dann 1. Wertalternative, wenn $x_1 >$ Rohwert $\leq x_2$, dann 2. Wertalternative, usw., wenn Rohwert $> x_n$, dann letzte Wertalternative.

---

[3] Eine besonders häufige Form ist die einfache Umwandlung einer numerischen Frage in eine qualitative Merkmalsabstraktion. Dazu überträgt man den numerischen Wert mit einer Regel unverändert auf die Merkmalsabstraktion (wenn Frage1 = bekannt, dann übertrage Fragewert identisch auf Merkmalsabstraktion) und führt die Abbildung mit Schwellen und Wertalternativen durch.

Interaktionen

1. Sobald eine Frage beantwortet ist, feuern neben ihren übrigen Regeln (z.B. Folgefragenregeln, Bewertungsregeln für Diagnosen) auch ihre Merkmalsabstraktionsregeln.
2. Jede gefeuerte Regel bewirkt bei der Merkmalsabstraktion eine Überprüfung ihres Wertes. Falls ihr Wert neu gesetzt wird, feuern neben ihren übrigen Regeln (Bewertungsregeln für Diagnosen) alle ihre Merkmalsabstraktionsregeln. Falls der Wert geändert wird, werden die aufgrund des alten Wertes gefeuerten Regeln zurückgezogen und es feuern die Regeln aufgrund des neuen Wertes.

Konsequenzen

- Vorteile:
  - Das Zusatzmodul „Datenabstraktion" erlaubt die Übersetzung der Benutzerterminologie, d.h. für Laien verständliche Fragen bzw. automatisch erhobenen Meßdaten oder Fremddaten, in die Fachterminologie, um die diagnostische Interpretation zu erleichtern.
  - Weiterhin beinhaltet die Datenabstraktion ein Arithmetikmodul zur Verrechnung numerischer Antworten.
- Empfehlungen:
  - Die Datenabstraktion sollte sparsam eingesetzt werden, da sie die Komplexität des wissensbasierten Systems erhöht. Insbesondere ist zu überlegen, ob man den Benutzer direkt nach den Fachbegriffen fragen kann, wenn er über genügend viel Hintergrundwissen verfügt.
  - Die Datenabstraktion ist mächtig genug, Diagnose-Scores und heuristische Diagnostik mit Kombinationsregeln nachzubilden, d.h. man kann grundsätzlich jede Diagnose auch als Merkmalsabstraktion herleiten. Kriterien, wann man ein Konzept als Merkmalsabstraktion und wann als Diagnose repräsentiert, sind die Komplexität der Herleitung und ob das Konzept z.B. als Zwischenergebnis für den Benutzer interessant ist. Merkmalsabstraktionen sollten nur dann benutzt werden, wenn die Herleitung relativ einfach ist und das Ergebnis für den Benutzer kein interessantes Zwischenergebnis darstellt.
- Probleme:
  - Datenabstraktion ist ein mächtiges Konzept, das bei unkontrollierter Anwendung zu unübersichtlichen Wissensstrukturen führen kann. Daher sollte ihr Einsatz sorgfältig auf den Einzelfall abgestimmt und eingeschränkt werden.
- Erweiterungen:
  - Häufig werden Parameter nicht berechnet, sondern in Tabellen nachgeschaut. Eine naheliegende Erweiterung ist daher die Ergänzung des Arithmetikmoduls um die Einbindung von ein- oder mehrdimensionalen Tabellen, in denen ein Wert nachgeschaut wird. Eine Tabelle kann man als spezielle Funktion auffassen, die als Eingabedaten Schlüsselwerte hat, und als Ausgabedaten die Einträge der Tabelle zurückliefert.

– In manchen Anwendungen gibt es sehr komplizierte arithmetische Berechnungen oder sogar Simulationsprogramme, deren Output wichtige Parameterwerte darstellen. Daher sollten Merkmalsabstraktionen auch durch Ausführung von Fremdprogrammen mit standardisierter Ein- und Ausgabeschnittstelle hergeleitet werden können.

– In manchen Anwendungen reicht als Ergebnis nicht die Herleitung einer Diagnose, sondern es müssen zusätzlich Eigenschaften der Diagnose (z.B. bei Fehlerdiagnose: Schweregrad, genaue Lokalisation, Zeitverlaufstyp eines Fehlers usw.) mitangegeben werden. Diese Eigenschaften müssen oft aus anderen Daten hergeleitet werden, wofür sich spezielle Merkmalsabstraktionen eignen, die der Diagnose fest zugeordnet werden sollten.

Implementierung

Wir geben hier als Implementierung an, wie der Experte sein Wissen mit Hilfe des Diagnostik-Shellbaukastens D3 und seiner grafischen Wissenseingabekomponente selbständig formulieren kann. Wir gehen davon aus, daß schon eine Wissensbasis mit Fragen existiert und nur das zusätzliche Wissen zur Datenabstraktion eingegeben werden soll. Merkmalsabstraktionen heißen in D3 *„Symptominterpretationen"*. Der Wissensbasisentwickler benötigt folgende Editoren:

a) Eingabe der Merkmalsabstraktionen in der Symptomhierarchie: Anklicken des Vorgängers, Auswahl des Menüpunktes „Symptominterpretationen anhängen" und Eingabe der Namen der anzuhängenden Merkmalsabstraktionen in einer Auflistung. Dabei sollte eine Merkmalsabstraktion unter die Frage oder Merkmalsabstraktion gehängt werden, die am wichtigsten für ihre Herleitung ist. Falls sie an mehrere Vorgänger angehängt werden soll, gibt man den Namen nicht mehrfach ein, sondern wählt in der Auflistung per Doppelklick das bereits eingegebene Objekt aus der Symptomhierarchie aus.

b) Eingabe des Typs und Wertebereichs und ggf. der Schwellen der Merkmalsabstraktion in einem Formular: Dazu markiert man die Merkmalsabstraktion und wählt den Menüpunkt „Objektformular" aus.

c) Eingabe der Regeln zu der Merkmalsabstraktion. Die geeigneste Eingabeform hängt dabei von der Komplexität der Regeln ab:

- Wenn zur Herleitung der Merkmalsabstraktion eine oder wenige Regeln ausreichen, ist das einfache Regelformular am effizientesten. Man bekommt ein teilweise vorausgefülltes Regelformular durch einen Doppelklick auf die Linie zwischen dem Vorgänger in der Symptomhierarchie (s. Punkt a) und der Merkmalsabstraktion.

- Wenn viele Regeln zur Herleitung einer Merkmalsabstraktion notwendig sind, ist eine Regeltabelle effizienter. Dazu muß man zunächst die Regelelemente eingeben, d.h. die Objekte, die zur Herleitung der Merkmalsabstraktion erforderlich sind. Anschließend wählt man die Symptominterpretations-Detailtabelle, die analog wie die Detailtabelle im Muster „heuristische Entscheidungstabellen" bedient wird.

5. Komplexitätsreduktion durch grafische Wissensabstraktionen[1]

Stefan Bamberger, Ute Gappa, Franziska Klügl, Frank Puppe

Eine Grafik sagt mehr als 1000 Worte

Zusammenfassung: Grafische oder visuelle Programmiersprachen haben in letzter Zeit einen erheblichen Aufschwung erfahren, da sie auch Personen mit wenig Erfahrung und Einarbeitung das Erstellen von Programmen ermöglichen. Allerdings eignen sich viele Ansätze nur für eine begrenzte Programmkomplexität und -größe. Dieser Beitrag zeigt, wie man durch konsequente Ausnutzung von grafischen Aggregations-, Abstraktions- und Navigationsprinzipien auch sehr große und komplexe Anwendungsbereiche vollständig in einer visuellen Sprache modellieren kann. Dies wird am Beispiel des grafischen Wissenserwerbs in Expertensystemen deutlich.

5.1 Einleitung

Grafische Benutzungsoberflächen haben sich wegen ihrer intuitiven Erfaßbarkeit und der dank zunehmender Verbesserung der Rechnerleistungen kurzen Interaktionszeiten weitgehend durchgesetzt. Auch bei der Programmentwicklung spielen grafische Darstellungen eine immer größere Rolle, z.B. in der in Kap. 2–4 benutzten Unified Modeling Language UML oder in durchgängigen grafischen (visuellen) Programmiersprachen [Burnett et al. 95a, Poswig 96]. Die durchgängig visuelle Programmierung ist jedoch nicht für alle Anwendungsgebiete gleichermaßen geeignet. Während sie für die effektive Entwicklung allgemeiner Anwendungsprogramme weniger in Frage kommt [Schiffer 96], kann sie in speziellen Anwendungsgebieten mit abgegrenzten Problemstellungen gewinnbringend eingesetzt werden. Ein attraktives Anwendungsgebiet ist die deklarative Programmierung [Burnett & Ambler 94]. Hierzu gehört auch die Spezifikation von relationalem Wissen in Expertensystemen. Einerseits ist der Bedarf nach grafischer Wissenseingabe sehr groß, da es vorteilhaft ist, wenn die Fachexperten ihr Wissen selbst eingeben. Grafische Repräsentationen sind für sie wesentlich einfacher zu erlernen und anzuwenden als die Syntax einer textbasierten Programmiersprache.

[1] Erschienen in: P. Mertens und H. Voss (Hrsg.): Beiträge zur 4. Deutschen Tagung Wissensbasierte Systeme (XPS-97), 61-78, infix, 1997.

Andererseits läßt sich das Wissen gut grafisch darstellen. Ein Indiz sind z.B. die zahlreichen grafischen Netze, Entscheidungsbäume, Tabellen und Flußdiagramme in modernen medizinischen oder technischen Lehr- bzw. Handbüchern. Die Eignung durchgängig grafischer Wissensrepräsentationen zur Wissenseingabe durch Experten wurde in problemspezifischen Expertensystemwerkzeugen wie OPAL/PROTÉGÉ-II [Puerta et al. 92] und CLASSIKA/META•KA [Gappa 95] überzeugend demonstriert. Besondere Beachtung bei grafischen Wissensrepräsentationen verdient das Skalierungsproblem, d.h. der Umgang mit großen Wissensmengen, deren naive grafische Darstellung meist sehr unübersichtlich ist [Burnett et al. 95b]. Dazu sind vielfältige Abstraktions- und Navigationstechniken erforderlich, sowie eine Analyse, für welche Komplexitätsstufen von Objektbeziehungen sich welche Grafiken am besten eignen.

5.2. Prinzipien deklarativer grafischer Programmierung

Visuelle oder grafische Programmierung ist eine Methode der Programmierung, die es erlaubt, ein Programm in zwei (oder mehr) Dimensionen zu spezifizieren. Demgegenüber nutzen konventionelle textuelle Sprachen aufgrund der Verarbeitung sequentieller Eingabefolgen ihrer Compiler oder Interpreter nur eine Dimension. Das visuelle Programmieren geschieht mithilfe einer visuellen Syntax mit vorgegebener Semantik durch Anordnung von textuellen oder grafischen Symbolen. Programme entsprechen also einer ausführbaren grafischen Darstellung. Rein visuelle Programme enthalten keinerlei verborgenen Text, d.h. sie sind vollständig durch ihre grafische Repräsentation beschrieben. Zu einer visuellen Programmiersprache gehört eine visuelle Programmierumgebung, die zur Konstruktion, zur Manipulation, zum Test und zum Debugging von Programmen grafische oder symbolische Elemente anbietet, die vom Benutzer interaktiv manipuliert werden können.

Nach einigen früheren Vorläufern (z.B. „Programmflußgraphen"; William Sutherland, 1965) erlebte die visuelle Programmierung erst Mitte der achtziger Jahre ihren Aufschwung. Der Hauptfaktor, der zu ihrem plötzlichen Erfolg führte, war der Fortschritt und die Verbreitung grafikfähiger Hard- und Software. Aufgrund der Tatsache, daß Menschen Bilder und Diagramme im allgemeinen intuitiver und schneller erfassen können als Wörter, kann die visuelle Programmierung – sofern sinnvoll einsetzbar – zu einer Verringerung der Sprachbarriere zwischen Mensch und Maschine und einem besseren und schnelleren Verstehen von Programmen beitragen.

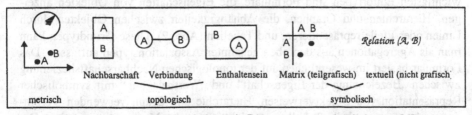

Abb. 1: Repräsentationen von Assoziationen in Diagrammen (nach [Nickerson 94])

Die visuelle Programmierung basiert hauptsächlich auf der Diagrammtechnik. Nickerson [Nickerson 94] unterscheidet dazu die Grundmuster *metrisch, topologisch* und *symbolisch*, mit denen Assoziationen in Diagrammen repräsentiert werden (Abb. 1), wobei in einem Diagramm auch verschiedene Grundtypen gemeinsam vorkommen können:

- Assoziationen im metrischen Raum sind durch räumliche Nähe zwischen Objekten gegeben (z.B. Städte in einer Landkarte), durch die explizite oder implizite Verwendung einer oder mehrerer Achsen in Diagrammen (z.B. Zeitachse) oder andere Repräsentationsarten, die in die Position eines Objektes eine Bedeutung kodieren.
- In Softwarediagrammen verbreiteter sind topologische Assoziationsrepräsentationen. Diese werden wiederum in die drei Formen *Nachbarschaft* (adjoinment), *Verbindung* (linkage) und *Enthaltensein* (containment) unterschieden, wobei sich die Enthaltensein-Assoziation alternativ auch durch die Verbindung-Assoziation visualisieren läßt.
- Zu den symbolischen Repräsentationen gehören nach Nickerson die Matrixrepräsentation (matrix), die als teilgrafisch bezeichnet wird, und die textuelle Referenz (naming).

Beachtenswert ist, daß die Matrixform nicht zu den eigentlichen grafischen Formen gerechnet wird. Dies kann man dadurch erklären, daß man die Beziehungsinformation in Tabellen im Unterschied zu den metrischen und topologischen Darstellungsarten nicht auf einen Blick erfassen kann und sich das Bild nicht visuell einprägt, sondern die Referenz durch Verfolgen der Zeilen- und Spaltenüberschrift eines Matrixfeldes erst aufgelöst werden muß.

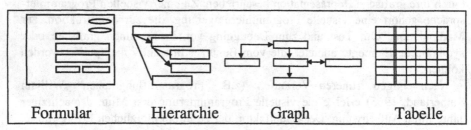

Formular   Hierarchie   Graph   Tabelle

Abb. 2: Generische grafische Editoren ([Gappa 91])

Im Hinblick auf eine Typisierung von Diagrammen wurden von uns im Umfeld der Expertensystemtechnologie verschiedene Grundtypen von Grafikeditoren identifiziert, auf die sich fast alle für die Wissenseingabe in Expertensystemen verwendeten Editorausprägungsformen zurückführen lassen [Gappa 91]. Die wichtigsten Editortypen sind Formulare, die Eigenschaften von Objekten anzeigen, Hierarchien und Graphen, die Abhängigkeiten zwischen Objekten durch Linien oder Pfeile repräsentieren, und Tabellen (Abb. 2). Diese Grundtypen kann man als Aggregationen aus den oben genannten Assoziationstypen auffassen. Das Formular basiert im wesentlichen auf der topologischen Nachbarschaftsbeziehung zwischen „Bezeichnung der Eigenschaft" und „Wertbelegung" mit symbolischer Repräsentation von Objektverweisen. Hierarchie und Graph verwenden Verbindungsrelationen, und die Tabelle entspricht genau der Matrixrepräsentation. Die

genannten Editorgrundtypen wie auch Spezialeditoren für Bild- und For-
meleingaben sind als generische Editoren verallgemeinert und als Objektklassen
einer Benutzungsoberflächenbibliothek implementiert. Fast alle in der visuellen
Programmierumgebung CLASSIKA [Gappa 95, Puppe et al. 96] zur Wissensakquisition verwendeten Editoren sind Instanzen dieser Grundtypen (vgl. Bild-
schirmabzüge in Abschnitt 5.8).

Viele visuelle Programmiersprachen verwenden das imperative, funktionale
oder objektorientierte Programmierparadigma. Ein klassischer Anwendungsbereich, in dem sich visuelle Programmiersprachen durchgesetzt haben, ist das dem
funktionalen Stil zugehörige Programmieren von Signalflüssen in der Meß- und
Prüftechnik (Kommerzielle Produkte sind z.B. LabVIEW von National Instru-
ments, DIAdem der Gfs oder DALOG der Firma DIS). Wenn es sich dagegen um
universelle Programmiersprachen handelt, ist eine visuelle Programmierumgebung
meist nur für einen Teil der Programmspezifikation wirklich geeignet oder sinnvoll. In der Objektorientierung (z.B. in UML, OMT, OOSE) werden die verwendeten Objekt- oder Klassendiagramme, die Kommunikationsbeziehungen als beschriftete Pfeile zwischen Objekten darstellen, schnell unübersichtlich und die
grafischen Mittel zur Repräsentation der zeitlichen Reihenfolge bzw. des Kontroll-
flusses wie Sequenz- oder Aktivitätsdiagramme sind eher beschränkt. Je weiter die
Objekt- und Relationstypen einer Modellierungssprache jedoch spezialisiert sind
bzw. je eingeschränkter oder stärker die vorgegebene Semantik der Modellie-
rungskonstrukte ist, desto besser kann man gut erfaßbare grafische Repräsentationen finden. So sind „Teil-von"- oder Vererbungshierarchien in der Regel gut grafisch darstellbar und erfaßbar.

Einen erheblich natürlicheren Synergieeffekt erzielt die visuelle Programmierung mit dem deklarativen Programmierparadigma [Burnett & Ambler 94], z.B. in
FORMS/3 [Hayes & Burnett 95]. Dieses fokussiert auf multidimensionale Beziehungen anstatt auf einen sequentiellen Befehlszähler, d.h. die Programmspezifikation erfordert oder impliziert keine Reihenfolge. Sie betont die Definition
von Beziehungen, die in dem zu lösenden Problem existieren, und minimiert die
Computerprogrammierung im herkömmlichen Stil, die zur Abbildung der Beziehungen auf Anweisungssequenzen notwendig ist. Die Vorteile einer deklarativen visuellen Programmierung sind:

- Reduktion des Programmieraufwandes, da die Algorithmen durch das zugrun-
  deliegende System konstruiert werden, nicht durch den Programmierer.
- Leichte Änderbarkeit, da der Programmierer nur die Problembeziehungen än-
  dern muß und das System die neue Auswertungsreihenfolge selbst herleitet.
- Minimierung einer überspezifizierten Implementierung durch Weglassen von
  Kontroll- und Reihenfolge-Informationen.

Die visuellen Sprachen zum Aufbau von Wissensbasen für Expertensysteme, die
im wesentlichen die Deklaration von Objekten und Relationen (z.B. Regeln) erlauben, folgen fast ausnahmslos dem deklarativen Programmierparadigma und
vereinigen daher die oben genannten Vorteile. Die visuelle Programmierung hat
jedoch auch Nachteile bzw. Probleme: Eine längere Ausführungszeit der Programme, eine häufig eingeschränkte Funktionalität gegenüber universellen Pro-

grammiersprachen, die Schwierigkeiten bei der Visualisierung umfangreicher und komplexer Programme (oder großen Datenmengen) und die Beschränkung durch die Bildschirmgröße. Die Bildschirmbegrenzung ist einer der entscheidendsten Faktoren, da man nur die Zusammenhänge übersehen kann, die auf einer vollen Bildschirmseite sichtbar sind.

Im Expertensystembereich hat sich die deklarative Programmierung durch Einführung der Wissensrepräsentation als Abstraktionsstufe (und dem mit der Deklarativität verbundenen Verlust an Laufzeiteffizienz) sowie die eingeschränkte Funktionalität mit auf Aufgaben- bzw. Problemlösungstypen zugeschnittenen Wissensmodellen (z.B. „role-limiting methods" oder „starke Problemlösungsmethoden" [Puppe 90]) unabhängig von der grafischen Visualisierung durchgesetzt. Insofern sind bei visuellen Programmiersprachen für Expertensysteme nur die beiden letzten Punkte kritisch, d.h. die Visualisierung sehr umfangreicher Programme auf begrenztem Bildschirmausschnitt. Kriterien, die eine gute grafische Programmierumgebung insbesondere für wissensbasierte Systeme auszeichnen, sind:

- Durchgängig grafische Benutzungsoberfläche, d.h. die Programmspezifikation muß vollständig durch Manipulation von Symbolen, Diagrammen, usw. möglich sein, Text- bzw. Tastatureingabe wird nur zur Eingabe von atomaren Texten (z.B. Namen) oder Zahlen eingesetzt.
- Repräsentation von Sachverhalten mit dafür möglichst angemessenen Grafikmechanismen; z.B. sind Formulare „weniger grafisch" als Hierarchie- oder Graphrepräsentationen und daher insbesondere zur Darstellung von Relationen weniger geeignet.
- Bereitstellung vielfältiger Sichten auf die Wissensrepräsentation und Aggregationen auf unterschiedlichen Detaillierungs- bzw. Abstraktionsebenen, um auch komplexe Zusammenhänge gut übersehen zu können. Wichtig ist auch, daß zusammengehöriges Wissen zusammen dargestellt wird und daß neues Wissen im Kontext anderer Informationen eingegeben wird.
- Effiziente Bedienbarkeit und schnelles Navigieren. Dazu gehört auch eine einheitliche Bedienung, was mit einer Standardisierung von Editoren in jeweils gleichartig zu bedienende Grundtypen erreicht werden kann.

Im folgenden zeigen wir, wie geeignete Aggregations- und Abstraktionsprinzipien und zugehörige Navigationsmechanismen für ein „Visual Programming in the Large" aussehen können.

5.3 Grundtypen der internen Wissensrepräsentation

Im Gegensatz zu den grafischen Darstellungen, mit denen der Experte arbeitet, operiert die Problemlösungskomponente nur auf der internen Wissensrepräsentation. Diese ist in Expertensystemen meist objektbasiert mit der Grundeinheit einer Objekt-Attribut-Wert-Struktur. Da die Abbildung zwischen interner und grafischer Darstellung sehr stark von der Komplexität der internen Repräsentation abhängt, ist eine feine Differenzierung bei ihren Grundtypen erforderlich. Im einfachsten

Fall sind die Attributwerte nur Atome ohne innere Struktur wie in relationalen Datenbanken. Hierzu gehören Wertebereiche wie Text, Aufzählung oder Zahl. Die nächsthöhere Komplexitätsstufe sind Verweise auf andere Objekte, z.B. die Nachfolger eines Objektes in einer Objekthierarchie. Weiterhin können die Verweise attributiert sein, z.B. bei einem Verweis von einer Diagnose auf Tests zu ihrer Klärung mit der zusätzlichen Angabe der jeweiligen Nützlichkeit der Tests für die Diagnose. Daraus ergeben sich schon auf dieser Betrachtungsebene drei attributbezogene Komplexitätsstufen:

- (1:0):1,[2] d.h. Objekt ohne Verweise auf andere Objekte nur mit atomaren Attributen.
- (1:1):0, d.h. Objekt mit einfachen Verweisen auf andere Objekte.
- (1:1):1, d.h. Objekt mit Verweisen auf andere Objekte, wobei jede Beziehung mit einem Attribut bewertet wird (attributierter Verweis).

Bei höherer Komplexitätsstufe des Wertebereichs eines Attributes lohnt es sich, spezielle Relationsobjekte einzuführen, die sich von normalen Objekten dadurch unterscheiden, daß sie „nur" die Beziehung zwischen zwei oder mehreren Objekten darstellen. Relationsobjekte müssen Attribute mit Verweisen auf Objekte oder andere Relationsobjekte enthalten und können zusätzlich beliebig viele atomare Attribute besitzen. So könnte man die oben erwähnte Beziehung zwischen Diagnosen und Tests zu ihrer Klärung durch ein Relationsobjekt mit drei Attributen darstellen: Diagnose (Verweis), Test (Verweis) und Nützlichkeitsbewertung (atomar). Zu beachten ist, daß dabei ein Verweisattribut mit n Objekten auf n Relationsobjekte abgebildet wird.

Interessanter werden Relationsobjekte, wenn sie die Relation zwischen mehr als zwei Objekten repräsentieren. Solche Relationen können z.B. Regeln oder Constraints sein. Wir unterscheiden nach der Anzahl der beteiligten Objekte und der Anzahl der Konnektoren verschiedene Komplexitätsstufen, wobei wir nur ein komplexes Attribut differenzieren, z.B. die Constraintbedingung oder die Vorbedingung einer Regel. Weiterhin soll das Relationsobjekt noch ein weiteres Verweisattribut (z.B. eine Regelaktion oder Constraintobjektzuordnung) und mindestens ein atomares Attribut (z.B. eine Aktionsbewertung oder Constraintgewichtung) haben. Das komplexe Attribut kann aus zwei oder n Objekten bestehen, die mit einem Konnektor verknüpft sind, z.B. „A & B" (2 Objekte mit Konnektor „&") oder „A v B v C v D" (4 Objekte mit Konnektor „v"). Solche Relationen bezeichnen wir als zwei- oder n-stellig. Ein besonders nützlicher Konnektor für regelbasierte Systeme ist der „n-aus-m"-Konnektor, der besagt, daß mindestens n und höchstens m Einzelbedingungen aus einer Menge von Bedingungen zutreffen müssen. Er ermöglicht eine elegante Zusammenfassung vieler Und/Oder-Konstellationen.

Eine weitere Komplexitätsdimension ergibt sich, wenn anstelle einer Einzelkondition wiederum ein zusammengesetzter Ausdruck erscheinen kann, z.B. „2-

---

[2] Die Schreibweise (a:b):c beschreibt Eigenschaften einer Relationskonstellation. a und b stehen für die Anzahl der jeweiligen Objekte der an einer Relationskonstellation beteiligten beiden Seiten, c für ihre Attributierung.

aus-3 von {A, (B v C v D), (E & F)}"". Auch hier differenzieren wir zwischen einer Verschachtelungstiefe von zwei (wie im letzten Beispiel, wobei die konjunktive und disjunktive Normalform logischer Ausdrücke zwei wichtige Spezialfälle sind) und von n Stufen, z.B. „2-aus-3 von {A, (B v (C & D & E) v F), G}"", das bereits drei Stufen enthält. Insgesamt ergibt sich daraus folgende Typisierung der Relationsobjekte, die sich im ersten Element mit dem letzten Element der attributbezogenen Komplexitätsstufen überlappt:

- (1:1):1, d.h. eine einstellige Relation mit zwei Verweisattributen und einem atomaren Attribut. Ein leistungsfähiges Diagnosesystem für die gesamte Innere Medizin, das nur mit einstelligen Relationen aufgebaut wurde, ist INTERNIST/QMR [Miller et al. 82].
- (2:1):1, d.h. eine zweistellige Relation mit einem komplexen Verweisattribut, das aus 2 Objekten und einem Konnektor besteht. Zweistellige Relationen eignen sich z.B. für die Steuerung von Aktionen, wenn die durchgeführte Aktion und ein Parameter, der den Effekt der Aktion mißt, zur Adaption der Aktion benutzt werden. Ein Beispiel aus der medizinischen Therapieplanung findet sich in ONCOCIN/OPAL [Musen 87].
- (n:1):1, d.h. eine n-stellige Relation mit einem aus n Objekten und einem Konnektor bestehenden komplexen Verweisattribut. Ein Beispiel einer leistungsfähigen Neurologie-Wissensbasis mit n-stelligen Relationen (einschließlich dem n-aus-m-Konnektor), die als Tutorsystem im Einsatz ist, ist in [Puppe & Reinhardt 95] beschrieben.
- $(n^2:1):1$, d.h. eine zweistufige Relation, bei der jedes Objekt der n-stelligen Relation wiederum eine n-stellige Relation sein kann. Ein Bewertungsschema mit zweistufigen Relationen ist in der Rheumatogie üblich, wo für die Krankheiten Bedingungen mit Haupt- und Nebensymptomen formuliert werden (z.B. sei Diagnose X bestätigt, wenn mindestens 3 aus 9 Hauptsymptomen und 5 aus 9 Nebensymptomen zutreffen sowie der Test Y positiv ist).
- $(n^m:1):1$, d.h. eine m-stufige Relation, bei der im Vergleich zu einer zweistufigen Relation eine beliebige Schachtelungstiefe erlaubt ist.

In den Ausdrücken "$(a^x:b):c$", bedeutet das c eine Attributierung zu der Relation zwischen den verschachtelten Objekten aus a^x und den Zusatzobjekten aus b. Dabei spielt es für die Komplexität des Ausdrucks keine entscheidende Rolle, ob es nur eine Attributierung (c=1) oder mehrere gibt (c=n). Kritischer ist es hingegen, wenn das zweite Argument b größer als 1 ist, da dann der Bezug der Attributierung nicht mehr eindeutig ist, außer wenn die Attributierung für die Beziehung von a^x zu allen Objekten aus b gleichermaßen gelten soll oder keine Attributierung vorhanden ist. Eventuell muß der Ausdruck in Teilausdrücke aufgespalten werden.

Für die meisten zu modellierenden Sachverhalte gilt, daß je mächtiger die Ausdrucksstärke der Wissensrepräsentation ist, desto weniger Relationsobjekte werden zur Darstellung eines gegebenen Sachverhaltes benötigt. Die geringere Anzahl wird aber meist durch eine höhere interne Komplexität bezahlt, die je nach der Denkweise der Experten, die das Wissen modellieren, schnell auf Grenzen der Anschaulichkeit stoßen kann. Diese Grenzen können durch grafische Darstellungen erweitert werden. Daher sollte die Verständlichkeit einer Wissensrepräsentation nicht nur durch ihre logische, sondern vor allem durch ihre grafisch einfache Darstellbarkeit bzw. Komplexität bewertet werden. Im folgenden zeigen wir verschiedene Möglichkeiten zur grafischen Umsetzung der logischen Komplexitätsstufen auf.

5.4 Direkte grafische Umsetzung der internen Wissensrepräsentation

Die direkte grafische Umsetzung basiert auf einer 1:1-Abbildung der internen Repräsentation der Objekte und Relationsobjekte in grafische Formulare. Deren schematischer Aufbau zeigt Abb. 3. Ein Formular kann als Container für eine Anzahl von Einzelgrafiken angesehen werden, die als Gruppe einen semantischen Zusammenhang haben, wie z.B. alle lokalen Attribute eines Objektes. Die einfachste Möglichkeit ist die zeilenweise Anordnung der Einzelgrafiken. Darüberhinaus bietet eine freie Layout-Konfiguration zusätzliche Möglichkeiten, um z.B. Ähnlichkeit mit vertrauten papierbasierten Formularen (wie in Krankenhäusern oder Behörden) zu gewährleisten. Die Gesamtkomplexität eines Formulars hängt stark von den Grafiken ab, die benötigt werden, um die Attribute zu repräsentieren. Für Texte, Zahlen und Auswahlwerte gibt es direkte grafische Primitive (Abb. 3, Attribute 1–4), die einfach zu handhaben sind und in ihrem Erscheinungsbild den Bedürfnissen des Benutzers angepasst werden können (Zahleingabe als Zahlenstrahl oder Tachometer). Eine im Vergleich zur expliziten Auflistung platzsparende Alternative zur Darstellung von Auswahlwerten sind Pop-Up-Menüs.

Bei einem Verweis auf ein Objekt (Abb. 3, Attribut 5) ist es günstig, eine Schaltfläche (Button) zu verwenden, die einen Mechanismus zum Objekttransfer bereitstellt. Damit wird ein Objekt aus einem anderen Grafikeditor, meist aus einer Hierarchie oder einem Graphen, ausgewählt und in das Formular übertragen (s. Abschnitt 5.7 und Abb. 12). Sind diese Verweise selbst attributiert (Abb. 3, Attribut 6), bietet sich dafür ein tabellarisches Feld an (vgl. Abschnitt 5.5). Die komplexeste Form eines Attributs ist die Darstellung von logischen Kombinationen attributierter Verweise wie sie bei der Eingabe von Relationsobjekten vorkommen. Hierfür müssen angepaßte Grafikobjekte entwickelt werden, die in das Formular integriert werden (Abb. 3, Attribut 7).

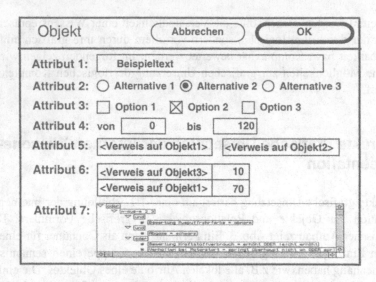

Abb. 3: Prinzipieller Aufbau eines Formulars

Der Vorteil von Formularen gegenüber herkömmlichen textbasierten Struktureditoren liegt vor allem in der einfacheren Handhabung. Der Benutzer muß weniger Vorkenntnisse über Befehle oder Namen von Strukturen besitzen, da die Grafik derartiges explizit sichtbar macht und vor vielen Fehleingaben schützt.

5.5 Grafische Aggregation

Beschränkt man die grafische Wissenseingabe auf eine direkte Umsetzung mittels Formularen, so ist die Eingabe insbesondere von Objektverweisen sehr aufwendig und der Benutzer verliert schnell den Überblick, da jedes Objekt einzeln ohne Bezug zu anderen eingeben muß. Diese Probleme kann man durch Bereitstellung von „aggregierten" Editoren lösen, die mehrere Objekte gleichen Typs zusammenfassen und so eine übersichtliche Visualisierung und Bearbeitung der Wissensbasisobjekte ermöglichen. Der Benutzer editiert dann jedes der angezeigten Objekte im Kontext zu den anderen.

Dies kann schon bei einfachen Objektstrukturen mit nur lokalen Attributen von Vorteil sein, z.B. bei einem Attribut wie „Gewicht", um die Werte verschiedener Objekte miteinander vergleichen zu können. Objekte mit einfachen, atomaren Attributen (Abb. 3, Attribut 1–4) kann man zu „Objekt-Attribut-Tabellen" aggregieren (Abb. 4). Ähnlich zu Tabellen einer relationalen Datenbank stehen in den Zeilen die Objekte, in den Spalten die Attribute und in den Tabellenfeldern die entsprechenden Wertbelegungen der Attribute. Die jeweiligen Werte werden direkt in den Tabellenfeldern editiert oder bei festem symbolischem Wertebereich des Attributs über ein Pop-Up-Menü ausgewählt. Um dem Benutzer in einer Objekt-Attribut-Tabelle den maximalen semantischen Kontext zur Verfügung zu stellen, sollte er die zu editierenden Objekte und Attribute selbst zusammenstellen können.

Auch Objekte mit Verweisen lassen sich in Objekt-Attribut-Tabellen editieren, wobei die gleiche Art des Objekttransfers wie bei Formularen benutzt werden kann. Bei Objekten mit attributierten Verweisen muß man das eigentlich atomare Tabellenfeld mit einer Struktur versehen. Je nach Größe der Tabellenfelder können diese Strukturen direkt oder in einem gesonderten Dialogfenster editiert werden, d.h. mit Eingabe eines Attributwertes wie in einem Formular. Eine komplexe Syntax läßt sich in der Objekt-Attribut-Tabelle aufgrund der kompakten Darstellung jedoch nur noch beschränkt visualisieren.

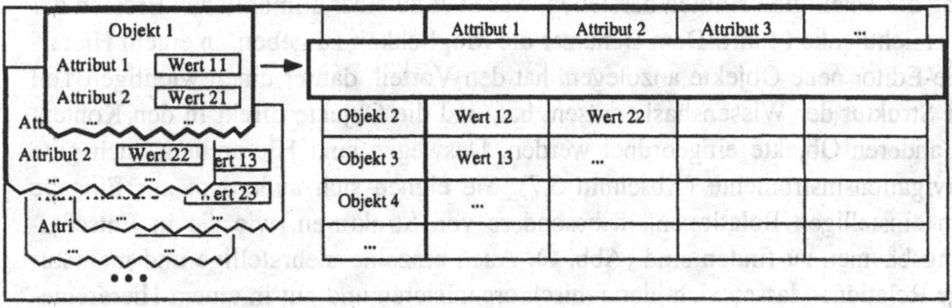

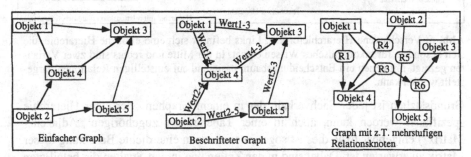

Abb. 4: Vom Objektformular zur Objekt-Attribut-Tabelle

Objekt-Attribut-Tabellen sind kompakt und zeigen die Attributwerte eines Objektes im Kontext von anderen Objekten. Sie bieten jedoch im Vergleich zu Formularen keine Verbesserung beim Umgang mit Verweisen. Hierzu dienen Grafik-Editoren wie Graphen, Hierarchien, Objekt-Objekt- und Objekt-Relation-Tabellen, die die eigentliche Stärke der grafischen Aggregation bewirken.

Abb. 5: Der Graph als Editor für unterschiedlich komplexe Relationen: Ein einfacher Graph reicht für einfache Verweise (links). Attributierte Verweise kann man in einem beschrifteten Graph darstellen (Mitte). Mehrstellige und mehrstufige Relationsobjekte lassen sich in einem Graph mit Relationsknoten darstellen (rechts).

Werden Objekte als Knoten von Graphen oder Hierarchien dargestellt, lassen sich durch Einzeichnen von Verbindungen einfache Verweise bei den beiden beteiligten Objekten darstellen und eingeben (Abb. 5.2 links). Ein Graph mit beschrifteten Kanten kann zur Darstellung von Objekten mit attributierten Verweisen genutzt werden, wobei die Verweise selbst wieder durch das Einzeichnen von Verbindungen und die Attributierung durch Beschriftung dieser Linien spezifiziert werden (Abb. 5 Mitte). Will der Benutzer allerdings Wissen in n-stelligen (n>1) Relationsobjekten eingeben, reicht eine einfache Kantenbeschriftung nicht mehr aus. Stellt man diese komplexen Verweise durch eigene Relationsknoten im Graph dar, erhält man die Möglichkeit, beliebigstufige Relationsstrukturen zu visualisieren und einzugeben (Abb. 5 rechts).

Eine Spezialform des Graphen ist die Hierarchie (Baum), die sich vor allem zur Darstellung von Objekttaxonomien eignet. Ihr Vorteil ist das standardisierte Layout. Bei strengen Hierarchien (jeder Nachfolger hat nur genau einen Vorgänger) ist es sehr übersichtlich. Bei multiplen Hierarchien (Heterarchien) kann man Mehrfach-Referenzen durch zusätzliche (sich kreuzende) Linien oder Duplizierung der beteiligten Knoten darstellen, was aber zu einer allmählichen Erosion der Übersichtlichkeit führt. Dem Benutzer die Möglichkeit zu geben, in einem Hierarchie-Editor neue Objekte anzulegen, hat den Vorteil, daß er einen wichtigen Teil der Struktur der Wissensbasis präsent hat, und die Objekte direkt in den Kontext zu anderen Objekte eingeordnet werden. Deswegen sind Hierarchien auch gute Navigationsinstrumente (Abschnitt 5.7). Sie eignen sich außerdem zur Eingabe von einstelligen Relationen, insbesondere von Strukturen, wie sie in Entscheidungsbäumen zu finden sind (Abb. 6). Auch einzelne mehrstellige und mehrstufige Relationen lassen sich hierarchisch organisieren und gut in einem Hierarchie-Editor bearbeiten (vgl. Beispiel in Abb. 11, Nr. 4).

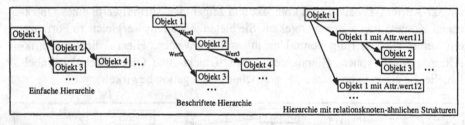

Abb. 6: Verschiedene Hierarchieformen: Links befindet sich eine einfache Hierarchie, die sich besonders für taxonomisches Wissen eignet. In der Mitte und rechts sind zwei Varianten gezeigt, mit denen ein Entscheidungsbaum basierend auf einstelligen Relationen dargestellt werden kann.

Grundsätzlich ist jeder Sachverhalt, der in einem Graphen oder einer Hierarchie spezifiziert werden kann, auch in einer Tabelle (der zugehörigen „Adjazenz-Matrix") eingebbar bzw. dies ist sogar ratsam, wenn eine dichte Besetzung dieser Matrix zu erwarten ist. Dabei sind in den Zeilen wie in den Spalten die beteiligten Objekte aufgelistet. In den Tabellenfeldern werden durch Ankreuzen oder Eingabe eines Wertes die (attributierten) Verweise zwischen Zeilen- und Spaltenobjekt angegeben. Da in einem Kästchen die Beziehung zwischen zwei Objekten spezifiziert wird, sprechen wir von einer Objekt-Objekt-Tabelle (Abb. 7 links). Eine Spezifizierung von mehrstelligen bzw. mehrstufigen Relationsobjekten ist nicht mehr direkt möglich. Abhilfe bietet eine weitere Einschränkung der Sicht auf die Wissensbasis: Zu einem einzelnen Objekt wird ein einzelnes Attribut (z.B. die Herleitung einer Diagnose mit mehreren, n-stelligen Relationsobjekten) in einer „Objekt-Relation-Tabelle" editiert. Die zu spezifizierenden Relationen stehen in den Spalten, unterschiedliche Abschnitte in den Zeilen deuten unterschiedliche Rollen für die Relation an (Abb. 7 Mitte). Indem dabei mehrere Relationsobjekte gleichzeitig vollständig angegeben werden, aggregiert eine Objekt-Relation-Tabelle mehrere Regelformulare.

	Objekt 1	Objekt 2	...
Objekt 1	Wert2-1	+	
Objekt 2		+	
Objekt 3	Wert 3-1		
...			

Objekt-Objekt-Tabelle

	Relation 1	Relation 2	...
Konnektor	und	oder	
Objekt 11	-	+	
Objekt 12	-		
...			
Objekt 2	Wert 1	Wert 2	

Einfache Objekt-Relation-Tabelle

	Relation 1	Relation 2	...
Konnektor	und	oder	
Objekt 11	- v1	+ &1	
Objekt 12		+ &1	
Objekt 13	- v1	+	
Objekt 2	Wert 1	Wert 2	

Beschriftete Objekt-Relation-Tabelle

Abb. 7: Unterschiedliche Tabellen zur Spezifikation von Relationen. „+", „–", „Wert x" sind Attribute der Relation; die Zahlenmarkierung in „v1", „&1" zeigt an, welche Einträge einer zweistufigen Relation zusammengehören, während die Symbole „v" = „oder" bzw. "&" = „und" die Art der Zusammengehörigkeit kennzeichnen. So bedeuten die beiden Spalten in der beschrifteten Objekt-Relation-Tabelle: Relation1: *Wenn* ((„Objekt11" = „-" oder „Objekt13" = „-") und „Objekt12" = „+") *dann* „Objekt2" = „Wert1". Relation2: *Wenn* ((„Objekt11" = „+" und „Objekt12" = „+") oder „Objekt13" = „+") *dann* „Objekt2" = „Wert2".

Bei Relationsobjekten mit mehrstufiger Komplexität ist eine kompakte und informationsverlustfreie, aber dennoch überschaubare Darstellung im selben Werkzeug auf einem zweidimensionalen Bildschirm kaum mehr möglich. Andererseits sind gerade zweistufige Relationsobjekte wichtig, denn erst auf dieser Komplexitätsstufe kann man alle aussagenlogischen Verknüpfungen in der entsprechenden Normalform grafisch eingeben. Einen Kompromiß bietet eine „beschriftete Objekt-Relation-Tabelle" (Abb. 7 rechts). In ihren Tabellenfeldern stehen zusätzlich zu Einträgen der einfachen Objekt-Relation-Tabelle Markierungen, die angeben, welche Objekte durch welche Konnektoren auf der ersten Ebene verknüpft wurden. Prinzipiell kann man mit ähnlichen Mechanismen auch n-stufige Relationsobjekte editieren, jedoch auf eine kaum mehr transparente Weise. Deshalb sollte man insbesondere bei großen Wissensbasen zur Darstellung auf „abstrakte Editoren" zurückgreifen (Abschnitt 5.6) und diese in Kombination mit anderen Editoren benutzen.

5.6 Grafische Abstraktion

Ab einer bestimmten Komplexität kann die vollständige Information kaum noch übersichtlich angezeigt werden. Eine Lösung dafür bieten „abstrakte" Editoren. Darunter verstehen wir Bearbeitungswerkzeuge, bei denen wegen der Komplexität der Objekte bzw. der Kompaktheit der Darstellung eine vereinfachende Visualisierung gewählt wird. Ein Informationsverlust wird absichtlich in Kauf genommen, um die Übersichtlichkeit und Darstellbarkeit zu erhöhen (Abb. 8).

Wie Abb. 8 andeutet, benötigt man für abstrakte Editoren keine neuen Grafiktypen. So kann man z.B. zweistufige Relationsobjekte, die eigentlich eine schon etwas unübersichtliche beschriftete Objekt-Relation-Tabelle erfordern, durch Weglassen der Beschriftung in einer unbeschrifteten Objekt-Relation-Tabelle darstellen (man betrachte Abb. 7 von rechts nach links). Durch eine Kennzeichnung, z.B. besonderer Schriftstil, wird der Benutzer darauf hingewiesen, daß eigentlich ein zweistufiges Relationsobjekt angezeigt werden sollte. Eine noch überschaubarere Visualisierung liefert die Objekt-Objekt-Tabelle. Prinzipiell kann man jedes Relationsobjekt, unabhängig von seiner Stelligkeit bzw. Stufigkeit damit andeuten (Abb. 8, unten rechts), allerdings besitzt ein einzelner Eintrag nur noch eine sehr beschränkte Aussagekraft, z.B. „Objekt X ist an der Herleitung von Objekt Y beteiligt". Dafür sieht der Benutzer so in wenigen Tabellen den Gesamtzusammenhang seiner Wissensbasis.

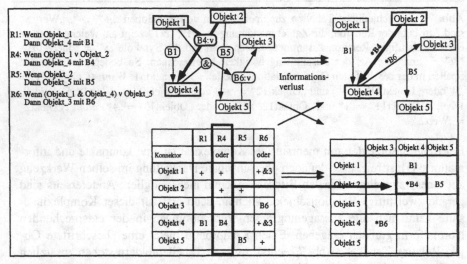

Abb. 8: Zunehmende Übersichtlichkeit beim Übergang von der vollständigen zur vereinfachten, abstrakten Darstellung desselben Sachverhalts. Die Einzelregeln der internen Repräsentation (linke Spalte) werden in der mittleren Spalte vollständig durch einen Graph mit Relationsknoten (oben) bzw. eine beschriftete Objekt-Relation-Tabelle (unten) visualisiert. Beim Übergang zur rechten Spalte findet ein Informationsverlust statt. Beim beschrifteten Graph (oben) und bei der Objekt-Objekt-Tabelle (unten) werden komplexe auf einstellige Relationen reduziert, wobei die Abstraktion durch ein "*" gekennzeichnet ist. Die Attributierung wird beim Graph durch die Kantenbeschriftung angedeutet. Die jeweils fett markierten Relationen repräsentieren alle dieselbe Regel R4.

Wegen der abstrakten Darstellung ist ein direktes Editieren von Objekten bzw. Relationen in diesen Werkzeugen nur bedingt möglich, und es muß in den meisten Fällen auf einen „vollständigen" Editor zurückgegriffen werden, in dem das Relationsobjekt vollständig spezifiziert werden kann. Er sollte direkt aus dem abstrakten Editor heraus aufrufbar sein.

Die grafischen Umsetzungsmöglichkeiten der Komplexitätsstufen der internen Wissensrepräsentation sind in Abb. 9 zusammengefaßt.

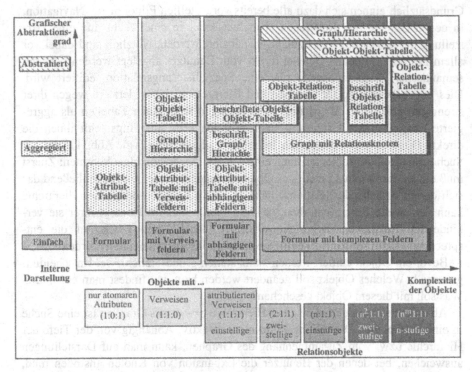

Abb. 9: Zusammenfassung der einfachen, aggregierten und abstrahierten grafischen Umsetzungsmöglichkeiten der verschiedenen Komplexitätsstufen der internen Darstellung.

5.7 Navigation

Die Navigation dient dazu, Objekte zu finden, die man editieren oder in Relation zu anderen Objekten setzen möchte, und um Editoren mit bestimmten Sichten auf die Wissensbasis zu öffnen.

Für die Selektion einer Aktion werden üblicherweise Buttons, Menüs oder Tastatur-Codes verwendet. Prinzipiell ist es nicht relevant, ob zuerst ein Objekt oder eine Aktion ausgewählt wird. Allerdings können aufgrund des Objekttyps oder Objektkontextes bestimmte Aktionen nicht durchführbar sein. Muß der Benutzer zuerst das Objekt selektieren, kann das Wissenseingabesystem die entsprechenden Buttons und Menüpunkte inaktivieren bzw. aus dem Menü löschen. Damit wird nicht nur die Benutzerführung verbessert, sondern insbesondere durch die Verwendung von kontextsensitiven Menüs eine effiziente Bedienbarkeit unterstützt.

Die Suche nach einem zu editierenden Objekt kann insbesondere in großen Wissensbasen sehr aufwendig sein. Bei nur geringen Objektzahlen reicht eine unstrukturierte (alphanumerisch sortierte) Auflistung aller Objekte (eventuell eines bestimmten Typs) völlig aus, um ein bestimmtes Objekt zu finden. In langen Listen ist die Suche ineffizient, insbesondere wenn die genaue Objektbezeichnung nicht bekannt ist. Deshalb müssen andere Mechanismen bereitgestellt werden.

Grundsätzlich eignen sich dazu alle bereits vorgestellten Editoren zur Navigation, in denen Objekte und Relationen abstrahiert oder in einer Sicht, die eine Darstellung des Objektkontextes zuläßt, visualisiert werden. Nützlich sind dabei vor allem Editoren, in denen Objekte direkt vom Benutzer angelegt werden oder ein semantischer Zusammenhang, z.B. eine Spezialisierungsrelation, editiert wird. Dies gilt insbesondere für Graphen und Hierarchien, wobei letztere wegen ihrer strengeren grafischen Anordnung zu bevorzugen sind. Auch Tabellen als aggregierte bzw. abstrakte Editoren können hilfreich sein, allerdings fehlt ihnen die direkte Dimension der grafischen Informationsdarstellung (vgl. Abb. 1). Bei der Suche nach Relationsobjekten kann eine weitere Dimension hinzukommen: Zuerst muß ein an der Relation beteiligtes Objekt gefunden werden und anschließend das sich darauf beziehende Relationsobjekt. In einem Graphen oder einer Hierarchie kann der zweite Schritt entfallen, da die Objekte hier im Kontext ihrer sie verbindenden Relationen dargestellt sind, d.h. durch einen Klick auf die entsprechende Linie kann das zu editierende Relationsobjekt selektiert werden.

Bevor ein Objekt editiert werden kann, stehen grundsätzlich zwei Entscheidungen an: 1. Welches Objekt soll geändert werden bzw. wo findest man es? und 2. Was soll mit diesem Objekt geschehen?

Ab einer bestimmten Größe einer Hierarchie bzw. eines Graphen ist eine Suche in einer kompletten Darstellung kaum mehr effektiv. Abhängig von der Tiefe der Hierarchie bzw. vom Zusammenhang des Graphen, kann man auf Darstellungen ausweichen, bei denen der Benutzer die Expansion von Knoten anstoßen muß, z.B. durch Darstellung beschränkt auf Teilgraphen, durch „Aufklappen" von Teilhierarchien oder Expandieren von „übergeordneten Graph-Knoten". Allerdings besteht dabei das Problem, daß der Benutzer wissen muß, in welchem Teilgraph bzw. Teilbaum sich das gesuchte Objekt befindet.

Besitzt auf der anderen Seite die Darstellung der Objekte im Graph bzw. Baum eine „listenähnliche" Struktur, wird im Vergleich zu einer unstrukturierten Auflistung kaum Gewinn erzielt. Neben dem Wissen um den Objektkontext erinnert sich der Benutzer oftmals an den ungefähren Objektnamen. Dieses Wissen um Namensfragmente ermöglicht eine Teilstringsuche auf allen Objekten bzw. allen Objekten eines bestimmten Typs (siehe Abb. 12 Nr. 3).

Welche der vorgestellten Naviationsdarstellungen für einen Expertensystem-Entwickler am effektivsten ist, hängt somit stark von der Struktur der Wissensbasis selbst, von seinen persönlichen Präferenzen und zum Teil sogar vom Zeitpunkt des letzten Editierens der einzelnen Objekte ab. Deshalb sollte ein System zur grafischen Wissenseingabe am besten alle der beschriebenen Navigationseditoren bereitstellen.

5.8 Beispiele der Realisierung aus D3

Dieser Abschnitt enthält Beispiele zur Realisierung der beschriebenen Mechanismen zur Aggregation, Abstraktion und Navigation aus der Wissenserwerbskomponente CLASSIKA des Expertensystem-Shell-Baukastens D3 [Puppe et al. 96].

Bei ihrer Entwicklung wurde besonderer Wert darauf gelegt, Fachexperten die Modellierung und Eingabe ihres Wissens weitgehend selbständig zu ermöglichen.

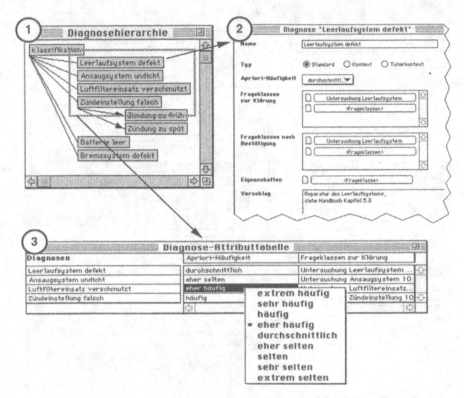

Abb. 10: Bearbeitung von Objekten

Der Einstieg in die Grafikeditoren erfolgt über Menüpunkte einer globalen Menüleiste. In geeigneten Fällen kann von einem Editor auch direkt in einen anderen gewechselt werden. In Abb. 10 werden Möglichkeiten gezeigt, Objekte anzulegen und deren Attribute zu verändern. Die Eingabe und taxonomische Strukturierung der Objekte erfolgt in einer Hierarchie (Abb. 10, Nr. 1). Die Attributwerte eines Objektes können in einem Formular eingegeben werden, in dem der Wertebereich des Attributs sein grafisches Eingabefeld bestimmt (Abb. 10, Nr. 2 mit Texteingabe, statische Auswahl durch Anklickpunkte und Pop-Up-Menü, dynamische Auswahl durch Objekttransfer-Buttons). Die gemeinsame Bearbeitung derselben Attribute mehrerer Objekte erfolgt in einer Attributtabelle (Abb. 10, Nr. 3 in der die beiden Attribute „Apriori-Häufigkeit" und „Frageklassen zur Klärung" aus Abb. 10, Nr. 2 für mehrere Objekte gezeigt werden). Der Benutzer kann die für ihn interessanten Attribute auswählen und leicht mit den Werten der anderen Objekte vergleichen. In der Tabelle kommt verstärkt das Pop-Up-Menü zum Einsatz, um die Grafik so kompakt wie möglich zu halten.

Die Eingabe komplexer Relationen ist die anspruchsvollste Aufgabe. Daher kommen nahezu alle Eingabeprinzipien zum Einsatz (Abb. 11):

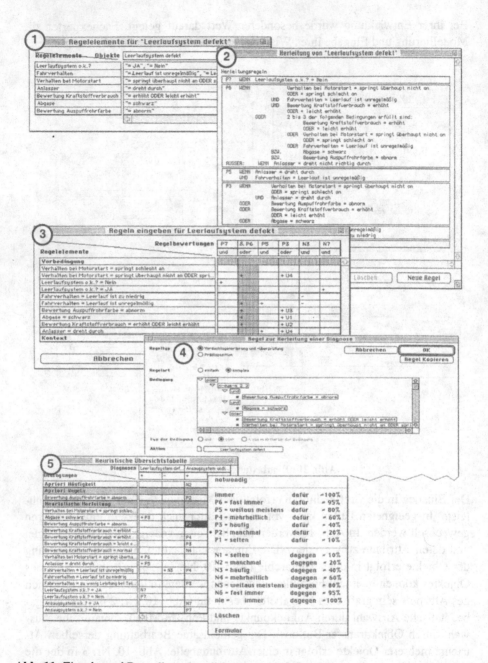

Abb. 11: Eingabe und Darstellung desselben relationalen Wissens mit verschiedenen Editoren

Fenster Nr. 1 zeigt eine Objekt-Objekt-Tabelle zur Eingabe unbewerteter Relationen, Nr. 2 eine textuelle Auflistung von bewerteten Relationen (die 4 lesbaren Relationen sind von oben nach unten: einstellig, dreistufig, zweistellig und zweistufig) und Nr. 3–5 ihre Eingabe bzw. Abstraktion (3: Objekt-Relation-Tabelle, 4: Formular für Relationsobjekt, 5: Objekt-Objekt-Tabelle). Die Objekt-Relation-Tabelle beschreibt pro Spalte ein Relationsobjekt, wobei die Zeilen die Objektausprägungen beinhalten, die in den Relationen benutzt werden. In einer Objekt-Relation-Tabelle können einstufige Relationen direkt und zweistufige durch Beschriftung editiert werden. Höhere Relationsgrade werden nur noch partiell angezeigt (die grauhinterlegte Spalte in Abb. 11, Nr. 3). Ihre Bearbeitung erfolgt in einem Formular mit komplexen Feldern (Abb. 11, Nr. 4). Ein aufklappbares Hierarchiefeld bei dem Attribut „Bedingung" des Regelformulars erlaubt die beliebige Schachtelung der Konnektoren und Objektausprägungen und bietet eine hohe Übersichtlichkeit. Allerdings kann so nur ein Relationsobjekt auf einmal bearbeitet werden. Den höchsten Grad der Abstraktion über Relationsobjekte bietet die Objekt-Objekt-Tabelle in Abb. 11, Nr. 5. Jede Relation wird nur durch ein Tabellenfeld repräsentiert. So können die vorhandenen Relationen vieler Objekte gleichzeitig übersehen werden. Zusatzmarkierungen verdeutlichen den Informationsverlust.

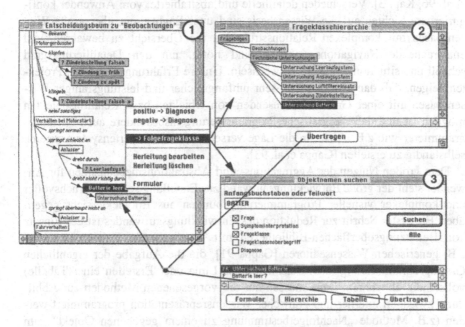

Abb. 12: Entscheidungsbaum mit zwei Möglichkeiten des Objekttransfers

Hierarchien eignen sich nicht nur zur Auswahl von Objekten wie in Abb. 10, Nr. 1, sondern auch zur kombinierten Eingabe von Objekt- und Relationswissen. Ein Beispiel dafür ist der Entscheidungsbaum in Abb. 12, Nr. 1. Während die Linien die Beziehung zwischen einem Objekt und seinen Ausprägungen anzeigen, repräsentieren die Pfeile relationales Wissen. Im abgebildeten Entscheidungsbaum wurde gerade die Beziehung eingegeben: Wenn die Diagnose „Batterie leer" bestätigt ist, dann veranlasse zur Absicherung eine „Untersuchung Batterie". Die Diagnose selbst wird hergeleitet, wenn der „Anlasser nicht richtig durchdreht". Die Frageklasse „Untersuchung Batterie" kann entweder aus der Frageklassenhierarchie (Abb. 12, Nr. 2) oder aus einem textuellen Namen-Suchen-Dialog (Abb. 12, Nr. 3) selektiert und mittels des „Übertragen"-Buttons in den Entscheidungsbaum transferiert werden. Weiterhin eignet sich der Entscheidungsbaum auch zur Abstraktion, indem mehrstellige oder attributierte Relationen durch Zusatzsymbole angedeutet werden. So deutet das „?" zwischen der Relation „Motorgeräusche = klingeln" und „Zündeinstellung falsch" in Abb. 12, Nr. 1 ganz oben eine abstrahierte Darstellung an. Das zugehörige Relationsformular kann durch einen Klick auf den Pfeil aktiviert werden.

5.9 Zusammenfassung und Ausblick

Die in den vorangegangenen Kapiteln aufgezeigten Prinzipien zur visuellen Programmierung kommen in zahlreichen Projekten mit dem Expertensystemwerkzeug CLASSIKA/D3 für den Aufbau von Diagnosesystemen zum Einsatz [Puppe et al. 96, Kap. 3]. Verschieden detaillierte und abstrahierte, vom Anwender konfigurierbare Sichten auf die Wissensbasis sind unabdingbar, um über große Wissensbasen mit komplexen Relationsstrukturen die Übersicht zu bewahren, und entsprechende Navigationsprinzipien sind nötig, um den Detaillierungsgrad schnell und situationsabhängig zu wechseln. Unsere Erfahrungen aus den Projekten zeigen, daß damit der Aufbau sehr umfangreicher und leistungsfähiger Wissensbasen mit einer Größe von tausenden von Objekten bzw. Relationsobjekten möglich ist und daß die grafische Programmierung insbesondere auch Nichtprogrammierer wie z.B. Ärzte, in die Lage versetzen kann, Expertensystemsysteme selbständig zu erstellen [Gappa et al. 93].

Dem großen Nutzen der Aggregations- und Abstraktionsmechanismen für Anwender steht der große Entwicklungsaufwand zur Erstellung solch anspruchsvoller und komplexer visueller Programmierumgebungen aus Entwicklersicht gegenüber. Ein erster Schritt zur Reduktion des Entwicklungsaufwandes ist der Einsatz von Benutzungsoberflächen-Bibliotheken mit vorgegebenen Fenstertypen, wie z.B. generischen Wissenseditoren [Gappa 91], die die Aufgabe der eigentlichen Grafikprogrammierung (z.B. Zeichnen einer Linie oder Erstellen einer Tabelle) vollständig abnehmen. Dann müssen nur die vorgesehenen Methoden zur Abbildung zwischen interner und grafischer Wissensrepräsentation programmiert werden (z.B. Methode „Nachfolgerbestimmung zu einem gegebenen Objekt" zum Zeichnen einer Hierarchie, oder Methode „Benutzer hat in Tabellenfeld mit gegebenem symbolischen Zeilen- und Spaltenindex den Wert Z eingetragen" bei einer Tabelle), die von dem generischen Bibliotheksobjekt automatisch aufgerufen werden. Unter der Voraussetzung einer regulären Wissensrepräsentation und standardisierter Typen von Aggregations- und Abstraktionsprinzipien läßt sich eine Sprache konstruieren, mit der man die verschiedenen Editortypen sowie die Navigationsstruktur deklarativ spezifizieren kann und aus der sich die Editoren automatisch generieren lassen. Ein Beispiel für ein solches Werkzeug ist das Meta-Wissensakquisitionssystem META•KA [Gappa 95, Gappa et al. 95], das viele der aufgezeigten Aggregations- und Abstraktionsmechanismen unterstützt und aus einer Spezifikation das zugehörige grafische Wissensakquisitionssystem generiert.

Literatur

Burnett, M. and Ambler, A. (1994). Declarative Visual Languages. Journal of Visual Languages and Computing 5, Guest Editorial, 1–3.

Burnett, M. and Baker, M. (1994). A Classification System for Visual Programming Languages, Journal of Visual Languages and Computing, 287-300, 9/1994.

Burnett, M., Baker, M., Bohus, C., Carlson, P., Yang, S., and van Zee, P. (1995). The Scaling-Up Problem for Visual Programming Languages, Computer, 3/1995, (b).

Burnett, M., Goldberg, A. and Lewis, T. (eds., 1995). Visual Object-Oriented Programming: Concepts and Environments. Prentice Hall, (a).

Gappa, U. (1991). Graphische Wissensrepräsentationen. 15. Fachtagung für Künstliche Intelligenz, GWAI-91, Christaller, Th. (ed.), Informatik-Fachberichte 285, Springer-Verlag, 221–230.

Gappa, U., Puppe, F., Schewe, S. (1993). Graphical knowledge acquisition for medical diagnostic expert systems. Artificial Intelligence in Medicine 5, 185–211.

Gappa, U. (1995). Grafische Wissensakquisitionssysteme und ihre Generierung. DISKI 100, infix-Verlag.

Gappa, U., Puppe, F., Radestock, G. (1995). Generierung grafischer Wissenserwerbssysteme für starke Problemlösungsmethoden. Künstliche Intelligenz 1/95, 8–15.

Hayes, J. and Burnett, B. (1995): A Guided Tour of Forms/3. Oregon State Univ. Dep. of Computer Science, TR 95-60-6.

Miller, R., Pople, H., and Myers, J. (1992). INTERNIST1, an Experimental Computer-Based Diagnostic Consultant for General Internal Medicine, New England Jounal of Medicine 307, 468-476, 1982.

Musen, M. et al. (1987). OPAL: Use of a Domain Model to Drive an Interactive Knowledge Editing Tool. Int. Journal of Man-Machine Studies 26, 105-121.

Nickerson, J.V. (1994). Visual Programming. Ph.D. Dissertation. New York University. UMI #9514409.

Poswig, J.: Visuelle Programmierung, Hanser-Verlag, 1996.

Puerta, A. Egar, J., Tu, S., Musen, M. (1992). A Multiple-Method Knowledge Acquisition Shell for the Automatic Generation of Knowledge-Acquisition Tools, Knowledge Acquisition 4, 171-196.

Puppe, F. (1990). Problemlösungsmethoden in Expertensystemen, Springer, 1990.

Puppe, F., Reinhardt, B. (1995). Generating Case-Oriented Training form Diagnostic Expert Systems, in Machine-Mediated Learning 5, Nr 3&4, 199-219.

Puppe, F., Gappa, U., Poeck, K., Bamberger, S. (1996). Wissensbasierte Diagnose- und Informationssysteme, Springer.

Schiffer, S. (1996). Visuelle Programmierung – Potential und Grenzen. in: Proc. der GI-96, Beherrschung von Informationssystemen, Mayr, H.C. (ed.), R. Oldenbourg Verlag.

Teil III

Kooperierende und integrierte Diagnosesysteme

6. Kooperierende Diagnoseagenten[1]

Stefan Bamberger und Frank Puppe

Zusammenfassung: Im Gegensatz zu kleinen Diagnosesystemen, die mit geeigneten Entwicklungswerkzeugen routinemäßig entwickelt werden können, stellen große Systeme immer noch eine Herausforderung dar. Zur Komplexitätsreduktion bieten sich Techniken des verteilten Problemlösens an, bei denen viele kleine Diagnosesysteme (Agenten) zur Lösung der Gesamtaufgabe miteinander kooperieren. In diesem Beitrag gehen wir auf die dadurch entstehenden Probleme wie Kompetenzabschätzungen, Kommunikationsformen und Terminologieabbildungen ein und zeigen Lösungswege. Sie sind in dem Werkzeug COOP-D3 implementiert, das in einem großen Projekt zur Diagnose von Druckmaschinen erfolgreich eingesetzt wurde.

6.1 Problemstellung: Entwicklung komplexer Diagnosesysteme

6.1.1 Diagnostische Problemlösungsmethoden

Die Entwicklung von Diagnosesystemen ist im Prinzip gut verstanden und kann mit geeigneten Werkzeugen routinemäßig erfolgen. Die Wahl der Problemlösungsmethode hängt primär von dem verfügbaren Wissen ab. Die wichtigsten Wissenstypen sind Fälle, Erfahrungswissen und Modelle. *Fälle* verbinden Beobachtungen vergangener Probleme mit deren Lösungen und können auf verschiedene Art zur Lösung neuer Probleme verallgemeinert werden. Bei der Kodierung von *Erfahrungswissen* orientiert man sich an den mentalen Modellen von Fachexperten; sie umfassen die kategorische, heuristische und Teile der kausalen Klassifikation (s.u.). Bei vielen technischen Anwendungen verfügt man über gute *Modelle* des zu diagnostizierenden Systems, die eine systematische Fehlersuche ermöglichen. Meist sind nicht alle Wissensarten verfügbar, z.B. fehlen Fälle und Erfahrungswissen bei der Diagnose neuer technischer Systeme, während bei komplexen biologischen Systemen das kausale Verständnis begrenzt ist. Wenn Fallsammlungen existieren, hängt deren Nützlichkeit von ihrem Umfang, ihrer Qualität und dem Grad der Formalisierung ab. Erfahrungswissen kann unzugänglich sein, wenn Fachexperten nicht kooperieren wollen oder aus Zeitmangel nicht

[1] Erschienen in: Informatik – Forschung und Entwicklung 14 (3), 135-144, 1999.

können. Wenn in einer Anwendung mehrere Wissenstypen parallel vorliegen, dann ist es oft vorteilhaft, sie zu kombinieren, z.B. indem man für verschiedene Teilbereiche verschiedene Wissenstypen benutzt, oder indem man das Wissen redundant kodiert und die mit unterschiedlichen Problemlösungsmethoden hergeleiteten Lösungen vergleicht. Im folgenden geben wir eine Übersicht über die wichtigsten Problemlösungsmethoden und dazugehörigen Wissensrepräsentationen (s. auch [Dressler & Puppe 99]):

- Kategorische Klassifikation mit Entscheidungsbäumen und Entscheidungstabellen.
- Heuristische Klassifikation [Clancey 85] mit Wissen der Art "Wenn <Symptomkonstellation> dann <Diagnose> mit <Evidenzwert>", der von Experten geschätzt wird. Meist wird über einen diagnostischen Mittelbau mit Symptomabstraktionen und Grobdiagnosen geschlossen. Diagnosen werden entsprechend ihrer akkumulierten Evidenz bewertet.
- Kausale Klassifikation mit verschiedenen Arten von Modellen:
  - Überdeckende Klassifikation [Reggia et al. 83] mit Wissen der Art "Wenn <Diagnose> dann <Symptom> mit <Typikalität>", die von Experten geschätzt wird. Auch hier spielt der diagnostische Mittelbau eine große Rolle. Diagnosen werden danach bewertet, wie gut sie die beobachteten Symptome überdecken (erklären) können, wobei letztere nach ihrer Bedeutung gewichtet sein können.
  - Funktionale Klassifikation [Abu-Hanna et al. 91] auf der Basis eines Modells der normalen Systemfunktion, das typischerweise aus aktiven Komponenten und passiven Materialien aufgebaut ist. Diagnosen werden als Modelländerungen repräsentiert.
  - Verhaltensbasierte Klassifikation, die ähnlich zur funktionalen Klassifikation ist, aber mit einem Systemmodell auf der Basis von physikalischen Prinzipien beruht, wobei die intendierte Funktion nur eine von vielen Verhaltensweisen der Struktur ist.
- Fälle-orientiertes Schließen, bei dem Fälle die primäre Wissensquelle darstellen. Eine systematische Evaluation von ca. 20 verschiedenen Algorithmen aus den im folgenden genannten Bereichen findet sich z.B. in [Michie et al. 94]:
  - Statistische Klassifikation mit Wissen über die Apriori Wahrscheinlichkeit von Diagnosen P(D) und bedingten Wahrscheinlichkeiten P(S/D) von Symptomen unter der Annahme von Diagnosen. Die Wahrscheinlichkeiten werden aus einer repräsentativen Fallsammlung ermittelt. Auf deren Basis werden die Diagnosewahrscheinlichkeiten $P(D/S_1 \& S_2 \dots \& S_n)$ nach dem Theorem von Bayes oder nach der Theorie Bayes'scher Netze [Heckerman 91] berechnet.
  - Neuronale Netze, die eine Fallsammlung zur Adaption ihrer Gewichte verwenden. Dabei werden verschiedene Lernregeln und Netztopologien eingesetzt.
  - Fallbasiertes Schließen, bei dem eine Fallsammlung direkt mit Wissen über ein Ähnlichkeitsmaß verwendet wird. Zu einem neuen Fall werden die ähnlichsten Fälle aus der Fallsammlung gesucht und ihre Lösungen für den neuen Fall übernommen oder adaptiert.

– Data-Mining und Lernverfahren, mit denen aus großen Fallsammlungen interessante Zusammenhänge gesucht werden; z.B. mit induktiven Lernalgorithmen wie ID3 usw.

Für alle Wissensrepräsentationen und Problemlösungsmethoden gibt es leistungsfähige Werkzeuge (Shells), mit denen die Entwicklung und die Pflege wesentlich vereinfacht wird. Das Spektrum reicht von allgemeinen Werkzeugen wie Nexpert Object oder Kappa über spezialisierte Werkzeuge für einzelne der obengenannten Methoden bis zu hybriden Diagnostik-Shell-Baukästen wie D3 [Puppe et al. 96, Puppe 98], die viele diagnostikspezifische Methoden integrieren. Mit Techniken der visuellen Programmierung, d.h. der Wissenseingabe mit verschiedenen Typen von grafischen Formularen, Tabellen, Hierarchien und Graphen [Gappa 95], wird die Eingabe des Wissens auch für programmierunkundige Fachexperten ermöglicht (s. Kap. 5). Daher ist inzwischen die Entwicklung von kleinen Diagnosesystemen aus technischer Sicht im allgemeinen nur mehr eine Routineaufgabe.

6.1.2 Probleme bei der Entwicklung große Diagnosesysteme

Unter großen Diagnosesystemen verstehen wir hier Systeme, deren Wissensbasis nicht mehr von einer Person alleine aufgebaut werden kann. Wenn die Entwickler Fachexperten sind, die den Hauptteil ihrer Zeit für ihre inhaltlichen Aufgaben verwenden, wird diese Grenze relativ schnell erreicht. In diesem Fall sollte eine Diagnostik-Shell Mechanismen bereitstellen, die die Zusammenarbeit der Fachexperten unterstützt. Der naheliegende Ansatz ist eine Modularisierung der Wissensbasis. Bei der Diagnostik ist eine Modularisierung jedoch im allgemeinen nicht leicht, da die Wissensteile oft stark verknüpft sind. So kann z.B. ein Symptom wie "Dublieren" bei Druckmaschinen (was sich in einem verschwommenen Druckbild manifestiert) Ursachen in vielen verschiedenen Teilen der Maschine haben, zu deren Überprüfung jeweils anderes Zusatzwissen erforderlich ist. Daraus folgt, daß Module große Schnittstellen besitzen mußten, was viele der erhofften Vorteile zunichte macht. Große, vielfältig verknüpfte Diagnosesysteme haben auch gravierende Nachteile bei der Wartung und der kontinuierlichen Aktualisierung der Wissensbasis, da die Auswirkungen der Änderungen von Teilen der Wissensbasis nicht leicht zu überschauen sind.

Ein weiteres Problem bei der Entwicklung großer Diagnosesysteme ist, daß oft schon Systeme für Teilkomponenten vorhanden sind, die in das Gesamtsystem integriert werden sollten, statt komplett neu entwickelt zu werden.

6.2 Lösungsansatz: Kooperierende Diagnoseagenten

Zur Lösung der beiden Kernprobleme großer Diagnosesysteme, Modularisierung und Wiederverwendbarkeit von Wissen, schlagen wir die Konzeption des Diagnosesystems als Multiagentensystem vor, in dem verschiedene, für diagnostische Teilbereiche zuständige Agenten zur Erreichung des Gesamtziels kooperieren

(und im Gegensatz zu vielen anderen Multiagentensystemen keine vom Gesamt-
ziel unabhängigen Eigeninteressen verfolgen). Im folgenden gehen wir zunächst
auf den Stand der Forschung bei diagnostischen Multiagentensystemen ein und
konkretisieren dann unseren Lösungsansatz.

6.2.1 Diagnostische Multiagentensysteme

Die Abgrenzung zwischen Modul und Agent ist schwierig und bisher nicht mit
einer präzisen Definition befriedigend gelöst. In [Russell & Norvig 95] wird ein
Agent sehr allgemein als *"anything, that can be viewed as perceiving its environment through sensors and acting upon that environment through effectors"* definiert. Andere Autoren betonen zusätzlich verschiedene Eigenschaften von Agenten wie Autonomie, Kommunikationsfähigkeit, Reaktivität und Eigeninitiative
[Woolridge & Jennigs 95] oder teilen Agentensysteme nach ihren Verwendungsmöglichkeiten ein [Beale & Wood 94]. Für diagnostische Multiagentensysteme
sind die Autonomie und Kommunikationsfähigkeit besonders wichtig: Ein Diagnoseagent soll – in deutlich größerem Umfang als bei einem Modul – keine starken Annahmen über seine Umgebung machen und vor allem auch damit rechnen,
daß er in Situationen sinnvoll reagieren muß, die an den Grenzen oder außerhalb
seines Kompetenzbereichs liegen. Weiterhin darf er bei der Kommunikation mit
anderen Agenten nicht sicher davon ausgehen, daß alle Agenten die gleiche Sprache sprechen.

Ein allgemeiner Ansatz, der sich mit der Wiederverwendung von unabhängig
entwickelten Wissensbasen beschäftigt, war die amerikanische Knowledge Sharing Initiative [Swartout et al. 94]. Dabei wurden folgende Schwierigkeiten bei der
Wiederverwendung von Wissen identifiziert:

- Wissensrepräsentationssprache: Es gibt keine Wissensrepräsentationssprache,
  die für alle Wissensformen ideal ist. Selbst wenn Wissen in der gleichen Sprache repräsentiert ist, gibt es oft noch verschiedene Dialekte. Bei einer Übersetzung von Wissen in eine andere Sprache oder einen anderen Dialekt geht meist
  Wissen verloren oder wird unverständlich.
- Kommunikationsprotokolle: Es gibt keine einheitlichen Schnittstellen und
  Kommunikationsprotokolle für den Austausch zwischen verschiedenen Agenten.
- Terminologie: Nicht nur die Wissensrepräsentation, sondern auch die verwendeten Begriffe zur Beschreibung eines Anwendungsbereiches (sog. Domänen-
  Ontologie) können unterschiedlich sein und verhindern damit jede Kommuni-
  kation.

Das erste Problem ist für den Austausch von Diagnoseagenten weniger wichtig, da
diese nicht primär Wissen, sondern Fakten (Symptome, Untersuchungsanforde-
rungen, Diagnosen) austauschen. Für das zweite Problem der Kommunikationsprotokolle wurde eine vielbeachtete Sprache KQML [Finin et al. 94] entwickelt,
die ein Protokoll für die Agentenkommunikation spezifiziert und die auf der Theorie der Sprechakte basiert, d.h. es wird bei jeder Kommunikation deren Typ mit-

angeben (z.B. Aussage, Frage, Bitte usw.). Für das dritte Problem wurde die Lösung vorgeschlagen, allgemein verfügbare, bereichsspezifische Ontologien zu entwickeln (z.B. für Elektrotechnik, Medizin usw.), die sich bisher aber nur partiell durchsetzen konnten. Am weitesten fortgeschritten sind die Bemühungen in der Medizin, in der es verschiedene weit verbreitete Kodierungsschemata gibt, wie z.B. der zur Kodierung von vielen Diagnosen und Therapien in Deutschland gesetzlich vorgeschriebene, allerdings vergleichsweise grobe ICD Schlüssel, die Mesh-Terminologie, die der Literaturdatenbank MEDLINE zugrunde liegt, oder der mehrdimensionale SNOMED. Auch zur Abbildung unterschiedlicher Kodierungsschemata gibt es das UMLS (Unified Medical Language System). Jedoch reichen diese Schemata (eine Übersicht findet sich in [Ingenerf & Diederich 97]) für Diagnoseagenten nicht aus: Während auf der Ergebnisseite (Diagnosen und Therapien) vergleichsweise gute Kodierungsschemata existieren, gibt es auf der Symptomseite (z.B. wie werden die verschiedenen Dimensionen des Brustschmerzes kodiert?) keine Standardisierung. Ein weiterer Lösungsvorschlag für das Terminologie-Problem sowohl in der Medizin (z.B. im GALEN-Projekt [Rector et al. 95]) als auch in anderen Bereichen ist die Rückführung aller benutzten Begriffe auf eine Menge von primitiven Begriffen mithilfe der Beschreibungslogik [Woods & Schmolze 92], die eine mehr oder weniger standardisierte Sprache bereitstellt, wie die Primitive kombiniert werden dürfen. Dadurch wird das Problem jedoch nur verlagert, da es sehr schwierig ist, einen Satz von Beschreibungsprimitiven – insbesondere für Symptome – zu finden, der mächtig und eindeutig genug ist.

Ein für Diagnoseagenten spezifischerer Ansatz findet sich im ARCHON-Projekt [Jennigs & Cockburn 96]. Das Ziel ist die Integration vorhandener, unabhängig entwickelter Wissenssysteme (Agenten) durch eine generische, übergeordnete Architekturschicht. Diese enthält Module für die Kommunikation mit anderen Agenten, für die Modellierung von abstraktem Wissen über die Agenten sowie für die Planung und Koordination, mit denen auf eventuell auftretende Ausnahmezustände in den Agenten reagiert werden kann. ARCHON wurde in zwei diagnostischen Anwendungen zur Überwachung einer Energieversorgung [Corera et al. 96] und eines Teilchenbeschleunigers [Perriollat et al. 96] erfolgreich eingesetzt, bei der sechs bzw. zwei Agenten gekoppelt wurden. Während die Grundstruktur des parallel zu unserem Ansatz entwickelten ARCHON-Konzeptes gut durchdacht ist, scheint – soweit aus der Literatur ersichtlich – der Aufwand bei der Integration relativ hoch zu sein, und es ist unklar, wie der Ansatz skaliert, wenn sehr viele Agenten kooperieren. Um diese Probleme zu vermeiden, haben wir – im Gegensatz zu ARCHON – möglichst viel Kooperations-Wissen in die Agenten hineinverlagert, so daß die darüberliegende Schicht relativ klein bleibt.

6.2.2 Konzept für kooperierende Diagnoseagenten

Kooperierende Diagnoseagenten benötigen alle Fähigkeiten von monolithischen Agenten wie diagnostische Kompetenz, Strategien für kosteneffektive Datenerfassung, Plausibilitätskontrolle für Eingabedaten, Dokumentationsfunktionen und Lernverfahren. Hinzu kommen folgende Anforderungen:

- Kommunikationsfähigkeit: Ein Agent muß andere Agenten kennen und verschiedene Typen von Anfragen an andere stellen können, was den KQML zugrundeliegenden Sprechakten entspricht. Die beiden wichtigsten Typen sind Überweisung, bei der der Fall an einen kompetenteren Agenten zur Weiterbearbeitung übergeben wird, und Abklärung, bei der ein anderer Agent einen spezifischen Auftrag bekommt (z.B. Abklärung einer bestimmten Verdachtsdiagnose oder Durchführung einer Spezial-Untersuchung) und die Kontrolle anschließend an den aufrufenden Agenten zurückkehrt. Bei der Kommunikation sollten alle bereits erhobenen Daten sowie Schlußfolgerungen, die für den anderen Agenten relevant sind, übertragen werden. Gegebenenfalls sollten sich die Agenten über die zu präsentierenden Endergebnisse einigen können.
- Kompetenz-Einschätzung: Ein Diagnoseagent muß beurteilen können, wann er einen Fall an einen anderen Agenten überweist. Dazu muß er die Existenz und das Kompetenzprofil der anderen Agenten kennen.
- Verständigungsfähigkeit: Ein Agent muß zumindest die Daten und Schlußfolgerungen eines anderen Agenten verstehen können. Dazu ist eine Abbildung der Terminologien aufeinander erforderlich. Darüber hinaus wäre es wünschenswert, wenn ein Agent auch die Zuverlässigkeit einer Schlußfolgerung anderer Agenten verstehen kann, wozu er im Idealfall deren Erklärung beurteilen können sollte. Letzteres ist jedoch sehr komplex und in unserem Ansatz nicht verwirklicht.

Das erste Problem wird durch die übergeordnete Team-Architektur gelöst. Bei ihr sind alle Agenten angemeldet. Wenn ein Agent eine Überweisung an einen anderen Agenten vornimmt, gibt er nur den gewünschten Kompetenzbereich an, und die Teamarchitektur ermittelt daraus den passenden Agenten und übernimmt alle Verwaltungsaufgaben beim Umschalten. Für die letzten beiden Probleme ist das zusätzlich erforderliche Wissen Teil der Wissensbasis des Agenten. Die Einschätzung, ob ein anderer Agent für einen Problemfall zuständig ist, repräsentieren wir mit den gleichen Mechanismen wie Wissen über "echte" Lösungen. Eine integrierte Sicht von eigentlichem Diagnosewissen und Überweisungswissen ist auch deshalb erforderlich, da der Agent häufig vor dem Problem steht, ob er bei einem unklaren Fall noch weitere Untersuchungen selbst durchführen soll (d.h. weiter Fragen aus seinem Bereich an den Benutzer stellt) oder gleich an einen anderen, vielleicht besser passenden Agenten überweisen soll, um insgesamt Kosten zu sparen. Auf der Ebene der Wissensrepräsentation werden andere Agenten als Diagnose-Objekte repräsentiert, die mit demselben Wissen wie andere Diagnosen der Wissensbasis hergeleitet werden (z.B. überdeckend, heuristisch, mit Entscheidungsbäumen usw.). Sobald eine solche Diagnose bestätigt wurde, wird jedoch von der übergeordneten Teamarchitektur ein Umschalten zu dem Agenten bewirkt, der durch diese Diagnose repräsentiert wird. Dem neuen Agenten wird bei der Abklärung ein bestimmter Auftrag mitgegeben (s.o.) sowie in jedem Fall die bis dahin erfaßten Daten und Schlußfolgerungen.

Insbesondere wenn die Agenten unabhängig voneinander entwickelt worden sind, können sie eine unterschiedliche Terminologie verwenden. In diesem Fall ist eine Abbildung der Begriffe erforderlich. Entsprechend dem KQML-Ansatz gehen

wir von einer Standard-Terminologie aus, in die jeder Agent seine von ihm benutzte Terminologie übersetzen muß. Das ist wesentlich ökonomischer, als zwischen je zwei Agenten direktes Dolmetscherwissen zu spezifizieren. Wie in Abschnitt 2.1 ausgeführt, gibt es jedoch in den meisten diagnostischen Domänen
keine vordefinierte Standardterminologie, und auch in der Medizin wäre sie nur
sehr eingeschränkt benutzbar. Daher muß im Zuge des Aufbaus eines Multiagentensystems ein solcher Standard zumindest für die interne Kommunikation entwickelt werden. Dieses wird in der übergeordneten Ebene der Teamarchitektur
bereitgestellt. Jeder Diagnoseagent bleibt aber dafür verantwortlich, seine Begriffe
in diesen Standard zu übersetzen. Daher muß ein Diagnoseagent, um teamfähig zu
werden, neben dem Kompetenzwissen auch um Dolmetscherwissen zur Übersetzung seiner Begriffe ergänzt werden, wenn er von dem vorgegebenen Standard
abweicht. Das Problem der Terminologie-Abbildung wird dadurch etwas gemildert, daß nur solche Begriffe in die Standardterminologie übernommen werden
müssen, die von mindestens zwei Diagnoseagenten benutzt werden. Da sich jeder
Diagnoseagent vermutlich auf einen anderen Bereich spezialisiert, kann die
Schnittmenge der Terminologien auch relativ klein sein.

Neben dem Wissen über die Standardterminologie besitzt die Teamarchitektur
vor allem Wissen über die beteiligten Agenten. Ein Problem eines Multiagentensystems ist, daß die beteiligten Agenten sich im Laufe der Entwicklung ändern
können. Das Hinzukommen, Aufspalten und Verschwinden eines Agenten sollte
jedoch nicht in allen anderen Agenten zu einem Anpassungsbedarf führen. Daher
führt die Teamarchitektur eine zusätzliche Abstraktionsschicht ein, in der Agenten
nach ihrem Kompetenzbereich beschrieben werden. Entsprechend können die
einzelnen Agenten nicht direkt andere Agenten ansprechen, sondern nur deren
Kompetenzbereich, wobei die Teamarchitektur die exakte Abbildung vornimmt.
Diese Abstraktionsschicht hat verschiedene Vorteile: Wenn es mehrere Agenten
zu einem Kompetenzbereich gibt, kann fallspezifisch entschieden werden, welcher
Agent oder ob sogar mehrere aktiviert werden, wobei der aufrufende Agent Entscheidungskriterien mitgeben kann (z.B. ob er mehr Wert auf diagnostische Genauigkeit oder geringe Untersuchungskosten legt). Weiterhin kann ein Kompetenzbereich auch durch eine Menge von spezialisierten Agenten repräsentiert
werden, z.B. falls eine Wissensbasis aus Komplexitätsgründen in mehrere kleinere
aufgeteilt wurde.

Neben der Bereitstellung der Standardterminologie und der Zuordnung von
Kompetenzbegriffen zu konkreten Agenten ist die Teamarchitektur auch für die
allgemeine Verwaltung zuständig. So muß sie die jeweils unterschiedlichen Aktionen bei einer Überweisung bzw. Abklärung durchführen, ggf. Defaultaktionen
initiieren und die Gesamtergebnispräsentation für den Benutzer übernehmen. Falls
kein Agent mehr aktiv ist, präsentiert sie je nach Konfiguration die Teilergebnisse
aller Agenten zum Fall oder das Ergebnis des letzten Agenten. Letzteres ist übersichtlicher und insbesondere sinnvoll, wenn das Team so aufgebaut wurde, daß bei
einer Überweisung eventuelle Teilergebnisse immer mitübergeben werden.

6.2.3 Pragmatische Modellierungsaspekte von Multiagentensystemen

Für die Fachexperten, die mit einem diagnostischen Multiagentensystem wie Co-op-D3 arbeiten wollen, stellen sich eine Reihe von pragmatischen Fragen, auf die wir im folgenden eingehen. Primär ist die Vorgehensweise bei der Aufteilung einer Domäne in kooperierende Agenten. Meist ergibt sie sich aufgrund unterschiedlicher Kompetenzbereiche der Fachexperten. Ein typisches Beispiel ist die Medizin, wo es Allgemeinärzte, die vor allem auch eine Verteilerfunktion haben, Internisten, Hals-Nasen-Ohren-Ärzte, Neurologen, usw. gibt, wobei die Internisten aufgrund der Komplexität der Inneren Medizin selbst wieder als Kardiologen, Gastroenterologen, usw. spezialisiert sein können. Ein zweites Aufteilungskriterium kann die Trennung zwischen relativ stabilem Kernwissen und sich häufig änderndem Spezialwissen sein, z.B. über Varianten in technischen Domänen oder über Therapien in der Medizin. Letztere Architektur zeichnet sich dadurch aus, daß es praktisch zu jeder Diagnose einen Therapieagenten gibt, der nach Stellen der entsprechenden Diagnose(n) aufgerufen wird. Da die Therapieagenten vergleichsweise klein und überschaubar sind, können sie leichter aktualisiert und wiederverwendet werden als wenn sie ein Teil einer großen Wissensbasis wären. Ein drittes Kriterium ist, wenn verschiedene Agenten auf ähnliches Wissen zugreifen müssen, das in einem separaten Agent zusammengefaßt wird und dadurch mehrfach genutzt wird. Dazu gehören in der Medizin die Interpretation von speziellen technischen Untersuchungen, z.B. von bildgebenden Verfahren wie Röntgenaufnahmen oder von Labordaten, die von den meisten Agenten benötigt werden. In technischen Domänen mit einem hierarchischem Systemaufbau bietet sich auch eine Aufteilung entlang der vorgegebenen Hierarchie an. Die Hauptaufgabe der übergeordneten Agenten auf der Systemebene oder der Ebene von Aggregaten ist die Identifikation der aussichtsreichsten Spezialisten auf den untergeordneten Ebenen, die dann die eigentliche Diagnoseaufgabe lösen. Im Unterschied zu strengen Modularisierungen muß ein Agent damit rechnen, daß er nicht oder weniger gut als ein anderer Agent zuständig ist. Er muß daher genügend Wissen haben, um auf andere Agenten verweisen zu können. Dabei erhöht Redundanz die Robustheit und Effizienz des Gesamtsystems beträchtlich. Ein Seiteneffekt der Aufteilung in verschiedene Agenten ist, daß für jeden Agenten entsprechend der Art des vorliegenden Wissens die passendste Problemlösungsmethode gewählt werden kann, was sich auch als Kriterium zur Aufteilung eignet. Ein wichtiger pragmatischer Aspekt ergibt sich aus der Autonomie der Agenten. Da Diagnosesysteme häufig von Anwendern mit unterschiedlichem Vorwissen genutzt werden, können diese, sofern ihnen die Agentenaufteilung transparent ist, direkt die für sie interessanten Agenten aufrufen. So ruft z.B. ein Spezialist einen Therapieagenten zu seiner selbst gestellten Diagnose auf, während ein Anfänger sich auf die übergeordneten Steueragenten beschränken kann (analog zur freien Arztwahl von Patienten, die sich nicht notwendigerweise zunächst an einen Allgemeinarzt wenden müssen).

Das wohl schwierigste Problem ist die Wahl der Terminologie, in der die Agenten Daten austauschen. Am effizientesten ist es, wenn man eine zentrale Terminologie vorgibt, an die sich alle Agenten beim Datenaustausch halten müssen. Damit werden jedoch viele Vorteile des Multiagentenansatzes eingeschränkt, insbesondere die grundsätzliche Möglichkeit, unabhängig entstandene und möglicherweise bereits vorhandene Diagnosekomponenten zu integrieren. Außerdem benutzen verschiedene Fachexperten entsprechend ihrer Spezialisierung teilweise unterschiedliche Terminologien, teils aus sozialen und historischen, teils aus fachlichen Gründen. Weiterhin kann der angemessene Detaillierungsgrad der Daten für verschiedene Agenten unterschiedlich sein (vgl. Abb. 4), z.B. reicht einem Agenten eine Einteilung eines Meßwertes in „normal" und „zu hoch", während ein anderer die Zahl und eventuell die Meßmethode benötigt, bei der Interpretation detailliertere Kategorien herleitet und eventuell noch den Kontext berücksichtigt. Daraus folgt, daß Abbildungswissen nicht immer ausreicht, um aus den Daten eines Agenten die entsprechenden Daten eines anderen Agenten herzuleiten. Im ungünstigsten Fall muß eine Beobachtung von verschiedenen Agenten mehrfach erfragt werden. Dies ließe sich teilweise vermeiden, wenn die Wissensrepräsentation so erweitert würde, daß Wissenselemente (z.B. Regeln) Informationen verschiedenen Detaillierungsgrades angemessen verarbeiten können und detailliertere Informationen nur dann anfordern, wenn die Schlußfolgerung andernfalls zu unsicher würde. Dazu gibt es außer der durchgängigen Benutzung verschiedener Abstraktionsebenen noch wenig Ansätze, vermutlich auch deshalb, weil das Problem bei monolithischen Systemen kaum auftritt.

Nach unseren Erfahrungen (vgl. nächsten Abschnitt) ist die Formalisierung von Dolmetscherwissen der größte Aufwand bei der Erstellung von verteilten Diagnosesystemen. Daher sollte man sorgfältig die geschilderten sozialen und fachlichen Vorteile gegenüber der Einfachheit einer zentral vorgegebenen Terminologie abwägen und nur in zwingenden Fällen von letzterer abweichen. Dagegen scheint die Formalisierung von Wissen zur Überweisung an andere Agenten kein besonderes Problem im Vergleich zu Formulierung des diagnostischen Kernwissens zu sein, da aus Sicht der Fachexperten sich beide Bereiche natürlich ergänzen.

6.3. Ergebnisse: Erfahrungen mit COOP-D3

Die Überlegungen aus Abschnitt 6.2 führten zur Entwicklung von Coop-D3 [Bamberger 97, 99], einer Erweiterung des Diagnostik-Shell-Baukastens D3, die den Aufbau und die Verwaltung von Diagnose-Teams ermöglicht. Dabei folgt das Konzept von Coop-D3 dem Prinzip der menschlichen Teams, so daß bei der Modellierung vorhandener Domänen, in denen sich bereits menschliche Teamstrukturen zur Lösungsfindung etabliert haben, diese in einer vergleichbaren Struktur abgebildet werden können.

Ebenso wie beim Aufbau einer einzelnen Wissensbasis kann der Aufbau eines Teams vollgrafisch durchgeführt werden. Die dadurch erreichte Abstraktion von den grundlegenden Mechanismen der in Abschnitt 6.2 beschriebenen Teamorganisation und -kommunikation ermöglicht den routinehaften Einsatz von Teamstrukturen bei der Modellierung großer Domänen. Zudem ergibt sich eine direkte Fortführung hin zu einer Sammlung verschiedener Agenten in einer Teambibliothek, die ihre Wiederverwendung fördert. Dadurch werden sowohl die daran beteiligten Experten entlastet als auch die Entwicklungskosten reduziert und der Wartungsaufwand verringert. Außerdem werden durch den wiederholten Einsatz der Agenten diese umfassend getestet, wodurch die entwickelten Teams stabil und robust werden.

Das Konzept der Teamstruktur ist in Abb. 1 dargestellt. Zentraler Bestandteil ist die Terminologiewissensbasis, die innerhalb des Teams verwaltet wird. Über sie erfolgt die Teamkommunikation. Je mehr Terme jeder einzelne Agent aus dieser Wissensbasis in seine interne Wissensbasis übernehmen kann, desto intensiver ist die Zusammenarbeit und desto größer ist der Synergieeffekt der Teambildung.

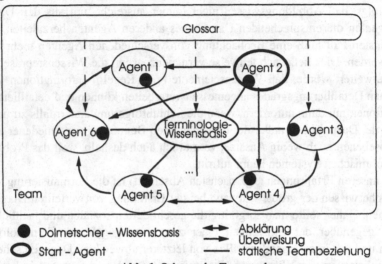

Abb. 1: Schema der Teamstruktur

Das Glossar ist nicht unbedingt erforderlich. Es erleichtert aber, wenn vorhanden, die Erstellung der Dolmetscherwissensbasen erheblich. Das Dolmetscherwissen kann in der allgemeinen Form sehr komplex werden, um sowohl syntaktische als auch semantische Differenzen zwischen den Termen auszugleichen. Daher ist für deren Modellierung der gesamte Modellierungsapparat der internen Wissensbasen (das diagnostische Kernwissen) verfügbar. Durch die Übernahme der bereits vorhandenen Anzeige- und Eingabeparadigmen der monolithischen Wissensbasiserstellung konnte die Komplexität im Umgang mit der Teamstruktur niedrig gehalten werden. Das erleichtert die Einarbeitung und den Umgang mit Coop-D3 erheblich, insbesondere wenn bereits Erfahrung mit D3 vorhanden ist. Coop-D3 wurde bisher in drei unterschiedlichen Domänen evaluiert, wobei jeweils unterschiedliche Voraussetzungen gegeben waren.

Der längste und intensivste Einsatz erfolgte zur Diagnose von Druckmaschinen, speziell Rollendruckmaschinen zur Herstellung von Zeitungen, Zeitschriften, Telefonbüchern usw. In einem Projekt mit einem der weltweit größten Druckmaschinenhersteller (Koenig & Bauer AG in Würzburg) wurde ein Diagnose- und Informationssystem zur Unterstützung der Montage und des Services auf der Basis von Coop-D3 aufgebaut [Landvogt et al. 97].

Da aufgrund früherer Erfahrungen klar war, daß ein monolithischer Ansatz nicht in Frage kommt und keine Wissensbasen vorhanden waren, konnte in der

Konzeptionsphase die Struktur der einzelnen Agenten optimal auf den verteilten Charakter des späteren Teams abgestimmt werden. Deswegen wurde im Vorfeld ein gemeinsames Glossar erarbeitet, an das sich alle Entwickler hielten. Weiterhin wurden die Schnittstellen zwischen den Teams, den Unterteams und den Agenten festgelegt sowie deren Kompetenzbeschreibung. Damit wurden unnötige Redundanzen und damit verbundene aufwendige Entscheidungsfindungen vermieden.

Domäne	Teams	WB	Frageklasse	Fragen	Diagnosen	Regeln	#Obj./WB
Falzapparat	2	54	179	242	324	696	27
Druckeinheit	10	110	751	3309	1802	7380	120
Rollenwechsler	11	30	251	1136	975	3796	205
Papierlauf	1	1	7	80	104	488	679
Druckqualität	2	4	17	38	78	164	74
Insgesamt (5)	26	199	1205	4805	3283	12524	110

Abb. 2: Statistik zu den Teams und Wissensbasen (WB) in der Druckmaschinendomäne

Das Ergebnis dieser Arbeit ist in Abb. 2 zu sehen. Insgesamt wurden bisher 26 Teams aufgebaut, die hierarchisch in Unterteams organisiert sind. Alle Teams zusammen enthalten 199 Wissensbasen (Agenten). Die durchschnittliche Größe einer Wissensbasis beträgt nur 110 Objekte, wodurch die Wartbarkeit und die Übersichtlichkeit der einzelnen Wissensbasen gewahrt ist. Dies war eine der Grundvoraussetzungen des Projekts, um eine langfristige Wartung der Teams mit wechselndem Personal zu gewährleisten.

Abb. 3 zeigt, wie ein Team einen Beispielfall löst. Beginnend bei einer festdefinierten Startwissensbasis werden zuerst alle verfügbaren Daten der zu untersuchenden Maschine über eine Datenbankkopplung vom MSI (Montage und Service-Informationssystem) automatisch eingelesen. Dadurch werden die Bediener weitgehend von der stupiden Eingabe der technischen Daten entlastet und können sich vollständig auf den Störfall konzentrieren. Danach wird der Bediener nach dem Ort des Auftretens der Störung gefragt und das dafür zuständige Team (Rollenwechsler) aktiviert. Die so ermittelten Daten werden an dieses Team weitergeben. Innerhalb des Teams werden zusätzliche Daten erhoben, die die Ursache weiter einschränken. Dadurch können wiederum Überweisungen notwendig werden. In dem vorliegenden Fall benutzt ein Agent (Pastomat II+IIS) andere Agenten, um verschiedene Verdachtsdiagnosen abklären zu lassen. Alle bestätigten Diagnosen werden am Ende des Falls als Lösung ausgegeben. Auch wenn verschiedene Agenten bei der Lösungsermittlung beteiligt sind, geben nur diejenigen Agenten eine Lösung an den Benutzer weiter, die diese entsprechend gekennzeichnet haben. Alle anderen Lösungen gelten nur als Zwischenergebnis, das zum Austausch oder der Weitergabe an andere Agenten dient. So ist es zu verstehen, daß der Agent „BG 046" zwar letztendlich für die Herleitung der Lösung verantwortlich war, durch die Weitergabe der Information an seinen übergeordneten Agent dieser aber die Lösung präsentiert.

Das Druck-Team wird zur Zeit ausgiebig evaluiert und aufgrund der Erfahrungen bei Prototypeinsätzen zur Inbetriebnahme von Druckmaschinen weiterentwickelt. Weiterhin ist die Kopplung mit einem parallel entwickelten Wartungssystem vorgesehen, das auch direkt beim Kunden eingesetzt werden können soll.

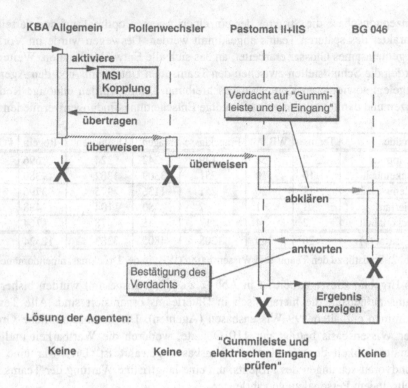

Abb. 3: Sequenzdiagramm eines Teamfalls mit mehreren Agenten zur Druckmaschinen-diagnose.

Neben der technischen Domäne wurde auch im medizinischen Umfeld ein Team entwickelt. Bei diesem Projekt stand die Wiederverwendung bereits vorhandener Einzelsysteme zu einem gemeinsamen Team im Vordergrund [Bamberger 99]. Das Ziel war es, eine bestmögliche Zusammenarbeit bei gleichzeitiger Beibehaltung der Autonomie der Einzelsysteme im Hinblick auf die Wartung und Weiterentwicklung zu erzielen. Auf diese Weise wurden drei Wissensbasen der inneren Medizin (Kardiologie, Hämatologie und Hepatologie) mit Coop-D3 in einem Team zusammengefaßt; eine vierte ist gerade in Vorbereitung.

Die Schwierigkeit bei dieser Teambildung war die Integration der Terminologien der Einzelsysteme. Verschiedene Arbeitsgruppen an unterschiedlichen Kliniken hatten verschiedene, monolithische Wissensbasen mit jeweils eigenen terminologischen Varianten aufgebaut. Gerade bei der medizinischen Diagnose kann aber durch die Übernahme bereits erhobener Daten ein wesentlicher Synergieeffekt erzielt werden. Daher war es wichtig, möglichst viele der erhobenen Symptome von Agent zu Agent weiterzugeben.

In Abbildung 4 wird gezeigt, wie Werte des einen Agenten (Kardiologie) auf Werte eines anderen Agenten (Hepatologie) abgebildet werden. In diesem Ausschnitt werden einige der möglichen Probleme sichtbar. Viele Werte waren im Kardiologie-Agenten numerisch dargestellt worden. Der Hepatologie-Agent andererseits verwendete dafür ausschließlich qualitative Beschreibungen. Diese Darstellung ist zwar anschaulicher, jedoch nicht so detailliert. Für eine Abbildung aus

Richtung des Kardiologie-Agenten stellt die Transformation der Terme weniger Probleme dar, da es sich um eine Vergröberung der Information handelt. Die Rückabbildung ist jedoch ungleich schwieriger, da es keine klar formulierten Vorgaben gibt, wie ein quantitativer in einen qualitativen Wert überführt werden kann. Zusätzliche Schwierigkeiten ergeben sich außerdem dadurch, daß Begriffe nicht 1:1 ineinander überführt werden können. Dann ist entweder die Kombination aus mehreren Termen (n:1) oder aber die mehrfache Auswertung ein und desselben Terms (1:n) notwendig (siehe Abbildung 4).

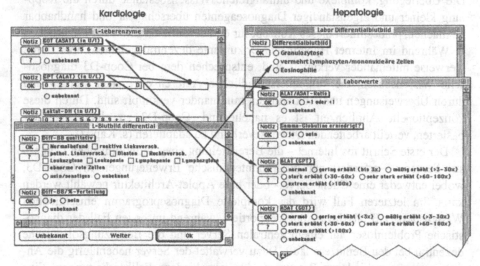

Abb. 4: Darstellung der Abbildungsrelationen zweier Terminologien in der inneren Medizin.

Hier zeigte sich der Vorteil der lokalen Dolmetscherwissensbasen, da so jede Gruppe ihre eigene spezifische Übersetzung erarbeiten konnte und viele Spezialfälle, die nur für bestimmte Agentenkombinationen zutreffen, nicht an zentraler Stelle vorgehalten werden mußten, was die Verwaltung unnötig verkompliziert hätte. Spätere Änderungen in den Wissensbasen führten somit ebenfalls nur zu lokalen Anpassungen und konnten gleichzeitig durchgeführt werden, da die dezentrale Speicherung des Dolmetscherwissens keine Abstimmungen mit anderen Agenten notwendig macht. Das Problem der unterschiedlich detaillierten Symptomerfassung läßt sich dagegen nicht durch Dolmetscherwissen lösen (s.o.).

Zusätzlich konnten wir in diesem Projekt Erfahrung mit der Aufspaltung von Wissensbasen sammeln. Mehrere Wissensbasen verwenden allgemeine diagnostische Methoden (Röntgen, Ultraschall oder EKG). Diese Einheiten wurden in allen Systemen redundant modelliert. Mit Hilfe eines dafür entwickelten Trennverfahrens konnten mehrfach verwendete Teile aus den Wissensbasen abgespalten und als eigenständige Agenten dem gesamten Team verfügbar gemacht werden [Bamberger 99]. Damit wurde der Wiederverwendungseffekt weiter erhöht und die Komplexität der Agenten gesenkt.

Als drittes Projekt wurde eine Team zur Erkennung von Eruptivgestein [Gappa & Puppe 98] aufgebaut. Hier ergab sich eine direkte Notwendigkeit für die Verwendung des Teamkonzepts. Während des Erkennungsvorgangs müssen verschiedene

Mineralien bestimmt werden. Dieses Wissen wurde in einem Mineralien-Agent modelliert, der mehrfach von einem übergeordneten Steine-Agent zur Abklärung der verschiedenen Mineralien im Stein aufgerufen wird.

6.4. Ausblick

Die Überlegung, komplexe und umfangreiche Wissensbestände durch die Kopplung kleiner und eigenständiger Diagnoseagenten überschaubar und handhabbar zu machen, prädestiniert dieses Konzept für den dezentralen Einsatz im Internet.

Während im Internet Hypermedia-Dokumente dezentral gehalten, aber durch Verweise miteinander verknüpft sind, entsprechen dem bei Coop-D3 diagnostische Wissensbasen, die von unterschiedlichen Autoren entwickelt werden und durch Überweisungen und Abklärungen miteinander verknüpft sind. Durch diese konzeptionelle Ähnlichkeit ist es naheliegend, Coop-D3 zu einem Internet-basierten, verteilt arbeitenden Diagnoseverbund zu adaptieren (s. Kap. 7)

Der erste Schritt ins Internet – die Bereitstellung eines monolithischen Diagnostik-Servers – erfordert nur programmtechnische Erweiterungen in Coop-D3, wobei entweder eine Client-Server- oder eine Applet-Architektur gewählt werden kann. Im letzteren Fall wird das komplette Diagnoseprogramm einschließlich Wissensbasis z.B. als Java-Applet exportiert, während im ersten Fall der diagnostische Problemlöser auf einem zentralen Server und die Benutzungsoberfläche dezentral bei den Benutzern läuft. Dazu verwaltet der Server nebenläufig die Anfragen von verschiedenen Benutzern, d.h. verschiedene Fallbearbeitungen. Eine günstige Voraussetzung ist die dynamische Generierung der Ablaufoberfläche von Coop-D3, die verschiedene Implementierungen zuläßt. Dazu gehören die direkte Generierung von HTML-Seiten, aber auch eigenständige Dialogprogramme wie Java-Applets, die vom Server nur mit den fallspezifischen, deklarativen Informationen für die Dialoggestaltung versorgt werden. Derzeit vergleichen wir die Effizienz der vorgestellten Varianten unter verschiedenen simulierten Lastbedingungen im Internet.

Reicht der ortsungebundene Zugriff auf das Diagnosewissen allein nicht aus, sondern ist auch das Wissens selbst örtlich verteilt, so kann die verteilte Architektur auf zwei Arten erreicht werden: (1) durch den Aufbau eines Kommunikations-Servers (Abb. 5) oder (2) durch den Einsatz eines mobilen Agenten.

Der Aufwand für die Realisierung beschränkt sich auf das Bereitstellen der Teamlogik in dem Kommunikations-Server. Aufgrund des Konzepts des lokalen Wissens benötigt der zentrale Server keinerlei diagnostisches Wissen, sondern ausschließlich eine Zuordnung der Kompetenzen zu den im Verbund befindlichen Servern, um die Anfragen korrekt weiterleiten zu können. Hierbei spielt es keine Rolle, ob einer der angebundenen Server selbst wieder ein Kommunikations-Server ist. Dadurch kann ein solcher Cluster ohne weiteres zu einem sehr großen System erweitert werden.

Analog zur Verwaltung der einzelnen Agenten durch die Teamstruktur, erfolgt nun die Organisation der Knowledge Server über einen dedizierten Kommunikations-Server. Er stellt den zentralen Einstiegspunkt auf Seiten des Benutzers dar, auf Seiten der Knowledge Server dient er zur transparenten Weiterleitung von Anfragen zwischen den Servern. Der Vorteil für den Benutzer besteht darin, daß er sich nicht eine Vielzahl von verschiedenen Internet Adressen merken muß, die er möglicherweise nacheinander abzuarbeiten hat. Der Nachteil ist, daß der Kommunikations-Server einen Flaschenhals darstellt und bei vielfacher Benutzung die Antwortzeiten länger werden.

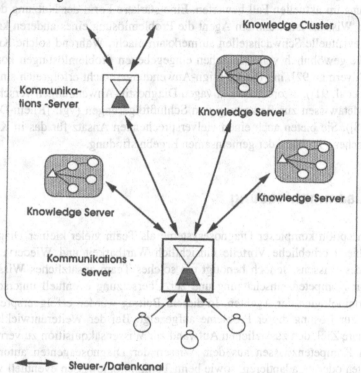

Abb. 5: Prinzip eines Diagnose Clusters mit Coop-D3.

Der zweite Weg ist der Einsatz eines mobilen Agenten an Stelle des Kommunikations-Servers. Er bewegt sich selbständig von Knowledge Server zu Knowledge Server, nachdem er vom Benutzer mit einer Diagnoseanfrage gestartet wurde. Sein Weg wird durch die Verweise eines Servers auf einen seiner Clustermitglieder gebildet. Der Vorteil liegt darin, daß der „Flaschenhals" Kommunikations-Server wegfällt. Die gesamte Kommunikation mit dem Benutzer wird vom Agenten selbst durchgeführt, der dabei noch auf besondere Wünsche des Benutzers (z.B. in Bezug auf die grafische Darstellung) eingehen kann. Für jeden Benutzer ist ein mobiler Agent im Netz unterwegs. Der Nachteil ist, daß die mobilen Agenten mehr Eigenintelligenz besitzen müssen, um von Server zu Server zu kommen, da sie nun mit den Servern direkt kommunizieren.

Ein weitergehender Schritt zur Nutzung verteilter Expertise ist, wenn ein Agent in die Lage versetzt wird, die Schlußfolgerungen eines anderen Agenten zu hinterfragen. Eine Voraussetzung ist, daß sich die Kompetenzspektren der beiden

Agenten überlappen. Bei einem großen Diagnoseverbund, z.B. für medizinische Anwendungen, ist es jedoch wahrscheinlich, daß dasselbe Kompetenzgebiet in verschiedenen Wissensbasen (Agenten) modelliert wird, so wie es auch verschiedene medizinische Schulen gibt. Eine schwache Form der Nutzung dieses redundanten Wissens besteht darin, daß die jeweils beste Wissensbasis (z.B. ermittelt durch repräsentative Evaluationsstudien) zum Zuge kommt, wobei zusätzlich berücksichtigt werden kann, wie sicher die konkurrierenden Agenten ihre Problemlösung im aktuellen Fall bewerten. Eine stärkere Form der Nutzung des redundanten Wissens ist, wenn ein Agent die Problemlösung eines anderen kritisiert und auf eventuelle Schwachstellen aufmerksam macht. Während solche Kritiksysteme, die gewöhnlich vom Menschen eingegebenen Problemlösungen kommentieren [Silverman 92], in vielen Design-Anwendungen recht erfolgreich sind (z.B. [Fischer et al. 91]), erfordern sie in vagen Diagnostik-Anwendungen verschiedenartiges Metawissen zur Bewertung von Schlußfolgerungen (vgl. [Rhein-Desel & Puppe 98]). Sie bieten auch einen vielversprechenden Ansatz für das in Kap. 2.2 angesprochene Problem der gemeinsamen Ergebnisfindung.

6.5 Zusammenfassung

Die Konzeption komplexer Diagnosesysteme als Team vieler kleiner Diagnoseagenten bietet erhebliche Vorteile hinsichtlich Wartbarkeit und Wiederverwendbarkeit des Wissens. Jedoch benötigt ein solches Team zusätzliches Wissen vor allem zur Kompetenzeinschätzung und zur Übersetzung eventuell unterschiedlicher Terminologien der Agenten. In diesem Beitrag wurden erfolgversprechende Ansätze zur Lösung dieser Probleme aufgezeigt. Bei der Weiterentwicklung ist das primäre Ziel, den zusätzlichen Aufwand zur Wissensakquisition zu verringern, z.B. um Kompetenzwissen aus dem Wissen der Diagnoseagenten automatisch herzuleiten oder zu adaptieren, sowie beim Terminologiewissen eventuell vorhandene Standards in den Anwendungsbereichen zu nutzen. Eine vielversprechende Perspektive bietet der Einsatz von kooperierenden und konkurrierenden Diagnose-Teams im Internet.

Literatur

Abu-Hanna, A., Benjamins, R., Jansweijer, W.: Device Understanding and Modeling for Diagnosis, IEEE-Expert 6, 33-40 (1991)

Bamberger, S.: Cooperating Diagnostic Expert Systems. In: Brewka, G., Habel, G., Nebel, B. (eds.), Proceedings KI-97. LNAI 1303, 325-336. Berlin: Springer 1997

Bamberger, S.: Verteiltes Problemlösen mit wissensbasierten Diagnosesystemen. Dissertation Universität Würzburg. infix Verlag, DISKI Reihe 203,1999

Beale, R., Wood, A.: Agent-Based Interaction. People and Computers IX: Proceedings of HCI'94, Glasgow,UK, 239-245 (1994)

Clancey, W.: Heuristic Classification. Artificial Intelligence 20, 215-251 (1985)

Corera, J. M., Laresgoiti, I., Jennings, N.R.: Using ARCHON: Electricity Transportation Management. IEEE Expert Intelligent Systems, 11(6), 1996

Dressler, O., Puppe, F.: Knowledge-Based Diagnosis – Survey and Future Prospects, in Proc. XPS-99, 5th Biannual Conference on Knowledge-Based Systems. LNAI 1570, 24-46. Berlin: Springer 1999

Finin, T., Fritzson, R., McKay, D., McEntire, R.: KQML – A Language and Protocol for Knowledge and Information Exchange. Fuchi, K., Yokoi, T.(eds.): Knowledge Building and Knowledge Sharing. Ohmsha, Ltd. und IOS Press, 1994

Fischer, G., Lemke, A., Mastaglio, T., Morch, A.: The Role of Critiquing in Cooperative Problem Solving, ACM Transactions on Information Systems 9(3), 123-151 (1991)

Gappa, U.: Grafische Wissensakquisitionssysteme und deren Generierung. Dissertation, Universität Karlsruhe, diski 100, St. Augustin: infix 1995

Gappa, U., Puppe, F.: Experiences from the Sisyphus III experiment for rock classification. Proc. der KAW-98, http://ksi.cpsc.ucalgary.ca/KAW/KAW98/KAW98Proc.html, Banff, Canada, April 1998

Heckerman, D.: Probabilistic Similarity Networks, Cambridge: MIT-Press 1991

Ingenerf, J., Diederich, T.: Notwendigkeit und Funktionalität eines Terminologieservers in der Medizin. Künstliche Intelligenz 3/97, 6-14 (1997)

Jennigs, N. R., Cockburn, D.: ARCHON: A Distributed Artificial Intelligence System for Industrial Applications. In: Jennings, N.R., O'Hare G.M.P. (eds.), Foundation of Distributed Artificial Intelligence. John Wiley & Sons, Inc., 1996

Landvogt, S., Bamberger, S., Hupp, J., Kestler, S., Hessler, S.: KBA-D3: ein Experten- und Informationssystem zur Fehlerdiagnose von Druckmaschinen. In: Mertens, P., Voss, H. (eds.), Proceedings der XPS-97. St. Augustin: infix 1997

Michie, D. et al. (eds.): Machine Learning, Neural and Statistical Classification. Ellis Horwood 1994

Perriollat, F., Skarek, P., Varga, L., Jennigs, N.R.: Using ARCHON: Particle Acceleration Control. IEEE Expert Intelligent Systems, 11(6), 1996

Puppe, F.: Knowledge Reuse Among Diagnostic Problem Solving Methods in the Shell-Kit D3. Int. Journal of Human-Computer-Studies 49, 627-649 (1998)

Puppe, F., Gappa, U., Poeck, K., Bamberger, S.: Wissensbasierte Diagnose- und Informationssysteme. Berlin: Springer 1996

Rector, A., Soloman, W., Nowlan, W., et al.: A Terminology Server for Medical Language and Medical Information Systems, Methods of Information in Medicine 34 (1-2), 147-157 (1995)

Reggia, J., Nau, D., Wang, P.: Diagnostic Expert Systems Based on a Set Covering Model, Int. J. of Man-Machine-Studies 19, 437-460 (1983)

Rhein-Desel, U., Puppe, F.: Concepts for Diagnostic Critiquing Systems in Vague Domains, Proceedings der deutschen Konferenz in Künstlicher Intelligenz (KI-98). LNAI 1504, 201-212. Berlin: Springer 1998

Russell, S., Norvig, P.: Artificial Intelligence – A Modern Approach. Prentice-Hall Inc. 1995

Silverman, B.: Survey of Expert Critiquing Systems; Practical and Theoretical Frontiers, CACM 35(4), 106-127 (1992)

Swartout, W. R., Neches, R., Patil, R.: Knowledge Sharing: Prospects and Challenges. In: Fuchi, K., Yokoi, T.(eds.), Knowledge Building and Knowledge Sharing. Ohmsha, Ltd. und IOS Press, 1994

Wooldrigde, M., Jennigs, N.R.: Intelligent agents: theory and practice. The Knowledge Engineering Review 10(2), 115-152 (1995)

Woods, W. A., Schmolze, J. G.: The KL-ONE Family. Computers and Mathematics with Applications 23, (2-5), S.133-177. Pergamon Press 1992

7. Diagnostik im Internet – Bedarf, Realisierung und Stand der Technik

Mitchel Berberich

Zusammenfassung: Dieses Kapitel beschäftigt sich mit dem Aufbau und der Nutzung von Diagnosesystemen im Internet. Dabei wird nach einer einleitenden Betrachtung zum Bedarf an solchen Systemen auf die Vor- und Nachteile der denkbaren Architekturen und der technischen Realisierungsalternativen eingegangen. Abgeschlossen wird das Kapitel durch Beispiele für technische und medizinische Anwendungsprojekte mit dem Diagnostik-Shell-Baukasten D3.

7.1 Einleitung und Motivation

Das Internet erlebt zur Zeit einen nahezu explosionsartigen Zuwachs im kommerziellen Bereich. Durch die vor ein paar Jahren noch ungekannten Chancen zur kostengünstigen globalen Kommunikation wird nun auch kleineren Unternehmen ermöglicht, überregional tätig zu sein und schnell zu wachsen. So waren viele der heute bedeutenden Unternehmen wie Ebay.com, Altavista.com und Amazon.com vor ein paar Jahren noch unbekannt oder nicht einmal gegründet. Andererseits stehen die Unternehmen durch die grenzenlose Kommunikation im Internet auch in viel stärkerem Wettbewerb zueinander. Die Qualität der angebotenen Produkte und Dienstleistungen sowie ein erstklassiger Kundenservice sind entscheidende Faktoren, um im Wettbewerb mit den zahlreichen ebenfalls im Netz vertretenen Konkurrenten zu bestehen.

Die von den Firmen erwarteten Dienste müssen sich nach den Möglichkeiten des neuen Mediums richten. Wartezeiten von mehr als einer Woche auf eine einfache Bestellung erscheinen hier unzumutbar, und bei Serviceanfragen wird oft eine Antwort noch am gleichen Tag erwartet. So kurze Antwortzeiten sind jedoch nur unter hohem Personalaufwand oder mit einem hohen Automatisierungsgrad möglich. In beiden Bereichen – Service und Kaufberatung – können vollautomatische Diagnosesysteme Routineaufgaben übernehmen und Mitarbeiter entlasten.

7.2 Attraktivität der Diagnostik im Internet

Im folgenden sollen die Vorteile von Diagnosesystemen im Internet gegenüber stand-alone Systemen genauer untersucht werden. Viele Vorteile sind dabei in der ortsunabhängigen Verfügbarkeit begründet und unabhängig von der Architektur und der Implementation. Wo nötig werden wir aber auf Besonderheiten hinweisen.

7.2.1 Verminderter Installations- und Wartungsaufwand

Wie auch bei anderen Anwendungen ergibt sich aus der Nutzung über ein Netzwerk ein verringerter Installationsaufwand. Statt ein Programm auf jedem Rechner neu installieren zu müssen, wird die Software und deren Updates nur einmal auf einem Server kopiert und dann dort direkt ausgeführt oder automatisch bei Bedarf in eine kompatible Laufzeitumgebung auf dem Benutzerrechner geladen. Webbrowser wie der Internet Explorer[1] von Microsoft oder der Navigator[2] von Netscape gehören heute zur Standardsoftware und stellen solche zueinander kompatiblen Umgebungen auf fast jeder Hardwareplattform zur Verfügung. Sie sind oft schon vorinstalliert oder zumindest leicht zu installieren und der Internet Explorer wird von Microsoft als integraler Bestandteil des Betriebssystems betrachtet.

Wissensbasierte Diagnosesysteme wie D3 sind durch die Trennung von Problemlösungsmethoden und Expertenwissen leicht erweiterbar. Sie ermöglichen die unkomplizierte Aufnahme neuer Regeln oder neuer Fälle und damit die einfache und schnelle Anpassung des Systems an neue Erkenntnisse. Gerade von dieser Eigenschaft, welche wissensbasierte Systeme so attraktiv macht, geht aber bei der gleichzeitigen Nutzung und Pflege durch mehrere Personen viel verloren, solange diese nur ihre eigene Kopie der Wissensbasis anpassen und die Änderungen erst später in die Referenzwissensbasis eintragen können. Bis zum Abgleich können schon viele gleichartige Fälle aufgetreten sein, bei denen dieses Wissen hilfreich gewesen wäre und durch andere Änderungen an der Referenzwissensbasis oder an deren Kopien können aufwendige Konsistenzprüfungen notwendig werden. Diese Probleme treten aber nicht nur bei Diagnosesystemen auf: In Datenbankmanagementsystemen werden schon seit langer Zeit verschiedene Methoden zum Abgleich von Datenbanken untersucht und angewandt. Mit der zunehmenden Vernetzung wurden jedoch auch dort immer mehr Inter- und Intranet-basierte Client-Server-Lösungen eingesetzt.

7.2.2 Verknüpfung mit anderen Informationsquellen im Internet

Die reine Ermittlung einer Fehlerursache ist für viele Anwendungsbereiche unzureichend. So muß ein Servicetechniker, der Fehler in Druckmaschinen beseitigen soll, oft auf eine Vielzahl anderer Daten zugreifen können. Dazu gehören primär Ein- und Ausbauanleitungen, technische Dokumentationen, Stücklisten und Bezugsquellen für Ersatzteile. Darüber hinaus können aber auch kaufmännische Unterlagen (ist dies ein Garantiefall?), Dokumentationen von Unterlieferanten und viele andere Dokumente benötigt werden. Diese Daten liegen meist in unterschiedlichen Formaten vor und können schon alleine wegen ihrer Menge nicht alle

---

[1] http://www.microsoft.com/windows/ie/default.htm
[2] http://www.netscape.com/

zum Kunden mitgenommen werden (s. Kap. 8). Als Lösung bietet sich auch hier ein Netzwerk an. Mit einem Webbrowser kann über das Internet unkompliziert auf eine Vielzahl von Daten zugegriffen werden und sogar das Herunterladen von Programmen oder deren Ausführung auf dem Server ist möglich.

Die Angabe von URLs [RFC1738] ermöglicht die einfache Zuordnung verschiedenster Informationen zu Diagnosen, Fragen und sonstigen Wissensbasisobjekten. Die Daten können sich dabei auf einem Server des eigenen Unternehmens, dem eines Unterlieferanten oder einem völlig anderen Rechner mit Anschluß an das Internet befinden. Durch den ortsunabhängigen Zugriff werden keine Kopien der Ursprungsdaten mehr benötigt, was die Wartung des Systems vereinfacht.

7.2.3 Mehrstufige Fehlersuche

Die Fehlersuche in technischen Systemen kann in mehreren Stufen (z.B. für Anwender, Hotline, Experte) stattfinden. Jede dieser Stufen stellt dabei unterschiedlich hohe Ansprüche an den Benutzer. Wenn erfolgreich erspart ein Diagnosesystem, das in früheren Stufen eingesetzt wird, die kostenintensivere Überprüfung auf höheren Stufen. Entscheidend ist bei dem hier vorgestellten Diagnosesystem im Internet, das den Anwender bei der Fehlersuche unterstützt, die Entlastung der konventionellen Hotline durch Kompetenzerweiterung der ersten Stufe und eine reibungslose Kommunikation zwischen den einzelnen Stufen, so daß Daten nicht mehrmals abgefragt und Lösungen nicht mehrmals überprüft werden müssen.

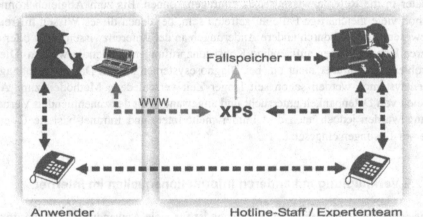

Abb. 1: Service-Support-Szenario. Zunächst benutzt der Anwender seinen Computer, um über das Internet auf das Diagnosesystem des Herstellers zuzugreifen. Die erhobenen Daten werden ausgewertet und in einem Fallspeicher abgelegt. Gelangt das Diagnosesystem zu einer Lösung, so wird sie dem Benutzer zusammen mit Verweisen auf weiterführende Dokumente angezeigt. Kann der Benutzer das Problem nicht lösen, so kontaktiert er die normale Hotline über Telefon. Der Hotline-Stab kann dabei zur Problemlösung auf die strukturierten Eingaben zum Fall aus dem Fallspeicher und auf Wissen aus dem Diagnosesystem zugreifen. Scheitert die Problemlösung auch an dieser Stelle, so nimmt ein Expertenteam den Platz des Hotline-Mitarbeiters ein.

- **1. Stufe:** Den Benutzern wird mit einem Diagnosesystem ein Werkzeug im Internet zur Verfügung gestellt, um kleinere Probleme vor Ort selbst erkennen und lösen zu können oder um standardisierte Basisdaten für die zweite Stufe bereitzustellen. Ein Teil der zur Diagnose benötigten Daten kann vom System automatisch erfaßt werden, wenn diese in Datenbanken gespeichert oder über eine Maschinenschnittstelle abfragbar sind. Bereits die Beantwortung weniger zusätzlicher Fragen sollte zu einem Teilergebnis führen, um von den Anwendern akzeptiert zu werden. Die verwendeten Fachbegriffe, Fragen und Diagnosen sollten durch Anmerkungen, Texte und Multimedia-Informationen auch für Laien ausreichend erklärt sein. Das verwendete Expertenwissen kann auch aus Datenschutzgründen (Betriebsgeheimnisse) stark vereinfacht sein oder nur aus einem kleinen Teil des vorhandenen Fachwissens bestehen.
- **2. Stufe:** Falls der Benutzer das Problem nicht alleine lösen kann, so kontaktiert er die Hotline des Herstellers. Die Mitglieder der Hotline haben Zugriff auf eine ausführlichere Wissensbasis. Sie können in strukturierter Form auf alle bereits vom Benutzer eingegebenen oder automatisch erfaßten Daten zugreifen und diese in ihr eigenes Diagnosesystem übernehmen. Abhängig von Problembereich und Fall kann es sein, daß der Servicemitarbeiter direkt beim Kunden tätig werden muß. Dann muß auch hier wieder die Möglichkeit vorhanden sein, von außerhalb auf das Diagnosesystem und andere firmeneigene Unterlagen zugreifen zu können. Dabei sollte aber durch geeignete Mechanismen der Zugriff unbefugter Dritter auf die ausführlichen Informationen ausgeschlossen werden.
- **3. Stufe:** Nur in den Fällen, in denen auch die Servicemitarbeiter das Problem nicht lösen können, muß sich ein Expertenteam mit dem Fall befassen. Durch die vorherigen Schritte verfügen die Experten dann aber bereits über eine sehr ausführliche, strukturierte Zusammenfassung der bisher gemachten Angaben und können sicher sein, daß keine bekannten Lösungen übersehen wurden.

7.3 Konventionelle Fehlersuche ohne Diagnosesysteme

Eine Alternative zum Einsatz eines Diagnosesystems wäre der Aufbau einer Wissensdatenbank, bestehend aus untereinander verknüpften Hypertextdokumenten und einer Suchmaschine zum schnellen Auffinden des für ein bestimmtes Problem relevanten Dokumentes. Ein Beispiel für ein solches System sind die Microsoft Product Support Services[3].

Während sich ein solches System für ein beliebiges Anwendungsgebiet leicht implementieren läßt, sind aber auch große Nachteile damit verbunden: Um sinnvoll zwischen den angebotenen Dokumenten einer großen Datensammlung navigieren zu können, müssen in einem sehr arbeitsaufwendigen Prozeß Querverweise manuell eingerichtet und gepflegt werden. Herkömmliche Suchmaschinen sind zur Informationssuche und Navigation in großen Dokumentenmengen nur eingeschränkt hilfreich, da sie keinerlei Nutzen aus dem in informeller Form abgelegten

---

[3] http://www.microsoft.com/support/

Wissen ziehen können und der Benutzer somit viel Erfahrungswissen für die Formulierung seiner Anfragen besitzen muß. Eine Verbesserung verspricht hier der Einsatz von XML [W3Consortium98], einer Sprache, in welcher die Struktur eines Dokumentes unabhängig von seiner Darstellung (Layout) beschrieben werden kann. Legt man Dokumenten diese, auch für Maschinen verständliche Darstellung zugrunde und benutzt zur Beschreibung der Struktur eine wohl durchdachte Ontologie, d.h. eine Menge von Begriffen, welche den Problembereich beschreiben und über deren Bedeutung allgemeiner Konsens herrscht, so kann die Suche nach und der gezielte Zugriff auf Informationen im WWW deutlich verbessert werden [Fensel et al. 98].

Der Einsatz von reinen Expertensystemen hingegen ermöglicht zwar eine sehr komfortable Benutzerführung und Wissenseingabe, würde aber einen immensen Aufwand erfordern, wenn man das Wissen bis ins kleinste Detail formalisieren will. Deshalb soll im folgenden unter einem Diagnosesystem ein Hybridsystem bestehend aus einem Expertensystem und einem herkömmlichem Hypertextsystem verstanden werden. Das Expertensystem dient dazu, das Problem einzugrenzen und den Benutzer zu einer Wissensquelle zur Lösung seines Problems zu führen, sei dies nun ein Dokument, ein anderes wissensbasiertes System oder die Telefonnummer eines menschlichen Experten.

7.4 Mögliche Architekturen

Analog zu anderen Rechneranwendungen bieten sich auch zur Realisierung von Diagnosesystemen im Internet zwei offensichtliche Architekturen an:

- **Diagnosesystem als Client-Server-System:** Das eigentliche Programm befindet sich zu jeder Zeit auf einem zentralen Server. Die Benutzerrechner (Clients) bereiten darzustellende Daten nur graphisch auf und nehmen Benutzereingaben entgegen. Diese Aufteilung verringert die Anforderungen an die Clients und verhindert das Kopieren der Wissensbasis. Verschiedene Gründe können dafür sprechen, die Möglichkeit des Kopierens zu verhindern: Zum Beispiel kann das Diagnosesystem vertraulich zu behandelndes Wissen des Unternehmens enthalten oder es muß sichergestellt sein, daß jeder Benutzer zu jeder Zeit immer die neueste Version benutzt.

- **Diagnosesystem als Applet auf dem Benutzerrechner:** Das Diagnoseprogramm wird beim Start von einem zentralen Server auf den Rechner des Benutzers geladen und dort lokal ausgeführt. Diese Vorgehensweise stellt nicht so hohe Ansprüche an den Server wie die zuvor genannte Variante, dafür müssen aber die Benutzerrechner leistungsfähiger sein und dem Programm eine kompatible Laufzeitumgebung zur Verfügung stellen. Da unabhängig vom Umfang der tatsächlichen Beratung immer das komplette Diagnoseprogramm auf den Benutzerrechner geladen werden muß, ergibt sich zunächst eine gegenüber dem Client-Server-System erhöhte Netzlast. Erst mit zunehmender Komplexität und Menge der darzustellenden Objekte macht sich die lokale Informationsverarbeitung und der dadurch eingesparte Kommunikationsaufwand zum Server bemerkbar. Die Netzlast kann gegenüber dem Client-Server-System wieder sinken und dieses sogar unterbieten.

Zwischen diesen beiden Extremen sind eine Vielzahl weiterer Varianten denkbar. So kann es z.B. in manchen Fällen nützlich sein, den sich nicht mehr ändernden Programmkern fest auf dem Benutzerrechner zu installieren und nur die neueste Version der Wissensbasis bei jeder Sitzung neu vom Server zu laden. Bei breit angelegten Wissensbasen, welche einen großen Problembereich abdecken, aber meist schon nach wenigen Fragen eine Lösung vorschlagen, kann ein teilweises Laden des jeweils benötigten Teilbereichs der Wissensbasis die beste Vorgehensweise sein.

Zu einer anderen Architektur gelangt man unter Einbezug der in Abschnitt 7.6 vorgestellten kooperierenden Diagnosesysteme:

- **Knowledge-Cluster im Internet:** Das Diagnosesystem ist bei diesem Ansatz auf verschiedene Server (Diagnoseagenten) im Internet verteilt, welche jeweils ein eigenes kleines hoch spezialisiertes Diagnosesystem beinhalten ([Bamberger 99]; s. auch Kap. 6). Der Benutzer beginnt einen neuen Fall durch das Anwählen eines Diagnoseagenten, welcher einen Überblick über die Problembereiche und die Kompetenzbereiche anderer Diagnoseagenten, die auch auf anderen Rechnern lokalisiert sein können, hat. Jeder an der Problemlösung beteiligte, aktive Diagnoseagent kann nun dem Benutzer aufgrund der eigenen und der gemeinsam benutzten Daten eine Lösung vorschlagen oder ihn an einen anderen für diesen Fall kompetenteren Agenten weiterleiten.

Auch hier sind verschiedene Varianten denkbar. Abhängig davon, wo die Problemlösungs- und Steuerungskomponente lokalisiert ist, lassen sich die Knowledge-Cluster nochmals in zwei Arten aufteilen:

- **Brokerarchitektur:** Der Benutzer kommuniziert ausschließlich mit einem Server und weiß nichts von der verteilten Architektur des Diagnosesystems. Der Server steuert den Problemlösungsprozess und verwaltet die Fallinformationen. Bei einer Überweisung werden alle Benutzeranfragen und alle Ausgaben anderer Server durch ihn weitergeleitet. Das Programm auf der Benutzerseite kann hier sehr einfach gehalten werden, dafür haben aber die einzelnen Server einen hohen Verwaltungsaufwand und das Netz wird stark belastet.
- **Benutzeragenten (Useragents):** Auf dem Benutzerrechner befindet sich ein Programm („Useragent"), welches die Problemlösungskomponente, die Falldatenverwaltung und ein Kommunikationsmodul enthält. Bei einer Überweisung wird die Verbindung zum bisherigen Server geschlossen, und eine Verbindung zum neuen Server aufgebaut. Die neue Wissensbasis und ggf. die Problemlösungskomponente werden heruntergeladen und die gemeinsam benutzten Daten werden durch den User Agent in die von der neuen Wissensbasis benötigte Form konvertiert. Hier werden Server und Netzlast gering gehalten, dafür müssen aber die Benutzerrechner leistungsfähiger sein und dem Programm eine kompatible Laufzeitumgebung zur Verfügung stellen.

7.5 Technische Realisierungsalternativen

Es gibt eine Vielzahl von Datenformaten, Programmiersprachen, Programmen und von diesen wieder viele Dialekte, mit deren Hilfe sich Diagnosesysteme im Internet realisieren lassen. In diesem Abschnitt werden Vertreter dieser technischen Realisierungsalternativen bezüglich ihrer Kompatibilität zu unterschiedlichen Rechnerplattformen und den Möglichkeiten zur Gestaltung der Benutzungsoberfläche und Serverschnittstelle untersucht.

Da sich im Netz verwendete Programmiersprachen, Protokolle und Datenformate immer noch rasant weiterentwickeln, muß oft zwischen Lösungen mit maximaler Kompatibilität und Lösungen mit maximalem Komfort unterschieden werden. So sind auf reinem HTML basierende Lösungen zwar fast von jedem Benutzerrechner aus zugänglich, bieten aber nicht die Möglichkeiten einer komfortablen Java-gestützten Benutzungsoberfläche. Auf der anderen Seite bietet die neueste Version von Java bereits in der Grundversion vielfältige Möglichkeiten zur Gestaltung einer Benutzungsoberfläche und zur Kommunikation über ein Netzwerk, die durch zahlreiche Bibliotheken noch erweitert werden können. Leider erschwert jedoch diese hohe Anzahl unterschiedlicher Bibliotheken in ständig neuen, nicht abwärtskompatiblen Versionen, welche teilweise auch nur in bestimmten neueren Browsern verwendet werden können, die Bereitstellung des Systems zur Nutzung auf unterschiedlich ausgestatteten Benutzerrechnern. Im folgenden werden deshalb verschiedene Realisierungsalternativen im Detail betrachtet.

7.5.1 Reines HTML

Realisierbare Architekturen sind die Brokerarchitektur und die Client-Server-Architektur. Die Realisierung der Benutzerschnittstelle in reinem HTML stellt die geringsten Anforderungen an den Computer des Benutzers. Das Diagnosesystem kann mit jedem beliebigen WWW-Browser angesprochen werden und bei entsprechender Gestaltung und Verzicht auf Bebilderung kann es sogar mit den rein textbasierten Browsern der ersten Generation wie LYNX genutzt werden. Die Realisierung in HTML hat jedoch auch zwei gravierende Nachteile:

- **Viele Serveranfragen:** Für jede einzelne Benutzeraktion muß eine Anfrage an den Server gestellt werden. Zusätzlich zu den durch die Architektur unbedingt erforderlichen Anfragen benötigt man auch Anfragen zur Überprüfung der Gültigkeit einer Eingabe, zur Ermittlung von Folgefragen, zur Ermittlung zulässiger Antwortalternativen einer Frage in Abhängigkeit von anderen Eingaben und zur Unterdrückung bestimmter Kombinationen von Antwortalternativen einer Frage durch die Benutzungsoberfläche (Beispiel: Die Anwahl von „unbekannt" deaktiviert andere Eingabefelder; die Eingabe eines Wertes deaktiviert „unbekannt"). Soll eine Frage gleichzeitig in verschiedenen Darstellungsformen, z.B. als Text und als Bild angezeigt werden, so ist auch hier bei jeder Benutzeraktion eine Serveranfrage zum Aktualisieren der anderen Darstellungen erforderlich.

- **HTML ist eine Sprache zur Beschreibung der Struktur von Textdokumenten:** Als eine solche Sprache enthält die nicht erweiterbare Hypertext Mark-up Language HTML nur Elemente wie „Überschrift", „Absatz", „Vorformatiert" und „Eingabefeld". Nicht enthalten sind jedoch die in einem Diagnosesystem benötigten Elemente wie „Diagnose" und „Frage", weshalb jede Instanz dieser komplexen Elemente auf Kombinationen der zuvor genannten abgebildet werden muß. Die Ersatzdarstellung hat zwei Nachteile:
  - *Die zu übertragende Datenmenge ist größer,* da bei jeder Instanz eines Elements neben den Daten auch wiederholt Informationen zu deren Darstellung und Funktionalität mit übertragen werden müssen. Diese Informationen finden sich in der Kombination der verwendeten HTML-Elemente.
  - *Die Darstellung ist nicht optimal,* da die eigentlich gewünschten einfachen Darstellungsformen wie Popup-Menüs durch andere Formen (z.B. eine Liste kombiniert mit einem Button) ersetzt werden müssen.
- **Keine geeignete Ersatzdarstellung:** Bestimmte Darstellungsarten von Objekten sind in reinem HTML nur schwer zu implementieren, andere sind zwar theoretisch möglich, aber nicht praxistauglich. So existiert in HTML ein Sprachelement *Imagemap* zur Definition von Bereichen in Bildern, durch deren Anwahl der Benutzer eine Anfrage an den Server senden kann. Dieses Verfahren eignet sich zwar hervorragend zur Darstellung von Onechoice-Fragen in einem Diagnosesystem, ist aber ungenügend zur Darstellung von Multiplechoice-Fragen, da keine Möglichkeit zur Mehrfachselektion vorgesehen wurde. Umgehen kann man diese Einschränkung, indem bei jeder Selektion einer Antwortalternative eine Anfrage an den Server gestellt wird. Der Server muß geeignete Maßnahmen ergreifen, um sich die bisher gewählten Alternativen zu merken und in einer neuen HTML-Seite die Frage zur Selektion weiterer Alternativen neu darstellen. Bei einer hohen Netz- und/oder Serverauslastung und/oder vielen Antwortalternativen ist jedoch selbst diese Darstellungsart nicht mehr praktikabel.

7.5.2 Oberflächen mit Skriptsprachen und/oder XML

Die HTML-Anweisungen zur Festlegung der Struktur eines Dokuments werden im wesentlichen um Befehle einer interpretierten Programmiersprache ergänzt. Die Extensible Markup Language (XML) [W3Consortium98] bietet zusätzlich die Vorteile einer Standardisierung des Objektmodells und der Definition neuer Elemente (siehe unten), jedoch sind XML-fähige Browser noch nicht so weit verbreitet[4]. Am besten lassen sich mit Hilfe von Skriptsprachen und XML die Broker- und die Client-Server-Architektur realisieren. Die anderen in Abschnitt 7.4 vorgestellten Architekturen sind theoretisch auch möglich, jedoch aufgrund der niedrigen Geschwindigkeit der Skriptsprachen nur bedingt praxistauglich.

---

[4] Microsoft, Netscape und wenige andere Hersteller bieten zur Zeit (Anfang 2000) erste Vorabversionen ihrer bisher nur teilweise XML-kompatiblen Browser an, wobei unterschiedliche Hersteller unterschiedliche Aspekte der umfangreichen Sprachdefinition als wichtig empfinden und vorrangig implementieren.

Beim Erstellen eines Dialogs unter Verwendung der Sprache JavaScript gelingt es, viele der Schwächen des HTML-Dialogs zu beseitigen:

- **Weniger Serveranfragen:** Anfragen zur Überprüfung der Gültigkeit einer Eingabe (Wertebereich) und zur Unterdrückung bestimmter Kombinationen von Antwortalternativen einer Frage können leicht durch Skriptfunktionen auf dem Benutzerrechner ersetzt werden. Wird eine Frage gleichzeitig in verschiedenen Darstellungsformen, z.B. als Text und als Bild angezeigt, so ist eine Kopplung der beiden Sichten durch Skriptanweisungen zum automatischen Abgleich bei einer Wertänderung möglich.
- **Erweiterung bestehender Darstellungsformen:** An beliebige Elemente einer Seite lassen sich Funktionen binden, welche dann beim Auftreten bestimmter Ereignisse aufgerufen werden. Die Funktionen können wiederum andere Skript- und Browserfunktionen aufrufen oder auf die Werte von Variablen und anderen Elementen der Seite lesend und schreibend zugreifen. Hierdurch lassen sich Teile der Funktionalität und Beziehungen der dargestellten Objekte nachbilden und z.B. auch das unter 7.5.1 aufgezeigte Problem der Multiplechoice-Fragen lösen.
- **Neue Elemente:** Während die Definition neuer Elemente in XML zum normalen Sprachumfang gehört, kann man in Skriptsprachen wie JavaScript Funktionen (Konstruktoren) für neue, nicht zu HTML gehörende Elemente definieren, die beim Aufruf auf dem Benutzerrechner automatisch den vollständigen HTML-Code für eine Ersatzdarstellung des Objektes erzeugen. Da die komplette Information zur Darstellung der Objekte und zur Bereitstellung der Funktionalität der Objekte nur noch einmal bei der Definition der Funktion übertragen werden muß, wird bei vielen gleichartigen Objekten die zu übertragende Datenmenge und somit die Netzlast deutlich reduziert.
- **Einbinden fremder Komponenten:** Um den Entwurf immer komplexerer Softwareprodukte zu ermöglichen, unterteilt man heute Software in unabhängige, weniger komplexe Komponenten, die über spezielle Architekturen wie COM und CORBA untereinander kommunizieren. Skriptsprachen ermöglichen, auf viele dieser Komponenten direkt zuzugreifen und deren Funktionalität auch in eigenen Anwendungen zu nutzen. Es ist so auch möglich, fremde Objekte, wie zum Beispiel ein Tabellenkalkulationsobjekt direkt im WWW-Browser anzuzeigen und z.B. für die Eingabe und Konsistenzprüfung von Symptomwerten zu verwenden.
- **Nachteile der Skriptlösung:** Soll das Diagnosesystem von unterschiedlichen Rechnersystemen aus genutzt werden, so müssen mögliche Unterschiede zwischen den Systemen bedacht werden. Die Skripten müssen die Möglichkeiten ihrer Laufzeitumgebung selbständig erkennen und darauf reagieren:
  - *Fehlende Komponenten:* Ein Softwareprodukt, z.B. der Microsoft Internet Explorer oder Microsoft Office, welches eine bestimmte Komponente wie z.B. ein Tabellenkalkulationsobjekt auf dem Entwicklungsrechner bereitstellt, ist nicht zwangsläufig auch auf allen Benutzerrechnern installiert.
  - *Im Dokument Object Model (DOM)* wurden die einzelnen Sprachelemente von HTML vor kurzem erstmals als Objekte spezifiziert. Bis zur Verab-

schiedung dieses Standards durch das W3 Konsortium verwendete jeder Hersteller von WWW-Browsern sein eigenes Objektmodell. Auch die Objektmodelle der neuesten Versionen der WWW-Browser sind noch nicht völlig kompatibel zum DOM des W3C und die Unterschiede müssen in den Skripten berücksichtigt werden.

- **Standardisierung – der Vorteil von XML:** In der Vergangenheit wurde HTML und das damit verbundene Objektmodell schon oft um zusätzliche Elemente (z.B. „BLINK" – ein Text wird durch Blinken hervorgehoben) und Attribute (z.B. „CLASS" – ein zusätzliches Unterscheidungsmerkmal innerhalb eines Elementtyps) erweitert. Die fehlende Standardisierung dieser meist herstellerspezifischen Erweiterungen führte zu der heutigen Menge zueinander inkompatibler und nicht abwärtskompatibler Implementierungen. XML hingegen zeichnet sich als zukünftiger Standard für den Datenaustausch im Internet ab, in dem beliebige Datenstrukturen beschrieben und von allen Browsern verarbeitet werden können: Wie alle Markup-Sprachen dient XML zur Identifikation von Strukturen innerhalb eines Dokuments. Während in der Markup-Sprache HTML jedoch die Elemente zur Beschreibung dieser Strukturen und deren Semantik fest vorgegeben sind, können in der Meta-Sprache XML andere Markup-Sprachen mit benutzerdefinierten Elementen definiert werden. Die zur Darstellung der Daten benötigten Informationen werden in sogenannten Style Sheets zusammengefaßt. Die Extensible Stylesheet Language (XSL) [W3Consortium 99] dient zur Definition von Abbildungsregeln der Elemente einer Markup-Sprache auf die Elemente einer anderen Sprache, z.B. HTML. Innerhalb der Abbildungsregeln können auch Funktionen einer standardisierten Skriptsprache (ECMA) verwendet werden, was eine maximale Flexibilität gewährleistet.

7.5.3 Java-Applets, Plug-Ins und Helper-Applications

Alle in Abschnitt 7.4 genannten Architekturen können implementiert werden. Die Benutzungsoberfläche wird durch ein Programm auf dem Computer des Benutzers realisiert, welches zusätzlich zu den reinen Ein- und Ausgabefunktionen umfangreiche Funktionen zur Vorverarbeitung und zum Puffern der Daten bereitstellen, oder auch ein komplettes Diagnosesystem enthalten kann.

Abhängig von der Ausführungsart des Programms unterscheidet man zwischen Applets, Plug-Ins und Helper-Applications: Helper-Applications sind eigenständige Programme, welche zur Darstellung eines bestimmten Datenformats durch den Webbrowser gestartet werden und dann unabhängig vom Webbrowser auf dem Benutzerrechner laufen. Plug-Ins und Applets sind kleinere Programme, welche eng an den Browser gekoppelt sind und dessen Fenster und Funktionen für ihre Ein- und Ausgabe nutzen. Plug-Ins sind dabei meist für die Laufzeitumgebung eines bestimmten Rechnersystems entwickelt, während Applets in der systemunabhängigen Sprache Java geschrieben sind. Hier ist ein Tradeoff zwischen Ausführungsgeschwindigkeit und Kompatibilität zu beachten. Während Helper-Applications und Plug-Ins durch systemnahe Programmierung hinsichtlich der

Ausführungsgeschwindigkeit für ein bestimmtes System optimiert werden können, können Applets durch Nutzung langsamerer, dafür aber systemunabhängiger Bibliotheksfunktionen auf einer Vielzahl unterschiedlicher Rechnerarchitekturen und Betriebssysteme eingesetzt werden.

Folgende Vorteile gegenüber HTML-Oberflächen und/oder mit den Skriptsprachen realisierten Oberflächen sind allen drei Varianten gemeinsam:

- **Maximale Flexibilität bei Objektmodell und Darstellung:** Der Datenaustausch zwischen Client und Server kann in einem beliebigen proprietärem oder standardisiertem Format, z.B. XML stattfinden und das Programm kann Funktionen umfangreicher Grafikbibliotheken des Browsers und des Betriebssystems zur Darstellung der Objekte verwenden.

- **Sehr wenige Serveranfragen:** Sämtliche Informationen zur Darstellung und zum Lebenszyklus der Objekte können bereits im Programm enthalten sein, wodurch die auszutauschende Datenmenge und die Anzahl der Serveranfragen auf ein Minimum reduziert werden können.

Ein Nachteil dieser Lösung ist jedoch, daß vor der erstmaligen Nutzung des Systems zuerst ein relativ großes Programm auf den Benutzerrechner geladen werden muß. Wird von den einzelnen Benutzerrechnern nur selten auf das System zugegriffen, so kann dieser erhöhte Initialisierungsaufwand evtl. nicht mehr durch spätere Einsparungen beim Datentransfer zu rechtfertigen sein.

7.6 Sicherheitsaspekte

Die Probleme lassen sich in drei Klassen einteilen: Sicherheitslücken durch die Ausführung unbekannter über das Netz bereitgestellter Programme, Diebstahl des in der Wissensbasis konzentrierten Betriebswissens und Ausspionieren von Benutzerdaten.

7.6.1 Sicherheitslücken bei der Ausführung von Programmen

Eine Gefährdung des Benutzers des wissensbasierten Systems liegt hier in der irrtümlichen Einräumung bestimmter Rechte. Im ungünstigsten Fall hat ein Programm von einem unseriösen Anbieter Zugriff auf Systemressourcen, die es ihm ermöglichen, Daten auszuspionieren, zu manipulieren oder zu löschen.

Ältere Browser haben dabei oft den Nachteil, daß für die Ausführung von Programmen und Skripten unsichere Systemeinstellungen global eingestellt werden müssen, die allen Programmen gleichzeitig eine Vielzahl von Rechten einräumen. Neuere Browser ermöglichen dem Benutzer von Fall zu Fall über die Erteilung der Rechte zu entscheiden. Als Entscheidungsgrundlage wird dem Benutzer ein sog. Echtheitszertifikat präsentiert, in welchem eine unabhängige dritte Partei für die Herkunft des Programms garantiert. Vertraut der Benutzer dem Aussteller des Zertifikates und dem Hersteller der Anwendung, so kann er gezielt dieser einen Anwendung die gewünschten Rechte erteilen.

7.6.2 Diebstahl von Betriebswissen

Bei allen Architekturen, bei denen der Problemlösungsprozeß auf dem Benutzerrechner stattfindet, müssen das Diagnoseprogramm und die Wissensbasis über das
Internet zugänglich gemacht werden. Dadurch besteht grundsätzlich die Gefahr,
daß ein Unberechtigter das darin konzentrierte Betriebswissen, welches einen
entscheidenden Wettbewerbsvorteil darstellen kann, kopiert und für andere Zwek-
ke mißbraucht.

Neben der rein serverseitigen Informationsverarbeitung in einer Client-Server-
Architektur, bei der nur Texte an den Benutzer gesandt werden, aus denen nur
unter hohem Aufwand die gesamte Wissensbasis rekonstruiert werden kann, kann
man auch durch Aufteilen des Wissens auf verschiedene Rechner eines Knowledge Clusters das Kopieren erschweren. Eine mehrstufige wie in 7.4.3 beschriebene
Fehlersuche kann ebenfalls dazu genutzt werden, nur einfaches Basiswissen nach
außen zugänglich zu machen und andere sensible Wissensbereiche durch ein
zweites Diagnosesystem abzudecken, welches nur den eigenen Firmenmitarbeitern
über das von außen unzugängliche Firmennetz bereitgestellt wird.

7.6.3 Ausspionieren von Benutzerdaten

Bei allen Architekturen, bei denen der Problemlösungsprozeß auf dem Server
stattfindet, müssen die Eingabedaten des Benutzers und die Ergebnisse des Diagnosesystems über das Internet gesendet werden. Werden keine oder nur unzurei-
chende Verschlüsselungsverfahren verwendet, so können diese Daten an allen
Stellen entlang der Übertragungsstrecke von beliebigen Personen abgehört und
ausgewertet werden. Um das zu verhindern, wurde eine Reihe von Verfahren
entwickelt, welche nahezu abhörsichere Verbindungen über das Internet ermöglichen. Die zur Zeit gebräuchlichsten Verfahren arbeiten mit Paaren von öffentlichen und privaten Schlüsseln: Zur Verschlüsselung benötigt der Absender seinen
nur ihm bekannten privaten Schlüssel und den an einer öffentlichen Stelle hinter-
legten öffentlichen Schlüssel des Empfängers. Eine einmal kodierte Nachricht
kann nur mit dem privaten Schlüssel des Empfängers unter Zuhilfenahme des
öffentlichen Schlüssels des Absenders entschlüsselt werden[5].
Durch den Gebrauch verbindungsloser Übertragungsprotokolle wird es notwendig,
bei jedem Serverzugriff die Identität des Benutzers erneut zu überprüfen. Dies
kann, vorausgesetzt daß die Echtheit der öffentlichen Schlüssel garantiert werden
kann, ebenfalls durch das Public-Key-System erreicht werden. Kann oder soll
keine Verschlüsselung über ein vergleichsweise langsames Public-Key-System

---

[5] Bei Verschlüsselungsverfahren mit öffentlichen Schlüsseln unterscheidet sich der zum
Dekodieren benötigte Schlüssel d von dem zum Kodieren benötigten Schlüssel c und
kann somit öffentlich bekanntgegeben werden. Es gilt d(c(x))=x. Bei vielen Algorithmen wie z.B. RSA [Rivest et al. 78] gilt jedoch auch c(d(x))=x, weshalb durch
zweimalige Codierung, das erste mal mit dem privaten Schlüssel des Absenders und anschließend mit dem öffentlichen Schlüssel des Empfängers beim Dekodieren der Ursprung der Nachricht nachgewiesen werden kann [Tanenbaum 97, S.634].

verwendet werden, so kann bei der ersten Verbindungsaufnahme ein geheimer Schlüssel zum Zugriff auf das System und die Falldaten ausgehandelt werden. Eine andere, nicht ganz so sichere, aber häufig verwendete Möglichkeit besteht darin, bei der Anmeldung an das System eine feste Mail- oder IP-Adresse anzugeben, an die alle weiteren Meldungen gesendet werden dürfen bzw. sollen. Dies verhindert zwar nicht den unberechtigten Zugriff auf die Daten bei einer Manipulation der Netzinfrastruktur und/oder der Adressdaten einzelner Anfragen, definiert aber bei korrekter Funktion des Netzes einen festen Zugangspunkt zur Nutzung des Systems, von dem alle Anfragen ausgehen müssen und an den alle Ausgabedaten gerichtet sind.

Sollen die Falldaten z.B. für weitere Auswertungen auf dem Server gespeichert werden, so muß sichergestellt sein, daß kein Unbefugter auf personenbezogene Daten zugreifen kann. Auch beim indirekten Zugriff auf Fälle, wie bei der Verwendung von Fällen in der Erklärungskomponente der fallbasierten Diagnostik, müssen die Falldaten anonymisiert werden. Dazu muß auf dem Server eine Benutzer- und Benutzerrechteverwaltung implementiert sein, die alle Datenzugriffe überwacht.

7.7. Oberflächenvarianten

Im folgenden sollen die wichtigsten für eine Benutzungsoberfläche geeigneten Dialogarten betrachtet werden. Durch die Kombination dieser „Grundbausteine" lassen sich noch komfortablere Oberflächen wie der Java-Dialog aus Abschnitt 7.8 (Abb. 7) erstellen, der die Vorteile des Standard- und des Klappdialogs vereint.

7.7.1 Einfragendialog

Eine besonders einfache Dialogform ist der in Abb. 2 gezeigte Einfragendialog, bei dem immer nur eine Frage gezeigt wird, nach deren Beantwortung die nächste Frage erscheint. Die Darstellung der Fragen ähnelt der üblichen Darstellung in gedruckten Fragebögen und ist auch für ungeübte Benutzer leicht verständlich. Über Verweise kann der Benutzer zu weiteren Informationen zur Frage gelangen. Diese können sowohl aus zusätzlichem informellem Wissen (z.B. erklärende Texte, Multimediadokumente) als auch aus formellem Wissen des Diagnosesystems (z.B. dynamisch erzeugter Text zur Bedeutung der Frage im aktuellen Fall) bestehen.

Ein minimaler Einfragendialog ist – nach dem Mehrfragendialog – die für eine reine HTML-Oberfläche am besten geeignete Dialogform, da alle zur Darstellung der Frage benötigten Elemente bereits in HTML vorhanden sind.

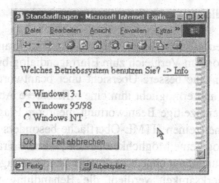

Abb. 2: In HTML realisierter minimaler Einfragendialog. Der Benutzer kann die Antwort der Frage einfach „ankreuzen" und die Antwort mit dem OK-Button an den Server senden. Nach Beantwortung aller Fragen oder beim Abbruch eines Falls bekommt der Benutzer eine Lösung angezeigt. Über den Info-Link können zusätzliche Informationen zur Frage angefordert werden.

Neben der rein textuellen Darstellung der Frage sind noch andere Darstellungsarten denkbar (Abb. 3). So können Antwortalternativen bestimmten Bereichen in einem Bild zugeordnet werden und numerische Fragen können z.B. durch einen Schieberegler beantwortet werden. Neben der eigentlichen Frage können Eingabehilfen angeboten werden, wie z.B. ein Fenster mit einer numerischen Tastatur zur Eingabe eines Zahlenwertes. Viele dieser Erweiterungen sind im Umfang von HTML direkt enthalten, andere wie die vorgeschlagene numerische Tastatur erfordern einen hohen Aufwand zur Realisierung in HTML oder sind auf eine allgemeinere Umgebung (z.B. Umgebung mit Skripting-Möglichkeiten) angewiesen.

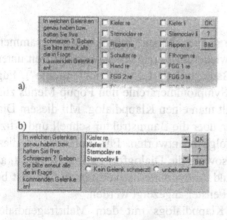

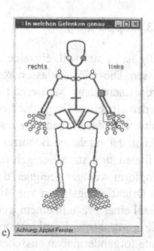

Abb. 3: Alternative Darstellungsarten einer Multiplechoice Frage: a) als Texte mit Kästchen zum Ankreuzen, b) kompakt als Liste mit anwählbaren Textelementen und c) als anwählbare Bildbereiche.

7.7.2 Mehrfragendialog

Durch das Zusammenfassen mehrerer Fragen in einem Fragebogen gelangt man zum Mehrfragendialog. Im Vergleich zum Einfragendialog bietet der Mehrfragendialog dem Benutzer eine bessere Übersicht über beantwortete und noch zu beantwortende Fragen und ermöglicht ihm eine effizientere Abarbeitung des Fragebogens durch die gleichzeitige Beantwortung mehrerer Fragen. Diese Effizienzsteigerung ist bei einer reinen HTML-Oberfläche besonders auffällig, da hier bei einem Einfragendialog keine Möglichkeit besteht, weitere Fragen intern, d.h. ohne Anzeige, zu puffern und dann ohne eine erneute Serveranfrage anzuzeigen.

Besondere Aufmerksamkeit verdient die Behandlung von Folgefragen im Mehrfragendialog. Folgefragen sind Fragen eines Fragebogens, welche erst nach Erfüllung einer Vorbedingung, z.B. nach der Eingabe einer bestimmten Antwort auf eine andere Frage angezeigt werden. Zusätzlich zu den Layoutproblemen im lokalen Diagnosesystem (z.B. soll eine Folgefrage immer angezeigt werden und erst mit der Erfüllung der Vorbedingung eine Eingabe erlauben oder soll die Frage erst nach der Erfüllung der Vorbedingung dynamisch in den Fragebogen eingefügt werden?), tritt hier das Problem des Auswertungszeitpunktes der Vorbedingungen auf. Sollen die Vorbedingungen zusammen mit den Fragen übertragen und lokal auf dem Benutzerrechner überwacht werden, oder reicht eine Auswertung auf dem Server und eine Anzeige der Folgefrage nach dem nächsten Serverkontakt? Vorbedingungen können aus sehr komplexen Regeln bestehen. Bis zu welcher Komplexität ist es sinnvoll, diese Regeln von dem Benutzerrechner auswerten zu lassen? In welchen Abständen ist ein Serverkontakt zur Auswertung der komplexeren Vorbedingungen empfehlenswert?

7.7.3 Klappdialog

Häufig ist es sinnvoll, einzelne Fragen in Fragebögen (Frageklassen) zusammenzufassen. Diese Frageklassen können wiederum Frageklassenoberbegriffen untergeordnet sein usw. Man erhält eine Baumstruktur („Symptomhierarchie"). Fügt man den einzelnen Frageobjekten der Symptomhierarchie nun Popup-Menüs zum Beantworten der Fragen hinzu, so erhält man einen Klappdialog. Mit diesem Dialog kann der erfahrene Benutzer Fragen über die Baumstruktur schnell und effizient finden und in beliebiger Reihenfolge beantworten. Für Anfänger ist diese Dialogform weniger geeignet, da ihm sowohl die Dialogform selbst fremd ist, als auch Orientierungshilfen wie Bilder und Antwortalternativen fehlen und erst bei Anwahl einer Frage in einem weiteren Fenster angezeigt werden.

Eine attraktive Kombination des Klappdialogs mit dem Mehrfragendialog könnte folgendermaßen aussehen: Der Benutzer kann Fragen direkt im Klappdialog beantworten oder der Benutzerführung des Mehrfragendialogs folgen. Darüber hinaus kann er im Klappdialog einen Fragebogen zur Anzeige im Mehrfragendialog auswählen. Durch die Auswahl einer oder mehrerer Fragen im Klappdialog kann der Benutzer sich selbst einen Fragebogen zusammenstellen und diesen dann im Mehrfragendialog bearbeiten. Der Vorteil gegenüber der direkten Beantwortung im Klappdialog liegt dabei in den besseren Darstellungsmöglichkeiten in einem Fragebogen (Übersichtlichkeit, Eingabehilfen, Zusatzinformationen, Bilder für Antwortalternativen usw.); gleichzeitig wird jedoch für die Anzeige der Fragen mehr Platz benötigt, was sich besonders bei geringen Monitorauflösungen negativ bemerkbar macht.

Abb. 4: Im Klappdialog erfolgt die Beantwortung der Fragen über Popup-Menüs. Beantwortete Fragen sind in einer anderen Farbe dargestellt und erhalten eine Wertangabe. Frageklassen und Fragen mit Folgefragen können am vorgestellten Dreieckssymbol auf- und zugeklappt werden. Im zugeklappten Zustand sind die untergeordneten Fragen ausgeblendet.

7.7.4 Freitexteingabe

Eine Freitexteingabe[6] bietet dem Benutzer eine hohe Flexibilität bei der Nutzung des Systems. Ähnlich zum Klappdialog kann der Benutzer zu jeder Zeit beliebige Fragen beantworten; er muß sich jedoch nicht mehr mit dem internen Aufbau der Wissensbasis auskennen, um eine bestimmte Frage zu finden. Die schnelle Beantwortung von Fragen in beliebiger Reihenfolge ist besonders nützlich, wenn schon zu Beginn viele Beobachtungen gemacht wurden, die für die Bearbeitung des Falls als wichtig erscheinen. So kann die sofortige Eingabe einer für eine Diagnose typischen Beobachtung schneller zur Verdächtigung der Lösung führen, als die sequentielle Abarbeitung der Fragebögen nach der vom System vorgeschlagenen Reihenfolge, die eventuell zunächst ganz andere, für den aktuellen Fall weniger relevante Fragen stellt.

---

[6] Der Begriff „Freitexteingabe" ist im folgenden nicht mit einer natürlichsprachlichen Eingabe gleichzusetzen. Er steht für die Möglichkeit zur Eingabe einer Menge von Worten, welche mit den in der Wissensbasis verwendeten Begriffen und deren Synonymen verglichen werden, um sie Objekten der Wissensbasis zuzuordnen.

Bei der hier vorgeschlagenen Form der Freitexteingabe gibt der Benutzer einen Text mit vorgegebener Syntax an, der aus Worten seiner Fachsprache besteht, z.B.: "Ikterus; Leber sonographisch vergrößert; Bilirubin 7mg/dl". Im wesentlichen handelt es sich dabei um eine durch Trennzeichen strukturierte Liste von Frage/Wert Paaren. Bei eindeutigen Werten (z.B. „Ikterus") kann auch nur dieser angegeben werden. Das Diagnosesystem versucht nun die angegebenen Fachbegriffe in seinen Fragen und Fragewerten wiederzufinden und so eine Zuordnung der Freitexteingabe zu den internen Objekten herzustellen. Darauf aufbauend wird ein Fragebogen mit den in der Eingabe erkannten Fragen zusammengestellt. Der Fragebogen wird dem Benutzer zur Überprüfung und Verbesserung präsentiert. Durch das Absenden des überprüften Fragebogens an den Server werden die Eingaben endgültig in das System übernommen und ausgewertet.

7.7.5 Erklärungen, Zwischenergebnisse und Statusanzeigen

Benutzer eines Service Support Systems befinden sich meist in einer Streßsituation: Sie müssen einen Fehler, der sie von ihrer eigentlichen Arbeit abhält, in möglichst kurzer Zeit beheben. Nur in wenigen Fällen werden diese Personen ein System benutzen, welches von ihnen die Beantwortung vieler langer Fragebögen ohne sichtbaren Fortschritt und mit ungewissem Ausgang verlangt. Die Akzeptanz eines Hotline-Systems kann unter anderem durch folgende Punkte verbessert werden:

- **Angaben über noch benötigte Eingaben:** Eine Übersicht mit noch zu bearbeitenden Fragen und Frageklassen hilft dem Benutzer, sich zu orientieren und den Aufwand zur Lösung des Problems mit dem Diagnosesystem einzuschätzen.
- **Anzeige von Zwischenergebnissen:** Auch vor der vollständigen Erhebung aller vom Diagnosesystem gewünschten Daten sollten mögliche Lösungen ausgegeben werden, sobald sie als verdächtig eingestuft werden. Der Benutzer kann so Fortschritte bei der Problemlösung erkennen und vom System verdächtigte Lösungen, die mit seinen bisherigen Erfahrungen übereinstimmen, schon vorab gezielt testen.
- **Abbruch des Problemlösungsversuchs und Übergabe der Eingabedaten an Folgesysteme:** Der Benutzer sollte den Problemlösungsprozeß jederzeit abbrechen können. Neben der Ausgabe der zu diesem Zeitpunkt verdächtigten Lösungen zur Überprüfung durch den Benutzer sollten die erhobenen Daten in geeigneter Form gesichert oder ausgegeben werden, um z.B. durch Mitarbeiter einer Servicehotline wiederverwendet werden zu können. Nach der negativen Erfahrung eines gescheiterten Problemlösungsversuchs, bei dem auch noch alle mühsam eingegebenen Daten verworfen werden, wird der Benutzer sonst vermutlich das System nicht mehr nutzen und sich lieber gleich an die menschlichen Mitarbeiter wenden.
- **Erklärungen:** Wissensbasierte Systeme verfügen im Gegensatz zu den meisten anderen Programmen über eine natürliche Erklärungsfähigkeit. Um die Akzep-

tanz des Diagnosesystems zu erhöhen, sollten diese Erklärungen auch über das Netz abgefragt werden können: Die Benutzer können so zum Beispiel die Bedeutung einer unbeliebten Frage im Problemlösungsprozeß abfragen oder eine Begründung einer vom System vorgeschlagenen Lösung, die nicht den eigenen Erwartungen entspricht, nachlesen.

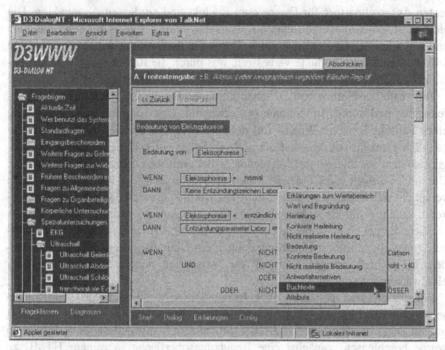

Abb. 5: Erklärungskomponente des in Abschnitt 7.8 vorgestellten Java-Dialogs. In diesem Beispiel sind die Bedeutungen der einzelnen Antwortalternativen auf eine Frage in Form einfacher Wenn-Dann-Regeln dargestellt. Alle dargestellten Objekte besitzen Popup-Menüs, über welche weitere Erklärungen abgefragt werden können. Neben solchen dynamisch erzeugten Erklärungen sind auch Verweise auf statische Quellen wie Lehrbuchtexte, Bilder oder Filme möglich. Die mit „<< Zurück" und „Vorwärts >>" beschrifteten Buttons dienen zur Navigation zwischen den bisher aufgerufenen Erklärungen.

7.8 Anwendungsbeispiele

Im folgenden werden Anwendungsbeispiele gezeigt, welche die zwei wichtigsten Varianten der WWW-Oberfläche des Diagnostik-Shell-Baukastens D3 [Puppe et al. 96] benutzen. Die aufgezeigten Oberflächen sind ein zu den meisten Browsern kompatibler HTML-Dialog und ein komfortabler, derzeit nur mit dem Internet Explorer nutzbarer Java-Dialog.

7.8.1 Hotline-Support eines Hardware-Herstellers (HTML)

Es sollte ein Diagnosesystem zur Automatisierung der ersten Stufe des Service-Supports der Firma GTI mbH, Marktheidenfeld erstellt werden. Die 1987 gegründete Firma GTI mbH erstellt und vertreibt Visualisierungs- und Leitsysteme. Für Supportanfragen unterhält die Firma eine kostenfreie Service-Hotline als kompetenten Ansprechpartner für Fragen zum Produkt und zu dessen Anwendung. Die Hotline ist somit auch eine zentrale Anlaufstelle bei Problemen mit den Produkten und soll schnelle Hilfestellung bieten. Durch die Auswertung der Hotlinekontakte will die Firma ihre Produkte verbessern, was durch die Reduzierung von Anwendungs- und Produktproblemen die Produktakzeptanz erhöhen soll.

Innerhalb der Hotline soll D3 einen Leitfaden für die Problemeingrenzung bereitstellen und somit Stressmomente reduzieren. Das während der Bearbeitung eines Falls gewonnene Wissen soll dokumentiert und anderen Mitarbeitern zugänglich gemacht werden. Auf der anderen Seite will GTI den Kunden ein Diagnosesystem im Internet zur Verfügung stellen, mit welchem diese „rund um die Uhr und weltweit zum Ortstarif" Standardprobleme selbst lösen können. Man verspricht sich dadurch eine Entlastung der Hotline, die sich dann auf die komplexeren Fälle und auf die Anwendungsberatung konzentrieren kann [Schreck 98].

Viele der üblichen Probleme der Hotline sind auf die Hard- und Softwarekonfiguration zurückzuführen und können durch ein Diagnosesystem identifiziert werden. Mögliche Lösungen sind z.B. die Installation neuerer Gerätetreiber oder Hardwareerweiterungen.

Da das System möglichst ohne Installationsaufwand und von den Kunden selbst über das Internet genutzt werden soll, muß das System zu einer möglichst großen Zahl von Benutzerrechnern kompatibel sein. Aufgrund dieser Anforderung wurde beschlossen, zunächst eine Benutzungsoberfläche in reinem HTML zu realisieren.

Zur Dokumentation seiner Produkte verwendete der Hersteller bereits das HTML-Format, weshalb leicht HTML-Dokumente mit zusätzlichen Informationen zum Diagnosesystem zusammengestellt und über einen WWW-Server veröffentlicht werden konnten. Eine Konvertierung bestehender Dokumente oder die Bereitstellung von Plug-Ins zur Anzeige anderer Dokumente war nicht notwendig.

Bisherige Erfahrungen: Als Hauptnachteil der entwickelten HTML-Oberfläche sind die relativ umständlichen und nur schwer anpassbaren Objektdarstellungen zu nennen. So läßt sich das „Look-and-Feel" einer einmal programmierten Oberfläche nur schwer nachträglich ändern. Durch die notwendige Serveranfrage nach der Beantwortung jeder Frage ist das System nur für Wissensbasen mit wenigen Fragen geeignet. Anfragen, welche sehr viele Objekte zurück liefern, müssen deaktiviert werden, da die serverseitige Erzeugung der Erklärungsverweise sonst zu einer unzumutbar hohen Serverlast führen.

Nach der Entwicklung einer Wissensbasis und eines Prototyps des Dialogs zur Nutzung von D3 über das Internet stufte der Projektpartner ca. 90% der Probleme mit seinen Produkten als leicht zu lösende Standardprobleme ein, von denen ein Großteil bereits in der automatisierten ersten Stufe gelöst werden könne.

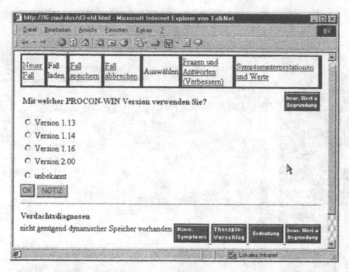

Abb. 6: HTML-Oberfläche eines automatisierten Hotline-Supportsystems im Internet. Unter der Menüzeile mit Funktionen zum Speichern und Laden von Fällen und zum Verbessern der bisherigen Eingaben befindet sich ein Einfragendialog. Unter diesem werden alle zur Zeit verdächtigten und etablierten Diagnosen nacheinander aufgelistet. Zu allen dargestellten Objekten werden Verweise auf weitere Informationen als Buttons dargestellt.

7.8.2 Rheuma Beratungssystem

Es sollte ein über das Internet nutzbares medizinisches Beratungssystem als Ergänzung des Rheuma-Beratungsdienstes[7] der Medizinischen Poliklinik der Universität München unter Leitung von Prof. Dr. S. Schewe erstellt werden. Die entwickelte Oberfläche sollte möglichst komfortabel, übersichtlich und intuitiv mit nur wenigen Mausklicks zu bedienen sein.

Der Übersichtlichkeit halber wurde die gesamte Oberfläche als Java-Applet realisiert. Dem Benutzer werden zunächst nur die wichtigsten Daten zur Nutzung des Systems angezeigt. Popup-Menüs zu allen Objekten bieten Zugang zu weiteren Daten wie dynamisch generierte Erklärungen, alternative Darstellungsarten der Objekte (Bildfragen), Verweise auf offizielle diagnostische Richtlinien der Medizin, andere multimediale Informationen, usw.

---

[7] http://www.med.uni-muenchen.de/rheuma/

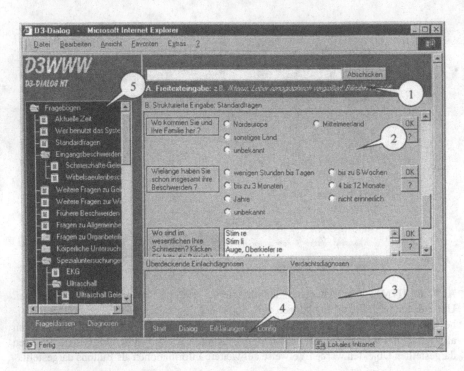

Abb. 7: Java-Oberfläche des Rheuma Beratungssystems im Internet. Eingaben in ein Frei-
texteingabefeld werden automatisch auf interne Objekte des Diagnosesystems abgebildet
(1). Ein Mehrfragendialog ermöglicht die Beantwortung von Fragen und die Abfrage zusätzlicher Informationen zu allen Objekten (2). Statusfelder geben Auskunft über alle zur
Zeit verdächtigten Diagnosen (3). Ein „Kartenlayout" ermöglicht die Anzeige von Fragebögen, Erklärungstexten und Einstellungen in nur einem Fenster (4). Eine Frageklassenhierarchie mit Verweisen zur Erklärungskomponente (5) erlaubt die direkte Auswahl eines
Fragebogens zur Bearbeitung. Der Ausbau dieser Komponente zu einem Klappdialog, zur
schnellen Beantwortung von Fragen in beliebiger Reihenfolge, ist geplant.

7.9 Diskussion

Die Nutzung von Diagnosesystemen im Internet ermöglicht die teilweise Automatisierung herkömmlicher Beratungs-Hotlines. Die Mitarbeiter der Hotline werden durch die automatische Beratung bei Standardproblemen entlastet und können
sich auf die Bearbeitung schwieriger Fälle konzentrieren. Eine Alternative zu
Diagnosesystemen sind herkömmliche Handbücher in der Form von Hypertext-
Systemen. Während die Realisierung solcher Systeme anfangs bereits mit gerin-
gem Aufwand in kurzer Zeit möglich ist, steigt bei größeren Wissensmengen der
Aufwand für die Pflege des Wissens und eine gute Benutzerführung stark an und
Diagnosesysteme werden zu einer attraktiven Alternative.
Beim Aufbau eines Diagnosesystems im Internet ist eine Reihe von Faktoren für
die Wahl der richtigen Architektur (räumliche Aufteilung des Systems), für die
Wahl der besten technischen Realisierung und der Benutzungsoberfläche zu be-

rücksichtigen. Entscheidend sind unter anderem die Erfahrungen der Benutzer, die Art und Ausstattung der Benutzerrechner, die Sicherheit in Hinblick auf das in der Wissensbasis gespeicherte Wissen des Betreibers, Datenschutzbestimmungen hinsichtlich der vom Benutzer eingegeben Daten, Art und Anzahl der vom System voraussichtlich gestellten Fragen und Art und Anzahl der in das System einzubindenden weiterführenden Dokumente.

Besondere Aufmerksamkeit verdient die Aufteilung des Diagnosesystems auf verschiedene Rechner. Bei einfachen Client-Server-Systemen stellt sich die Frage, inwieweit eine Datenvorverarbeitung und -pufferung auf dem Benutzerrechner stattfinden soll und wann Serverzugriffe sinnvoller sind. Bei der Aufteilung des Diagnosesystems auf verschiedene unabhängige Teilsysteme, welche auch auf verschiedenen Servern lokalisiert sein können (Knowledge Cluster) und die besonders für die verteilte Wissenseingabe durch ein Team von Experten attraktiv ist, entstehen andere Probleme wie die Übernahme unsicherer Ergebnisse eines Systems in ein anderes, das Abfangen von Netzwerkproblemen usw., die noch untersucht werden müssen.

7.10 Literatur

Bamberger, S.: Verteiltes Problemlösen mit wissensbasierten Diagnosesystemen, Dissertation, Verlag infix, diski 203, 1999.

Fensel, D., Angele, J., Decker, S., Erdmann, M., Schnurr, H.-P., Studer, R., Witt, A.: On2broker: Improving Access to Information Sources at the WWW, http://www.aifb.uni-karlsruhe.de/WBS/www-broker/o2, 1998.

Puppe, F., Gappa, U., Poek, K. Bamberger, S.: Wissensbasierte Diagnose- und Informationssysteme, Springer, 1996.

[RFC1738] Berners-Lee, T., Masinter, L., McCahill, M.; Uniform Resource Locators (URL), Request for Comments, Network Working Group, ftp://ftp.nordu.net/rfc/rfc1738.txt, 1994.

Rivest, R.L., Shamir, A., Adleman, L.: On a Method for Obtaining Digital Signatures and Public Key Cryptosystems, Communications of the ACM, Band 21, S.120-126, Feb. 1978.

Schreck, A.: Hotline-Support durch Diagnostik im Internet, Workshop Wissensbasierte Diagnose- und Informationssysteme im Betrieb, Tagungsunterlagen, Erhältlich vom Lehrstuhl f. künstliche Intelligenz, Universität Würzburg, 1998.

Smyth, B., Keane, M.: Remembering to Forget: A Competence-Preserving Deletion Policy for Case-Based Reasoning. In: Proceedings of the 14th International Joint Conference on Artificial Intelligence. Montreal, Canada, 1995.

Tanenbaum, A.: Computernetzwerke, PrenticeHall, 1997.

[W3Consortium98] World Wide Web Consortium: Extensible Markup Language (XML) 1.0, http://www.w3.org/TR/REC-xml

[W3Consortium 99] World Wide Web Consortium: Extensible Stylesheet Language (XSL) 1.0, http://www.w3.org/TR/REC-xslt

8. Kombination betrieblicher Informationssysteme

Christian Betz, Richard Kestler

Zusammenfassung: Die Kombination verschiedener Informationssysteme zu einer Einheit ist ein Beitrag zur Transparenz der betrieblichen Strukturen. In diesem Artikel wird die Integration des wissensbasierten Diagnose- und Informationssystems D3 mit einigen der bestehenden Informationssysteme der Service-Support-Abteilung der Koenig & Bauer AG dargestellt.

8.1 Die Umgebung betrieblicher Informationssysteme

Auf die Planung und Umsetzung betrieblicher Informationssysteme übt das Umfeld entscheidende Einflüsse aus. Dazu gehören organisatorische Faktoren ebenso wie die unterschiedlichen Benutzergruppen.

8.1.1 Organisatorisches Umfeld

Schon bei der Einführung neuer Informationssysteme beeinflussen zahlreiche Faktoren aus dem organisatorischen Umfeld die Planungen. Wissensträger bzw. Experten sind gefordert, ihr Wissen bereit zu stellen. Die Anwender des Informationssystems müssen in ihren spezifischen Aufgaben unterstützt werden. Kostenrahmen müssen eingehalten und wichtige organisatorische Entscheidungen für den Betrieb gefällt werden. Dazu zählt beispielsweise die Frage, wer das Informationssystem wartet und pflegt. Frühere Generationen betrieblicher Informationssysteme waren monolithische Systeme, die auf bestimmte Sachbearbeitergruppen und deren Aufgaben hin optimiert waren. Außenstehende, d.h. Mitarbeiter anderer Abteilungen, waren in der Regel nicht in der Lage, die Systeme zu bedienen. Zu speziell waren Terminologie und Bedienung auf den engen Kreis der Systembenutzer zugeschnitten. Informationen für andere Abteilungen bedurften der Aufbereitung und wurden daher nur auf Anforderung zusammengestellt. Heute sind alle Abteilungen eines Unternehmens gefordert, über den eigenen Tellerrand hinauszuschauen. *Transparenz* wurde zum Schlagwort. Transparenz über die Vorgänge innerhalb einer Abteilung, aber auch Transparenz der Informationssysteme. Denn betriebliche Vorgänge sind fast unmittelbar mit Wissen und Dokumenten verbunden. Unterschiedliche Aufgaben zwingen die Abteilungen jedoch dazu, verschiedene Informationssysteme einzusetzen (siehe Abschnitt 8.1.2). Damit alle Abtei-

lungen die vielfältigen Informationen nutzen können, müssen die jeweils eingesetzten Informationssysteme also Daten austauschen können.

8.1.2 Anwender

Unternehmen setzen sich üblicherweise aus Abteilungen zusammen, die jeweils
unterschiedliche Aufgaben haben. Die Struktur eines Produktionsunternehmens ist
am Beispiel des Druckmaschinenherstellers Koenig & Bauer Aktiengesellschaft
(KBA) schematisch in Abbildung 1 dargestellt.

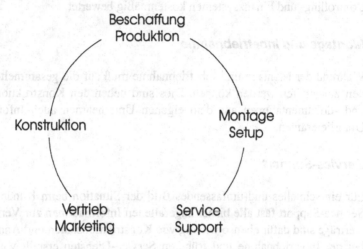

Abb. 1: Abteilungen eines Produktionsunternehmens am Beispiel KBA

Vertrieb und Marketing

Diese beiden Bereiche erzeugen und verarbeiten Informationen in der Regel als
Text-Dokumente (Angebote, Verträge usw.) oder als Präsentationen (Informati-
onsmaterial, Spezifikationen). Obwohl gerade bei den Präsentationen graphische
Informationen verwendet werden, sind in diesen Abteilungen Office-Systeme die
häufigsten Anwendungen. Die Marktentwicklung im Bereich der CRM -Systeme
bestätigt, daß sich mit strukturiertem Informationsmanagement neue Potentiale
erschließen lassen.

Konstruktion

In der Konstruktion werden andere Systeme benötigt. CAD-Zeichnungen und
Dokumentationen müssen erstellt und verwaltet werden. Zum Teil kommen dafür
Electronic Document Management (EDM-) Systeme zum Einsatz. Verbindungen
zu CAM- und PPS-Systemen dienen dem schnellen Informationsfluß. Obwohl hier
grundlegende Daten für alle weiteren Systeme entstehen, kommen aufgrund der

---

[1] CRM: Customer Relationship Management

Komplexität der Anwendungen meist proprietäre Systeme zum Einsatz, die durch Schnittstellenprogrammierung an die anderen Systeme angebunden werden müssen.

Materialdisposition, Beschaffung und Fertigung

Maßgeblich werden hier unternehmensspezifisch angepaßte Standardpakete wie SAP R/3 eingesetzt. Grundlage für die Systeme sind beispielsweise die Stücklisteninformationen aus der Konstruktion. Je nach Fertigungstiefe können hier gewaltige Datenmengen entstehen. Alle Vorgänge in diesen Bereichen werden in Controlling- und Finanzsystemen kostenmäßig bewertet.

Montage und Inbetriebnahme

Während der Montage und Inbetriebnahme muß auf die gesammelten Informationen zugegriffen werden können. Dies sind neben den Konstruktionszeichnungen und -dokumentationen aus dem eigenen Unternehmen auch Informationen von Unterlieferanten.

Service-Support

Für ein schnelles und umfassendes Bild der Situation beim Kunden müssen dem Service-Support fast alle bisher angefallenen Informationen zur Verfügung stehen. Verträge sind dafür ebenso wichtig wie Konstruktionsdaten und Anmerkungen, die bei der Inbetriebnahme und früheren Service-Diensten erstellt wurden. Von der Informationsseite her zeichnet sich ein ähnliches Bild wie bei Montage und Inbetriebnahme.

Externe Anwender

Auch die Kunden können direkt von einem unternehmenseigenen Informationssystem profitieren. Teile der technischen Dokumentation können ihnen zur Verfügung gestellt werden, um einfache Probleme selbst zu beheben. Auch Bestellungen können direkt über das Informationssystem erfaßt werden, um so den Bearbeitungsaufwand zu senken. Analog kann durch die Einbeziehung der Lieferanten eine Beschleunigung der Beschaffung erreicht werden.

8.1.3 Wissensträger

Anwender

Alle Abteilungen konsumieren nicht nur Wissen, sondern erzeugen auch neue Daten. Diese müssen selbstverständlich in das Informationssystem zurückfließen: neue Verträge, die Konstruktionsdaten einer neuen Maschine oder Fehlerprotokolle vom Service-Support werden möglicherweise zu einem späteren Zeitpunkt wieder benötigt.

Experten

Manche Informationssysteme wie beispielsweise wissensbasierte Diagnosesysteme benötigen eine tiefergehende Pflege. Experten müssen ihr Wissen strukturieren und zur Verfügung stellen. Sie müssen für Korrektheit und Vollständigkeit der Informationen Sorge tragen.

Externe Informationsquellen

Ein großer Teil der Informationen entsteht nicht in einem Unternehmen, sondern bei Lieferanten. Deren Dokumentationen und Konstruktionszeichnungen müssen in ein Informationssystem integriert werden, soll es von Nutzen sein.

8.2 Problematik der Kombination

Die Kombination verschiedener Informationssysteme bietet nicht nur Vorteile. Es werden auch Schwierigkeiten aufgeworfen, die im folgenden kurz charakterisiert werden sollen.

8.2.1 Technische Problemfelder

Systemumgebung

Unter diesem Begriff wollen wir alle Faktoren zusammenfassen, die durch unterschiedliche Hard- und Software-Umgebungen der verschiedenen Informationssysteme entstehen. Das sind im einzelnen unterschiedliche Rechnerplattformen, Betriebssysteme und -varianten, Speichermedien, Netzprotokolle usw.

Informationen

Die Informationen selbst stellen in ihrer Kombination ein weiteres Problemfeld dar. Sie sind in verschiedenen Medien gespeichert – elektronisch, auf Papier oder gar nur im Kopf einiger Mitarbeiter. Sie liegen in den unterschiedlichsten Typen vor: als Text, Datenbank oder Tabelle, als Zeichnung oder als „kompiliertes" Wissen in Programmen oder wissensbasierten Systemen. Und auch die Formate der Speicherung unterscheiden sich: Text kann als ASCII-Text, als Word-Dokument, als RTF-Datei oder in zahllosen anderen Formaten vorliegen; nicht weniger vielfältig ist die Auswahl bei Zeichnungen und Datenbanken. Oft gehen bei der Konvertierung unterschiedlicher Formate auch Informationen verloren (z.B. Konvertierung von CAD-Zeichnungen in TIFF-Grafiken).

Metadaten

Auch Meta-Daten müssen zwischen den Informationssystemen ausgetauscht werden und auch auf diese Daten trifft das oben gesagte zu. Beispielsweise sollten Wörterbücher, Glossare oder Thesauri in allen Systemen einheitlich sein, um die Begriffswelt zu vereinheitlichen und die organisatorischen Probleme zu minimieren.

8.2.2 Organisatorische Probleme

Begriffswelten

Sowohl für die Kommunikation der Benutzer untereinander als auch für die Verbindung verschiedener Informationssysteme ist es sinnvoll, eine vereinheitlichende Terminologie zu entwickeln. Bezeichnen zwei Abteilungen das gleiche Bauteil unterschiedlich, sind Mißverständnisse vorprogrammiert. Um Synonyme, Oberbegriffe und andere Begriffsverwandtschaften beispielsweise bei einer Suche zu verwenden, müssen Wörterbücher oder Ontologien verwendet werden. Diese müssen dann selbstverständlich zwischen den verschiedenen Informationssystemen abgeglichen werden.

Metadaten

Manche Systeme zwingen den Benutzer dazu, den Inhalt von Dokumenten zu spezifizieren. Andere Systeme erlauben zumindest eine (Freitext-)Angabe des Inhaltes. Um nun diese Informationen in allen angeschlossenen Informationssystemen verwenden zu können, muß gerade den Meta-Daten ein einheitliches Begriffssystem zu Grunde liegen.

Versionieren von Informationen

Information veraltet. Deshalb gibt es immer wieder neue Versionen von Dokumenten. In diese sind Änderungen eingearbeitet oder Fehler verbessert. Dennoch kann man alte Versionen nicht einfach durch neue ersetzen. Ist beispielsweise noch eine Maschine in Betrieb, für die ein Nachfolger existiert, so muß es auch zwei Versionen der Dokumentation geben. Die wenigsten Systeme stellen Methoden zur Verfügung, eine solche Versionierung automatisch zu verwalten. In den meisten Fällen ist es eine Frage der Organisation, wann und in welcher Form Versionen „eingefroren" werden.

8.2.3 Lösungsansätze

Die Aufgabe, betriebliche Informationssysteme zu verbinden, ist nicht ganz neu. Daher haben sich bereits einige Lösungen entwickelt. Im folgenden sollen einige Möglichkeiten vorgestellt werden.

Unternehmensdatenbank

Eine wesentliche Voraussetzung für unternehmensweit verfügbare Informationen ist die Speicherung unternehmensrelevanter Daten in einer zentralen Datenbank. Die Zersplitterung in viele Einzeldokumente ist auf jeden Fall zu vermeiden. Zum einen entsteht durch die Datenpflege in vielen dezentralen Datenbanken eine ungeheuere Redundanz. Andererseits bleibt im konkreten Fall fraglich, in welcher Datenbank der gesuchte Wert denn zu finden ist. Je mehr Informationen also an einer zentralen Stelle hinterlegt werden können, um so einfacher wird später eine Recherche werden. Durch eine unternehmensweite Applikation auf dieser zentralen Datenbank kann bereits ein Großteil des Informationsbedarfs abgedeckt werden. Die heutigen ERP-Systeme stehen nach wie vor in dieser Tradition der transaktionsgesteuerten Systeme, auch wenn durch die daraus folgende Komplexität oft fundiertes Wissen notwendig ist, um Daten auszuwerten. Es ist klar, daß hier nur Informationen erfaßt werden, die überhaupt in einer Datenbank abgelegt werden können. Die Ablage von Textdokumenten oder Zeichnungen ist meist problematisch und manchmal unmöglich. Auch bleibt die eingesetzte Applikation zwangsläufig in vielen Bereichen sehr komplex und nicht optimal.

Data Warehouse

Ein Data Warehouse als zentrale Datenbank im weiteren Sinne verfolgt einen ähnlichen Ansatz. Durch den Verzicht auf Redundanzfreiheit und die Replikation von Daten aus verschiedenen Datenbanksystemen kann jedoch eine homogenere und weniger komplexe Datenstruktur erreicht werden. Sie ermöglicht eine einfach zu handhabende Recherche über mehrere Subsysteme hinweg. OLAP- und Volltext-Datenbank-Technologie können ein Data Warehouse weiter verbessern und ermöglichen neue Rechercheverfahren auf den alten Daten. Auch hier gilt aber: Im Wesentlichen können in ein Data Warehouse nur Daten eingestellt werden, die in einer Datenbank gehalten werden können.

Intranet /Groupware

Der Einsatz von Groupware-Systemen ermöglicht die Formalisierung von Dokumenten und unterstützt eine Organisation beim Aufbau von abteilungsübergreifenden Ablagestrukturen. Ein Intranet drängt sich für die Ablage von nicht mehr veränderlichen, jederzeit und allgemein zugänglichen Dokumenten geradezu auf. Die formatübergreifenden Anzeigemethoden von Browsern können durch geeignete Plug-Ins einfach erweitert werden, so daß die Frage „Welches Werkzeug für welches Format?" deutlich entschärft wird. Als schnelle und sichere Basistechnologie hat sich deshalb ein Intranet bereits etabliert. Problematisch bleibt aber die in solchen Systemen unvermeidliche Vervielfältigung der Dokumente durch Weiterleitung, Kopie und private Abspeicherung. Die Frage nach der Gültigkeit eines Dokumentes muß also geklärt sein. Zudem sind diese Systeme in aller Regel nur für Informationen geeignet, die als Datei-Dokument vorliegen.

Archivsystem

Ein Archivsystem erlaubt das Hinterlegen von Daten jeglicher Art. Es gestattet insbesondere die Versionierung von Daten und ermöglicht ggf. den applikationsunabhängigen Zugriff auf die enthaltenen Dokumente. Es zwingt zur Formalisierung der aufzunehmenden Daten, was zugleich aber auch sein größter Nachteil ist: Der Aufwand zur Formalisierung von Textdokumenten oder Zeichnungen kann leicht jedes vernünftige Maß überschreiten. Für die Archivierung werden gewöhnlich Formate benutzt, die eine sehr gute Komprimierung bieten. Deshalb müssen die zu archivierenden Dokumente konvertiert und in einem neutralen Datenformat abgelegt werden. Damit geht in aller Regel ein Informationsverlust gegenüber dem Ursprungsformat einher.

Wissensbasierte Systeme

Diejenigen Daten, die nur „im Kopf" sind und sich in Datenbanken, Textdokumenten oder Zeichnungen gar nicht festhalten lassen, benötigen eine eigene Art der Formalisierung und Speicherung. Traditionell wird Erfahrungswissen in wissensbasierten Systemen abgelegt, die eine gewisse Unschärfe im kausalen Schließen ermöglichen und/oder auf Fallsammlungen beruhen. Auf die Problematik dieser Systeme in Hinsicht auf die Aktualität des abgebildeten Wissens und den Einsatz von Wissensingenieuren soll hier nicht weiter eingegangen werden, diese Aspekte werden in den Kapiteln 9 bis 13 näher beleuchtet.

Knowledge Management Systeme

Damit Information zu Wissen wird, muß sie in den richtigen Zusammenhang gestellt werden. IT-Systeme, die einen solchen Kontextbezug herstellen, sind in der Lage, Abläufe zu modellieren, Stati zu vergeben und abzusichern. Die Grenze solcher Workflow-Systeme sind dort erreicht, wo Arbeitsprozesse sich dynamisch ändern und nur schwer oder gar nicht mehr modellierbar sind.

Alle genannten Integrationsmöglichkeiten sind suboptimal in dem Sinne, daß sie nur einige der zuvor genannten Probleme lösen. Ein Lösungskonzept, das auf die Gesamtheit der Probleme eingeht und noch über die angesprochenen Punkte hinausgeht, ist die Idee des Organizational Memory.

Organizational Memory

Unter dem Begriff Organizational Memory versteht man das gesamte Wissen eines Unternehmens. Dieses setzt sich zusammen aus dem Wissen über Prozesse, über Produkte und über die Organisation des Unternehmens. Informationssysteme, die ein Wissensmanagement ermöglichen und das Konzept des Organizational Memory unterstützen, müssen alle Subsysteme in einem gemeinsamen Informationssystem integrieren. Ein solches Organizational Memory System (OMS) muß in der Lage sein, proaktiv zu agieren. Dazu muß es eigenständig Informationen sammeln können, mit dem Ziel, dem jeweiligen Benutzer zu assistieren. Dies kann es offensichtlich um so besser, je mehr Methoden zur Informationsakquisition und –verarbeitung kombiniert werden. Im Einzelnen sollten in ein OM-System folgende Faktoren kombiniert werden:

- unterschiedliche Informationssysteme (Data Warehouses, Workflow-, Dokumenten-Management und wissensbasierte Systeme)
- unterschiedliche Wissensformen (organisatorisches, produktbezogenes und prozeßorientiertes Wissen usw.)
- unterschiedliche Formate (Datenbanken, Texte, (kompiliertes) Wissen aus wissensbasierten Systemen oder anderer Software, Zeichnungen)
- unterschiedliche Wissensverarbeitungsprozesse (OLAP und Data Mining, Wissensbasierte Systeme, maschinelles Lernen, Lessons Learned, Document Retrieval, Agenten)

Noch existiert kein System, das die Forderungen erfüllen könnte. Auch vorgestellte Prototypen sind nicht in der Lage, alle Aspekte abzudecken. Neben der technischen Problematik einer solch umfassenden Lösung fällt auch der organisatorische Aufwand ins Gewicht, soll ein solches System entworfen werden. Das enthaltene Wissen muß spezifiziert, strukturiert, eingegeben und gewartet werden. Dabei wird neben dem unternehmensspezifischen Wissen auch noch Weltwissen benötigt. Dieses Grundwissen versetzt uns erst in die Lage, die Vorgänge in einem Unternehmen zu verstehen. All das benötigte Grundwissen zu modellieren ist jedoch bisher noch eine unlösbare Aufgabe. Ein anderes Problem ist die Aktualität des Wissens. Stets muß überprüft werden, was noch Gültigkeit hat, und was überholt ist.

8.3 Kombination von Diagnose- und Informationssystemen

Für Montage und Service wurde für diese Arbeit ein Diagnose- und Informationssystem entwickelt, das einen großen Teil der vorhandenen Systeme integriert. Damit wurden einige der an ein OM-System geknüpfte Anforderungen erfüllt. Erfahrungen zum Einsatz von D3 bzw. dem Gesamtsystem werden in Kapitel 11 vorgestellt, weshalb hier nur kurz darauf eingegangen werden soll. Das Expertensystem (XPS) unterstützt den Service-Support-Mitarbeiter in vielfältiger Hinsicht. Es bietet ihm einen von Experten vorgeschlagenen optimierten Lösungsweg für das jeweilige Problem an. Darüber hinaus schlägt es bei genügend umfangreicher

Erfassung der Fehlerdaten eine Fehlerursache (Diagnose) vor. Bereits bei der Fehlerdaten-Erfassung können Informationen aus anderen Informationssystemen integriert werden. So kann beispielsweise aus der Maschinennummer der Typ, der Standort und vieles mehr an Informationen gewonnen werden. Durch die automatische Kopplung von Diagnose- und Informationssystem werden die Benutzer also von Eingaben befreit. Hat das System genügend Fehlerdaten erfasst, ist es in der Lage, dem Benutzer eine plausible Diagnose vorzuschlagen. Ohne Reparatur ist allerdings die Diagnose wirkungslos. Hier endet jedoch die Leistungsfähigkeit des Expertensystems und andere Informationssysteme sind gefragt: Handlungsanweisungen und Konstruktionszeichnungen müssen konsultiert, Stücklisten ausgefüllt werden usw. Auch für diese Aufgaben wurden an das zentrale Expertensystem weitere Informationssysteme angebunden, so daß sich der Benutzer schon aus der Anzeige der möglichen Diagnose direkt weitere Informationen abrufen kann. Neben der Unterstützung bei der Fehlerbehebung schlägt auch ein weiterer positiver Effekt zu Buche. Durch die systematische Erfassung einer Fehlerbeschreibung wird automatisch ein Fehlerprotokoll erstellt, daß für weitere Entwicklungen, neue Handbuchversionen und andere interne Abläufe Grundlage sein kann. Das entstandene System integriert nicht alle Informationssysteme direkt. Viele der Daten sind konvertiert worden, so daß möglichst wenig Zusatzsoftware verwendet werden muß. Dadurch sind in diesen Dokumenten beispielsweise keine Änderungen mehr möglich. Andere Informationssysteme werden überhaupt nicht genutzt, weil sie für den Service-Support kaum Relevanz haben. Das Expertenwissen, das nötig ist, um dem System Problemlöse-Fähigkeiten zu ermöglichen, ist einer der kritischsten Faktoren beim Einsatz des Diagnosesystems. Die Druckmaschinen setzen sich aus vielen Komponenten zusammen, die in sich abgeschlossen sind. Um die Handhabbarkeit des Wissens zu ermöglichen, wurde die Möglichkeit geschaffen, Wissen modular zu strukturieren (vgl. Kapitel 6). So konnte für jede Komponente eine eigene, von anderen getrennte Wissensbasis erstellt werden.

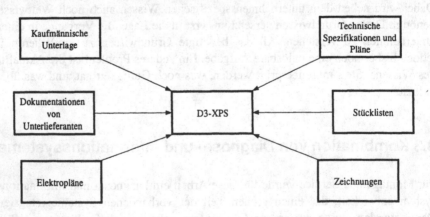

Abb. 2: Integration verschiedener Informationen bei KBA

Abbildung 2 zeigt schematisch den Aufbau des entstandenen Systems entsprechend der einfließenden Informationen. Das mit D3 erstellte Expertensystem

(XPS) wirkt dabei als zentrale Komponente, unterstützt es doch die Service Mitarbeiter bei ihrer Routinearbeit und bietet ihnen aus den jeweiligen Informationssystemen genau jene Informationen, die sie benötigen.

In das entstandene Informationssystem waren also verschiedene Subsysteme integriert. Teils waren es die Systeme selbst, die Eingang in das Konzept fanden, teils waren es nur die mit den unterschiedlichen Systemen erzeugten Dokumente (Abbildung 3).

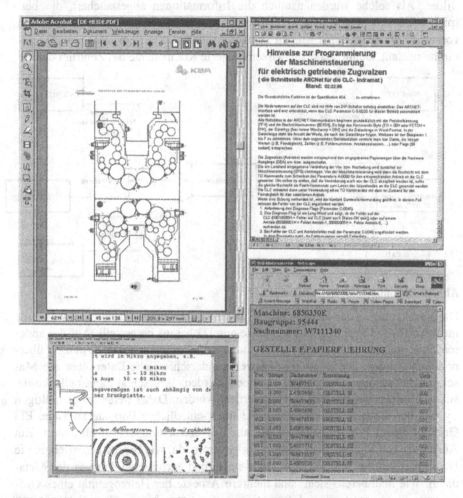

Abb. 3: Informationssysteme bei KBA

Bei der Integration mußten auch für manche der in Abschnitt 8.2 beschriebenen Probleme adäquate Lösungen gefunden werden. Abbildung 4 zeigt, welche Datentypen und Informationssysteme dabei integriert werden mußten. Die zugrundeliegenden Systemumgebungen sind Windows, Unix, OpenVMS und BS2000.

Bei KBA werden also verschiedene Systemumgebungen eingesetzt, deren Integration nicht immer möglich ist. Für ein Informationssystem wie das entstandene sind solche Systemhürden ungleich höher, hat doch ein Service-Techniker oder ein Kunde oft nur beschränkte Ressourcen und muß sich daher auf eine Systemumgebung beschränken. Allein aus diesem Grund konnten einige Informationssysteme nicht integriert werden. Die Daten aus diesen Systemen mußten also (verlustbehaftet) konvertiert werden und mit anderen Tools angezeigt werden. Dabei fiel die Entscheidung auf eine Browser-Lösung (d.h. Netscape Navigator), da sich hierbei über Plug-Ins eine große Anzahl von Dokumentformaten anzeigen läßt. Dies gilt insbesondere auch für PDF-Dateien, ein beliebtes Format für Handbücher, die in elektronischer Form vorliegen, Word-Dateien und auch TIFF-Bilder. Als solche wurden nämlich die Informationen abgespeichert, die beispielsweise neu eingescannt werden mußten, weil sie bisher nicht elektronisch vorlagen. All diese Daten wurden im wesentlichen unter dem Dach von D3 zusammengefaßt. Damit stellte die wissensbasierte Komponente das Zentrum dar.

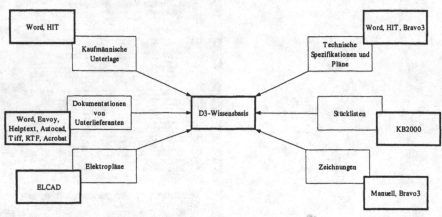

Abb. 4: Die Informationssysteme bei KBA

Die Verbindung zu den anderen Daten (Texte, Zeichnungen, Tabellen usw.) wurde im wesentlichen über statische Verweise aus D3 heraus hergestellt. Auf der anderen Seite wurden auch Daten in D3 integriert, die aus anderen Systemen übernommen wurden. Dies sind beispielsweise unterschiedliche Daten über die Maschine, die aus dem Datenblatt gewonnen werden. Wie schon dargestellt wurde, sind die Informationen zum Teil konvertiert worden. Daher treten im endgültigen System nur wenige Probleme durch die unterschiedlichen Formate zu Tage. Ein Großteil dieses Problemfeldes wurde als Vorverarbeitungsschritt eliminiert. Ein Austausch von Metadaten ist nicht nötig gewesen, da, wie bereits beschrieben, die Daten hart verzeigert wurden. Aus diesem Grund entfiel eine Analyse der Metadaten. Wie man bereits sieht, sind mehrere Aspekte der Heterogenität eines OM-Systems in das entstandene Informationssystem integriert worden. Neben unterschiedlichen Wissensformen und -formaten sind auch unterschiedliche Informationssysteme integriert worden (D3, Browser-Technik, Dritthersteller-Software usw.), soweit dies nötig und sinnvoll war. Wichtige Probleme, die nicht ausreichend gelöst wurden, sind die in Abschnitt 8.2.2 beschriebenen organisatorischen Probleme. Eine Verwaltung unterschiedlicher Versionen unterblieb, obwohl eine Änderungsliste durchaus ein wichtiges Element eines lebendigen Dokuments ist. Überhaupt stellen Änderungen an den Daten eines der größten Probleme dar. Dies resultiert im wesentlichen aus der Tatsache, daß die unterschiedlichen Dokumente fest verzeigert sind. Dadurch muß bei jeder Änderung ein Mitarbeiter diese in den Datenbestand einpflegen.

8.4 Ansätze zur Weiterentwicklung

Trotz der Aufspaltung des Wissens in handhabbare Module, wie in Kapitel 6 beschrieben, bleibt der Aufwand zur Erstellung und Wartung dieser Wissensbasen relativ hoch. Handbücher, Dokumentationen, Zeichnungen und andere Texte enthalten meist bereits große Teile des Wissens, das bisher in den Wissensbasen modelliert wurde. Daher liegt es nahe, informelles Wissen aus den Texten und strukturelles Wissen zu kombinieren und so den Wartungsaufwand zu senken. Dieser vorgeschlagene Ansatz kombiniert vorhandene Dokumente (Handbuch-Texte, Tabellen häufiger Wartungsarbeiten usw.) mit formalisiertem Wissen. Dabei soll das in den Texten enthaltene Wissen so angereichert werden, daß es auch für weniger erfahrene Nutzer auffindbar ist. In den vorhandenen Handbüchern gibt es nur eingeschränkte Suchmöglichkeiten. Inhalt und Index stellen die wichtigsten Suchhilfen dar, in elektronischen Dokumenten kommt oft noch eine Volltext-Suche hinzu. Nur mit verhältnismäßig viel Erfahrung kann man schnell die benötigten Informationen finden. Es bietet sich nun an, formales Wissen so zu fassen, daß ein wissensbasiertes System die üblichen Suchprozesse unterstützen kann. Einer der prognostizierten Vorzüge dieses Verfahrens liegt darin, daß die Wissensbasen erheblich kleiner ausfallen und von vornherein besser modularisierbar sind als die bisher verwendeten. Es soll wieder ein zentrales Informationssystem geben, das die Suche des Benutzers bearbeitet. Diesmal jedoch sollen die Dokumente nicht fest mit dem Wissen verdrahtet sein. Statt dessen ist vorgesehen, die Verknüpfungen dynamisch anzulegen. Hierdurch würden aufwendige Wartungsarbeiten entfallen, neue Dokumente könnten wesentlich einfacher hinzugefügt werden. Zwei Vorteile ergäben sich aus dieser Eigenschaft: zuerst natürlich die permanente Erweiterung des Wissens durch Annotationen und (ähnlich dem fallbasierten Schließen) neue „Fälle". Desweiteren ließe sich über diesen Mechanismus auch eine Versionskontrolle aufsetzen, indem einfach beide Varianten im System erhalten bleiben (und dadurch zugreifbar wären). Automatisch würden dann Verweise zwischen den unterschiedlichen Versionen erstellt werden, die auf Änderungen hinweisen. Neben der Suche könnte ein System, welches über dieses Wissen verfügt, auch Querverbindungen zwischen den jeweiligen Dokumenten erlauben. Damit käme es zu einer weitaus stärkeren Vernetzung im Sinne eines Organizational Memories, als dies in der bisherigen Realisierung der Fall ist.

8.4.1 Typische Abläufe

Grundlage des Systems ist die Beobachtung, daß es oft nur einige wenige Typen von Suchanfragen gibt, die auf den Anwendungszweck spezialisiert sind. Beispielsweise könnte dies im Bereich technischer Diagnostik die Fragestellung nach einer Reparaturanweisung sein, bei der man eine Problembeschreibung als Eingabe bzw. Suchanfrage verwendet. Konkreter wäre beispielsweise folgende Suche typisch für Montage- und Service-Mitarbeiter: „Wie tauscht man den Schneidzylinder bei Maschine xyz aus?" Kennt man die typischen Abläufe und Suchvorgänge, kann man diese wesentlich besser unterstützen als es eine Volltextsuche vermag. Natürlich unterscheiden sich die jeweils typischen Suchanfragen von Anwendung zu Anwendung. Daher muß es für ein generisches Werkzeug, welches sich auf verschiedenen Anwendungen konfigurieren läßt, einfach möglich sein, Wissen zu den verschiedenen Vorgängen zu modellieren.

8.4.2 Notwendiges Wissen

Das Wissen umfaßt dabei verschiedene Elemente. Diese werden durch eine Menge von Wissensbasen modelliert:

- Die Terminologie-Wissensbasis, manchmal auch Ontologie genannt, beinhaltet die relevanten Termini eines Fachgebietes sowie jene Wörter, die für die typischen Abläufe Relevanz haben. Jedes Element dieser Wissensbasis umfaßt also den Term selbst sowie andere Elemente der Wissensbasis, die mit dem Term in Verbindung stehen (evtl. mit Kennzeichnung der Beziehung) (wie z.B. Synonyme). Hinzu kommen möglicherweise noch Ableitungsregeln (z. B. für Pluralformen), Verbindungen zu Elementen in anderen Sprachen und weitere Informationen.
- Die Konzept-Wissensbasis ist eng verknüpft mit der Ontologie und spiegelt im Wesentlichen eine hierarchische Untergliederung des jeweiligen Fachgebietes wieder. Die Elemente der Konzept-Wissensbasis sind natürlich verknüpft mit charakteristischen Termini, um eine automatische Einordnung von Dokumenten und Anfragen zu ermöglichen. Innerhalb dieser Konzept-Hierarchie werden schließlich Dokumente und Anfrage verglichen, wobei dank der Strukturen auch die Einführung von Ähnlichkeiten entsprechend dem fallbasierten Schließen möglich wird.
- Die Zusatzinfo-Wissensbasis enthält Elemente, mit deren Hilfe weitere Informationen zu Dokumenten, wie beispielsweise Erstellungsdatum, Autor, Version o.ä. erfaßt werden können. Auch diese Elemente können für eine Suche verwendet werden.
- Weiterhin wird auch eine Prozeß-Wissensbasis benötigt, in der das Wissen über die typischen Fragestellungen modelliert ist, beispielsweise Fehlersuche, Teilesuche, Ersatzteilbestellung und andere.

Offensichtlich ist der Vernetzungsgrad der Wissensbasen nicht zu unterschätzen. Deshalb ist es wichtig, von vornherein Modulbildung zu unterstützen und beispielsweise hierarchische Untergliederungen aller Wissensbasen zu erlauben.

8.4.3 Suchprozeß

Die eigentliche Suche kann auf zwei Arten erfolgen: der Anwender gibt eine Menge von Schlagworten an, die die Anfrage charakterisieren, oder das System generiert einen Fragebogen, der den Anwender durch die Suche leitet. Für Anfänger sicher geeigneter ist der Fragebogen-Modus: gezielt wird der Anwender auf möglichst kurzem Wege zu einem für ihn relevanten Dokument geführt. Zu jeder Frage sollten Erklärungen möglich sein, so daß selbst Novizen in der Lage sind, ihren Informationsbedarf zu formulieren. Auf der anderen Seite wird über die Stichwort-Suche eine Möglichkeit für Experten geboten, mit wenig Aufwand eine Anfrage zu stellen. Nach Möglichkeit sollten natürlich beide Methoden kompatibel sein und dynamischen Austausch erlauben. Ein Beispiel zum Themengebiet Kfz-Diagnostik (Abbildung 5) soll verdeutlichen, wie der Suchprozeß ablaufen könnte.

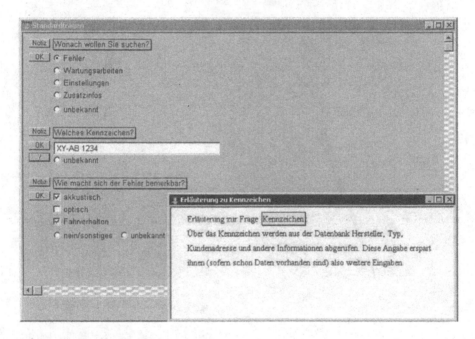

Abb. 5: möglicher Fragebogen

8.5 Zusammenfassung

In dieser Arbeit wurde ein System entwickelt, das bereits einen Teil der Probleme bewältigt, die durch die Kombination der unterschiedlichen Informationssysteme in einem Unternehmen entstehen. Für den Bereich des Service-Support wurden Ansätze aus der Entwicklung von Organizational Memories aufgegriffen, und es wurde ein System geschaffen, das tatsächlich in der Lage ist, dem Benutzer Zugriff auf heterogene Informationen zu gewähren. Wie aber auch gezeigt wurde, bietet das Konzept noch Raum für weitere Entwicklungen, die mehr Nutzen auch aus unstrukturierten Quellen ziehen.

Teil IV

Organisation und betriebliche Einführung

9. Leitfaden für die betriebliche Einführung von wissensbasierten Informations- und Diagnosesystemen

Sabine Schwingeler

9.1 Einleitung

Bisherige Erfahrungen mit der Einführung wissensbasierter Informations- und Diagnosesysteme in Betriebe zeigen, daß eine volle Verwirklichung der neuen Potentiale dieser Systeme eng an begleitende Maßnahmen der Organisations- und Personalentwicklung geknüpft sein kann. Daher orientiert sich dieser Leitfaden, der als Hilfsmittel und Planungsgrundlage für künftige Projekte dienen soll,[1] an dem theoretischen Ansatz von Organisationen als „soziotechnischen Systemen". Technik, Organisation und Personal werden nicht isoliert betrachtet, sondern als einander wechselseitig beeinflussende Komponenten.

Der hier vorgestellte Leitfaden bezieht sich auf die Besonderheiten des Projektmanagements von wissensbasierten Informations- und Diagnosesystemen unter relativ günstigen Bedingungen. Diese zeichnen sich besonders durch zwei Merkmale aus:

1. Nicht nur die Systemnutzung und Wissensbasisentwicklung, sondern auch die Entwicklung der Basissoftware selbst sind gestaltbar. Anders als bei kommerzieller Software betrifft der Entwicklungsprozeß nicht nur die Anpassung des Systems an die betrieblichen Voraussetzungen, sondern auch die Systementwicklung selbst. Das erfordert eine Auseinandersetzung mit mehreren neuen Programmversionen im Projektverlauf, eröffnet zugleich aber auch größere Spielräume bei der Anpassung des Systems an die betrieblichen Bedingungen.
2. Es steht der Projektgruppe durch sozialwissenschaftliche Begleitforschung ein breitgefächertes Unterstützungspotential zur Verfügung: sowohl für die Evaluation der Einsatzbedingungen, der Qualifikations- und Bedarfsanforderungen der Nutzer und der Prototypeneinsätze, als auch für die Erarbeitung von Einführungsmaterial und die Durchführung von Schulungen. Hocheffektive Me-

---

[1] Die empirischen Grundlagen des Leitfadens basieren auf der Evaluation betrieblicher Einführungen wissensbasierter Expertensysteme, insbesondere des Verbundprojektes „Kooperierende Diagnostik-Expertensysteme zur Komplexitätsreduktion bei der Entwicklung sehr großer Wissensbasen" (s. Vorwort).

thoden, wie etwa eine Arbeitssituationsanalyse, können so zum Einsatz kommen.

Nach der prototypischen Vorstellung des Informations- und Diagnosesystems D3 werden in diesem Text zentrale Aspekte des Projektmanagements vorgestellt, die sich auf die Besonderheit der partizipativen Systementwicklung von wissensbasierten Informations- und Diagnosesystemen beziehen. Die Auswahl und Vorbereitung der Fachexperten sowie die Prototypeneinsätze und deren Evaluation, beides zentrale Punkte für den Erfolg des Systemeinsatzes, bilden den Schwerpunkt der Darstellung.

9.2 Besondere Merkmale wissensbasierter Informations- und Diagnosesysteme

9.2.1 Das Informations- und Diagnosesystem D3[2]

Beispielhaft für den möglichen Einsatz und die Potentiale wissensbasierter Informations- und Diagnosesysteme wird im folgendem Text das wissensbasierte Informations- und Diagnosesystem D3 beschrieben. Es unterstützt Diagnoseprozesse technischer Anlagen im Betrieb und verknüpft betriebliches Erfahrungswissen mit ergänzenden, diagnoseunspezifischen Daten eines Informationssystems.

Merkmale der Informationskomponente

Das Informationssystem stellt durch seine einheitliche, einfach zu bedienende Oberfläche alle für den Benutzer wesentlichen Informationen bereit. Sie umfassen zum einen bereits vorhandene Unterlagen des Betriebes und der Unterlieferanten zu ihren Produkten, z.B. den Kundenkontakt, Konstruktionszeichnungen, Elektropläne, Stücklisten oder auch elektronische Handbücher, sowie Bedienungs- und Wartungsanleitungen. Zum anderen bestehen sie aus dem zu erstellenden Erfahrungswissen in den Wissensbasen des Diagnosesystems. Hypertextartige Verknüpfungen zwischen allen Komponenten können bei einem vorliegenden Störfall dynamisch zusammengestellt werden.

Diese Bündelung von Informationsflüssen setzt bei den Abteilungen des Betriebes sowohl eine elektronische Datenverarbeitung als auch eine zentrale Datenerfassung voraus. Je nach Stand der einzelnen Abteilungen sind daher Restrukturierungsmaßnahmen notwendig, um die Informationsbereitstellung zu gewährleisten. Eine Beteiligung der betroffenen Abteilungen an der Projektarbeit ist unter diesen Umständen geboten.

---

[2]   Zu einer detaillierten Beschreibung des Diagnostik-Shellbaukastens D3 vgl. Puppe et al. (1996) sowie für das verteilte Problemlösen mit Coop-D3, Kap. 6, in diesem Band.

Merkmale des wissensbasierten Diagnosesystems

Das Diagnosesystem D3 verfügt neben der Diagnosestellung über zwei weitere Funktionsbereiche, die standardisierte Berichterstellung und die Tutorfunktion.

1. *Die Diagnosestellung:* Als Grundlage für das Diagnosesystem dient der Expertensystem-Shell-Baukasten D3. Er besteht aus einer integrierten Entwicklungsumgebung zur Erstellung von diagnostischen Wissensbasen. Die Modellierung des Wissens erfolgt durch mehrere Experten mit jeweiligen Spezialgebieten. Es können verschiedene Problemlösungsmethoden (z.B. kategorisch, heuristisch, fallbasiert, überdeckend oder funktional) je nach Eignung ausgewählt und kombiniert werden. Mit dem Modul Coop-D3 werden die einzelnen Wissensbasen der Experten als ein „Team" zusammengeführt. So wird ein Datenpool bereitgestellt, über den die Experten Fallinformationen austauschen können. Die Systemnutzung erfolgt mittels einer einheitlichen Dialogoberfläche, in die das Informations- und das Diagnosesystem integriert sind. Maschinenspezifische Daten werden mit der Eingabe der Maschinennummer über das Informationssystem automatisch eingelesen, störfallspezifische Daten von den Nutzern eingegeben. Bei einer hinreichenden Informationslage bietet das System auf der Grundlage der Wissensbasen Lösungsvorschläge an.

2. *Die standardisierte Berichterstellung:* Das Diagnosesystem bietet die Möglichkeit, eine formalisierte Dokumentation der gestellten Diagnose zu erstellen, bzw. auch Abweichungen von ihr festzuhalten. Diese formalisierte Störfallbeschreibung kann als Teil des Montageberichts wieder in andere Systeme des Betriebes integriert werden, wie z.B. den Kundenkontakt, in dem auf diese Weise die wesentlichen Kommunikationen zwischen Kunde und Betrieb dokumentiert werden.

3. *Die Tutorfunktion:* Das Diagnosesystem kann mit rechnersimulierten Fallbeispielen als Tutorsystem für die Aus- und Weiterbildung genutzt werden. Vordefinierte Fälle werden hierbei schrittweise präsentiert und vom Benutzer selbständig gelöst. Das System weist dabei auf Fehler hin.

9.2.2 Der Aufbau und die Pflege von Informations- und Diagnosesystemen

Der Aufbau eines Informations- und Diagnosesystems erfolgt auf zwei Ebenen:

- Die Entwicklung der Informationssystem-Schnittstellen zu der Betriebs-EDV erfolgt in interdisziplinären aufgabenbezogenen Arbeitsgruppen, bestehend aus den Systementwicklern, Vertretern aus der EDV-Abteilung und den betroffenen Anwendungsabteilungen.
- Der Aufbau von Wissensbasen, die das Erfahrungswissen der Fachexperten enthalten, geschieht primär durch erfahrene Experten aus der betrieblichen Praxis. Im späteren Systemeinsatz wird diese Expertentätigkeit durch Fallsammlungen ergänzt: Während des Systemeinsatzes speichern die Systemnutzer von den Systemvorschlägen abweichende Störfallprofile und legen so eine aktuelle

Fallsammlung an, auf die das Expertensystem in seinen Lösungsvorschlägen durch Fallvergleich zurückgreifen kann.

Während der erste Bereich dem Vorgehen eines normalen Softwareprojektes folgt, erfordert der Aufbau der Diagnose-Wissensbasen in der Projektplanung besondere Aufmerksamkeit. Ein vollgrafischer Wissenserwerb, der keine detaillierten Programmierkenntnisse erfordert, ermöglicht es Fachexperten aus der späteren Anwendungsabteilung, nach einer Schulungsphase diese Wissensbasen entsprechend ihres Bedarfs selbst aufzubauen. Sie werden zu Experten für die inhaltliche Entwicklung des Diagnosesystems. Diese partizipative Methode der „Selbstakquisition" (vgl. Kap. 10) bietet gegenüber den traditionellen Entwicklungsmethoden von Expertensystemen, die auf einen gesonderten Wissensingenieur zurückgreifen, zahlreiche Vorteile:

- Fachexperten gestalten das System selbst nach ihren Bedürfnissen.
- Es entstehen Akzeptanzvorteile, da die Inhalte von den eigenen Kollegen kommen.[3]
- Mißverständnisse oder Verfälschungen des Fachwissens durch einen zwischengeschalteten Wissensingenieur werden vermieden.
- Die Experten erwerben Entwicklungskompetenzen, die auch eine spätere Systemwartung erleichtern.

Diese Punkte verweisen bereits darauf, daß die Expertentätigkeit nicht auf die Projektphase beschränkt bleibt, sondern sich auch auf die ständige Aktualisierung und Pflege des Systems bezieht. Für die involvierten Fachexperten des Unternehmens bringt die Arbeit am Diagnosesystem daher eine veränderte Berufsrolle mit sich. Ein Modul der verteilten Künstlichen Intelligenz wie Coop D3 ermöglicht es den Experten, die Wissensbasen auch unabhängig voneinander aufzubauen. So können individuelle Lösungen der Arbeitsorganisation zwischen Projekttätigkeit und Arbeitsalltag entstehen.

Die Einführung des Informations- und Diagnosesystems bedeutet zum ersten eine Restrukturierung der formalen betrieblichen Informationsflüsse und zum zweiten eine neue Form der Verwaltung von Erfahrungswissen, deren Aufbau und Pflege hierbei erstmals explizit organisiert wird. Die Veränderungen betreffen also zugleich zwei Ebenen, die in der Struktur der Projektorganisation repräsentiert sein sollten.

9.2.3 Mögliche Einsatzfelder

Informations- und Diagnosesysteme können in unterschiedlichen betrieblichen Handlungsfeldern zum Einsatz kommen. Wir unterscheiden zwischen Kunden-, Hotline-Support-, Service-Support- und Ausbildungssystemen.

---

[3] Dies gilt jedoch nur, wenn die ausgewählten Experten fachlich bei ihren Kollegen hoch angesehen sind.

Bei *Kundensystemen* sind die Benutzer von Diagnosesystem und zu diagnostizie-
rendem System identisch. Die Führung des Kunden ist aufwendig, da er trotz der
hohen Motivation, Fehler selbst zu beheben, in technischen Fragen nicht unbedingt versiert ist.

Hotline-Support-Systeme werden vom Kundenbetreuer im Telefondienst genutzt. Im Vordergrund steht die Unterstützung des Kunden bei der schnellen Erfassung und Analyse eines technischen Problems. Für dieses Einsatzfeld sind Eingaben in beliebiger Reihenfolge und Suchfunktionen auf der Benutzeroberfläche
unerläßlich. Die Störfallerfassung ermöglicht dem Unternehmen eine systematische Auswertung der möglichen Schwachstellen seines Produkts.

Bei der Nutzung als *Service-Support-System* sind Service-Mitarbeiter des Herstellers die Systemnutzer. Diese Benutzergruppe verlangt einen hohen Standard
der diagnostischen Qualitäten des Systems und der Wissensbasen. Die Service-
Mitarbeiter können als versierte Fachkräfte einen großen Teil der auftretenden
Fehler eigenständig lösen. Für sie ist eine Computerunterstützung nur interessant,
wenn sie die Arbeit vereinfacht oder bei Spezialproblemen hilft.

Als *Ausbildungssystem* kann das Diagnosesystem für die Aus- und Weiterbildung in allen vorgenannten Gebieten eingesetzt werden. Als Selbstlernmedium
kann es sowohl die fachliche Ausbildung unterstützen und die spätere Nutzung
des Informations- und Diagnosesystems vorbereiten. Eine Fallsammlung mit
„echten" Störfällen ermöglicht die Simulation von Fehlersituationen auf dem
Bildschirm.

Der Einsatz eines wissensbasierten Informations- und Diagnosesystems in einem der oben vorgestellten Bereiche ist dann besonders geeignet, wenn für das
geplante Einsatzfeld im Betrieb folgende Rahmenbedingungen zutreffen:

- Die Problemlösung basiert primär auf Erfahrungswissen und Fachwissen.
- Die Entscheidungsfindung basiert sowohl auf gesicherten Fakten, als auch auf
  vagen Erfahrungswerten.
- Der Problemumfang ist abgrenzbar.
- Die Probleme sind weder trivial noch so komplex, daß singuläre Fehler über-
  wiegen.

Wo diese Bedingungen nicht zutreffen, muß sorgfältig abgewogen werden, ob die
Expertensystemtechnologie eine sinnvolle Lösung darstellt. Bei einer Entscheidung zu Gunsten eines Informations- und Diagnosesystems sind einige Punkte des
Projektmanagements besonders zu beachten, die im folgenden Teil erläutert werden.

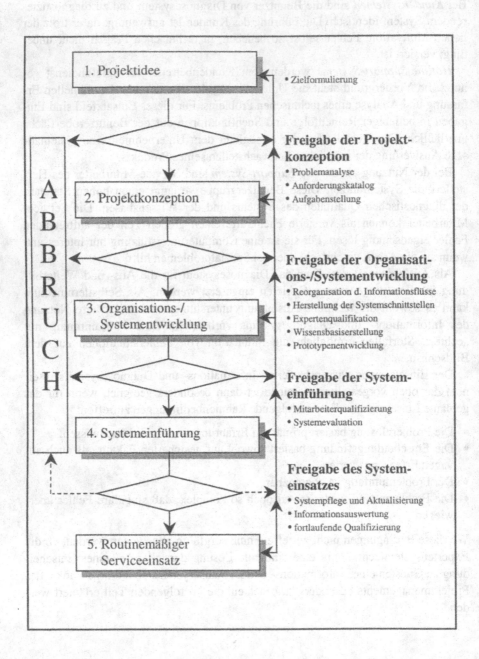

Abb. 1: Idealtypischer Projektphasenverlauf

9.3 Zentrale Aspekte des Projektmanagements wissensbasierter Informations- und Diagnosesysteme

9.3.1 Die Projektgestaltung

9.3.1.1 Der idealtypische Ablauf der Projektphasen

Zu Beginn eines jeden Projektes werden die Initiatoren mit der Schwierigkeit konfrontiert, daß zum einen ein Verlaufsplan mit Zielbestimmung, Anforderungen und Aufgabenverteilung erstellt werden muß, zum anderen aber langfristige komplexe Prozesse im vornherein nicht vollständig planbar sind. Veränderungen im Betrieb und seiner Umwelt, das im Projektverlauf zunehmend bessere Verständnis der Problemlagen und Systemmöglichkeiten sowie der „menschliche Faktor" führen im Projektverlauf zwangsläufig zu notwendigen Modifikationen. Betriebliche Reorganisationsprozesse sollten daher als evolutionäre Gestaltungsprozesse angelegt werden, die über Rückkopplungsschleifen – den jeweiligen Möglichkeiten des Projektrahmens entsprechend – auf Veränderungen eingehen können. Abbildung 1 zeigt einen idealtypischen Projektverlauf, an dem sich die weitere Darstellung orientiert.

9.3.1.2 Die Form der Projektorganisation

Für die Organisation des Projektteams gibt es zahlreiche Modelle.[4] Die Auswahl der Gruppenstruktur hängt weitgehend von der jeweiligen Projektsituation ab. Der Ansatz der Selbstakquisition beim Aufbau des Informations- und Diagnosesystems D3 setzt zwei Beteiligungsformen voraus:

1. Eine Beteiligung aller Abteilungen, die von der Einrichtung des Informations- und Diagnosesystems betroffen sind.
2. Den Aufbau eines gesonderten Teams aus Fachexperten der Abteilung, die das System für die Störfalldiagnose nutzen soll. Dieses Expertenteam entwickelt die Wissensbasen nicht nur, sondern ergänzt und aktualisiert sie auch über die Laufzeit des Projektes hinaus.

Mit der Vorgabe dieser beiden Beteiligungsformen liegt die Wahl einer Matrix-Projektorganisation als Organisationsform nahe. Hier trägt die Projektleitung die Verantwortung für das Projekt, die Weisungsstruktur ist jedoch zweidimensional angelegt: „Der Projektleiter besitzt die Weisungsbefugnis für die Aufgaben des Managements, während die Linienverantwortlichen für die Durchführung der Projektaufgaben verantwortlich sind." (Heeg/Töller 1994, S. 200). Die Einbeziehung von Vertretern der durch das Informationssystem betroffenen Abteilungen ist so mit einem verhältnismäßig geringen Aufwand möglich. Die Matrix-Projektorganisation wird in Abbildung 2 veranschaulicht.

---

[4] Vgl. z.B. Heeg 1988; Heeg/Meyer-Dohm 1994; Madauss 1990.

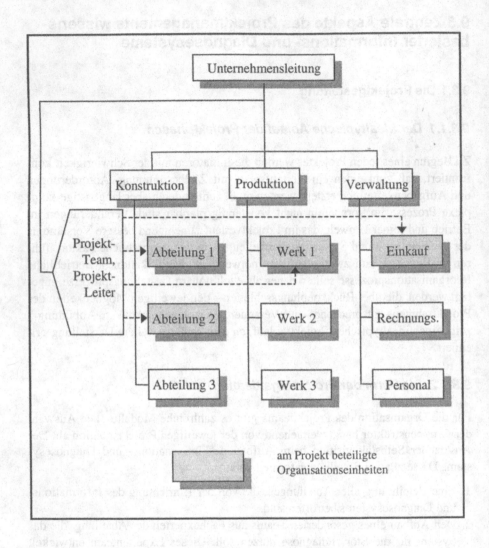

Unternehmensleitung

Konstruktion   Produktion   Verwaltung

Projekt-
Team,
Projekt-
Leiter

Abteilung 1   Werk 1   Einkauf

Abteilung 2   Werk 2   Rechnungs.

Abteilung 3   Werk 3   Personal

am Projekt beteiligte
Organisationseinheiten

Abb. 2: Matrix-Projektorganisation (Quelle: Heeg/Töller) 1994, S. 200

Den Vorteilen der Matrix-Projektorganisation stehen jedoch einige Nachteile gegenüber, die eine hohe soziale Kompetenz des Projektteams und somit eine sorgfältige Vorbereitung und Auswahl der Projektteilnehmer erfordern:

Matrix-Projektorganisation	
Vorteile	**Nachteile**
• ganzheitliche Problembetrachtung bei optimaler Ressourcennutzung • Vermeidung von Versetzungsproblemen des Personals • Arbeitssicherheit für die Mitarbeiter • schnelle Teambildung • flexibler Personaleinsatz • Förderung des Synergieeffektes	• mögliche Konflikte zwischen Projekt und Abteilungen • hohe Anforderungen an die Kommunikationsbereitschaft bei den Teilnehmern • mögliche Doppelbelastungen der Teilnehmer

9.3.1.3 Partizipationsformen im Projektverlauf

Der Leitfaden orientiert sich an dem theoretischen Ansatz von Organisationen als „soziotechnischen Systemen". Technik, Organisation und Personal werden nicht isoliert betrachtet, sondern als einander wechselseitig beeinflussende Komponenten. Bestmögliche Lösungen können nur dann erreicht werden, wenn die Gestaltung und Restrukturierung aller drei Ebenen in die Projektarbeit einbezogen werden. Einseitige Anpassungszwänge führen dagegen zwangsläufig zu suboptimalen Ergebnissen. Soll sich die neue Informationstechnologie nämlich den bisherigen Informationsstrukturen anpassen, werden möglicherweise organisatorische Schwächen in die Systemstruktur importiert. Andererseits löst die Einführung neuer Informationstechnologien als Maßnahme einer betrieblichen Problemlösung oder Verbesserung immer auch Veränderungen in der Arbeitsorganisation aus, die zum Teil nicht intendiert sind. Unvorbereitete Mitarbeiter reagieren darauf nicht selten mit Akzeptanzverweigerung. Statt des Zwangs zur reaktiven Anpassung von Mensch und Technik aneinander wird daher die Einführung neuer Informationstechnologien als ein gesamtbetrieblicher Gestaltungsprozeß gesehen und sollte mit einer fortwährenden Optimierung der Abläufe und Qualifizierung der Mitarbeiter verbunden sein. Den Zusammenhang von Technikgestaltung, Organisationsentwicklung und Personalentwicklung illustriert Abbildung 3.

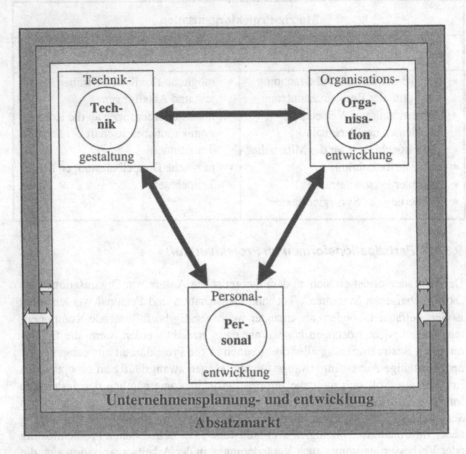

Abb. 3: Zusammenhang von Technikgestaltung, Organisations- und Personalentwicklung (in Anlehnung an Hesseler/Jürgen 1994, S. 164)

Aus der Perspektive des soziotechnischen Ansatzes ist es geboten, bei der Projektplanung von Beginn an alle von der Systemeinführung betroffenen Abteilungen einzubeziehen und die Partizipation der späteren Systemnutzer am Gestaltungsprozeß sicherzustellen. Der Begriff der Partizipation bezeichnet die gesetzlich nicht vorgeschriebene Beteiligung Betroffener an Entscheidungsprozessen in Organisationen. Sie wird in der Softwareentwicklung und in der Organisationsentwicklung als Maßnahme zur Entwicklung von bedarfsgerechteren Formen der System- und Organisationsgestaltung eingesetzt. Partizipation im Rahmen der Systementwicklung sichert die notwendigen wechselseitigen Lernprozesse von Systementwicklern und Fachexperten: Mitarbeiter verändern ihre Zielsetzungen und Denkweisen und erlernen das notwendige Gestaltungswissen. Systementwickler korrigieren in der Auseinandersetzung ihr Problemverständnis der Anwendungsdomäne und ihre Modellbildungen. Dieser Zusammenhang wird in Abbildung 4 veranschaulicht.

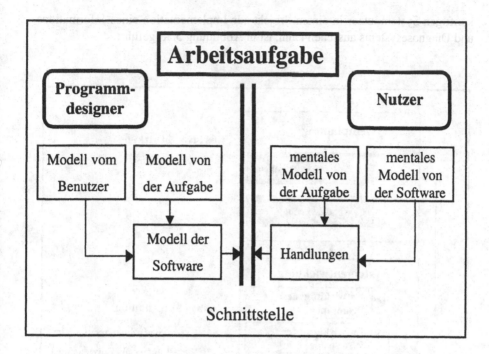

Abb. 4: Modelle der Designer und Nutzer von ihrer Aufgabe (Quelle: Gottschalch 1994, S. 126)

Es können verschiedene Formen der Partizipation unterschieden werden:[5]

- Bei der passiven Mitwirkung wird die Meinung der Betroffenen erhoben und in den Diskussions- und Entscheidungsprozeß einbezogen.
- Bei der aktiven Mitentscheidung erhalten die Betroffenen selbst eine (Mit-)Entscheidungskompetenz zugesprochen.
- Bei der aktiven Mitgestaltung erhalten die Betroffenen direkte Gestaltungsmöglichkeiten.

Partizipative Maßnahmen fördern die Bereitschaft der Mitarbeiter zu Veränderungen, da sie selbst in die Veränderungsprozesse einbezogen sind (Heeg 1988, S. 48 ff.). So können Anregungen aufgegriffen, Gerüchte und Ängste abgebaut und Bündnispartner für die Systemeinführung gewonnen werden. Eine Vielzahl von Untersuchungen stützt die Annahme, daß durch Partizipationskonzepte auch Kostenreduzierung und Akzeptanzverbesserungen bei der Einführung neuer Technologien erzielt werden können (vgl. Alavi 1984; Lantz 1986; Parks 1987; Bødker/Grøebæk 1991).

Ein wissensbasiertes Informations- und Diagnosesystem setzt mit seinem Design und dem Konzept der Selbstakquisition eine aktive Mitgestaltung der Systemnutzer voraus. Wie der Einsatz verschiedener Partizipationsformen der zu-

---

[5] Vgl. Ortlieb/Holz auf der Heide 1993, S. 251.

künftigen Systemnutzer in einem Projekt zur Implementation eines Informations- und Diagnosesystems aussehen kann, ist in Abbildung 5 aufgeführt.

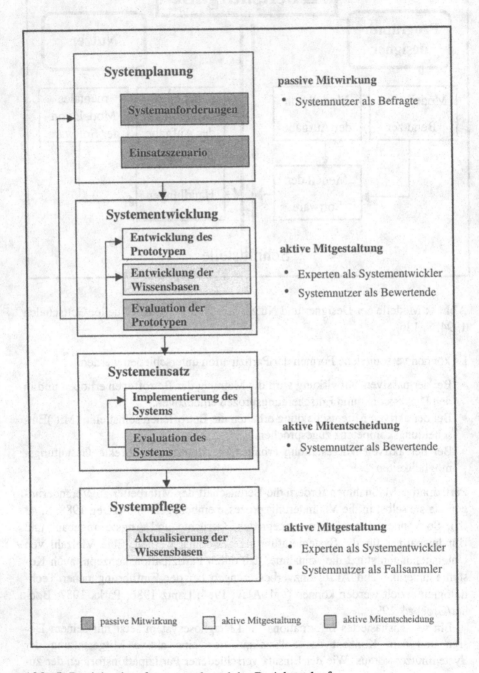

Abb. 5: Partizipationsformen während des Projektverlaufs

Die bloße Beteiligung der Mitarbeiter gewährleistet allerdings noch keinen erfolgreichen Partizipationsprozeß, vielmehr müssen die Beteiligten hinreichend motiviert sein. Motivation entsteht durch Berücksichtigung ihrer Bedürfnisse, aber auch durch klare Zielbestimmungen, an denen sie sich orientieren können, und durch eine Projektstruktur, die Beteiligungsprozesse aktiv unterstützt. Die Bedürfnisse der Mitarbeiter im Betrieb werden in der Bedürfnispyramide nach Maslow im Überblick dargestellt (Abbildung 6). Die Erfüllung dieser Bedürfnisse bildet die Grundlage jeglicher Arbeitsmotivation.

Abb. 6: Bedürfnispyramide nach Maslow (Quelle: Bottenberg/Dalic 1994, S. 167)

Die Vorgabe klarer Zielbeschreibungen unterstützt das Bedürfnis nach Selbstverwirklichung bei der Arbeit. Eine durchgängige Information über Projektziele und -prozesse aller Beteiligten ist die Voraussetzung dafür, daß jeder seine Aufgaben von vornherein richtig und in Abstimmung mit den anderen ausführen kann (vorbeugende Qualitätssicherung) und von dem Sinn seines Handelns überzeugt ist (Motivation): *„Motivation geht meist mit anschaulichen Zielvorstellungen des Einzelnen einher*, d.h. Motivate werden über die Vorstellung, *was will ich, wie, wozu*, mit welchen Mitteln und bis *wann* erreichen, umgesetzt. Ein Team zu *motivieren bedeutet*, alle Mitglieder über die als nächstes zu erreichenden Ziele zu in-

formieren und über bereits durchgeführte Schritte zu unterrichten. Nur so ist eine Veranschaulichung der angestrebten Ziele und damit eine konkrete Motivation der Mitglieder zum Erreichen eines bestimmten Zieles überhaupt möglich." (Bottenberg/Dalic 1994, S. 174).

Einige organisatorische Rahmenbedingungen der Beteiligungsprozesse bilden die Voraussetzung für die Erfüllung der anderen Grundbedürfnisse. Hierzu gehören etwa ein adäquates Zeitbudget, angemessene technische Ressourcen, die eindeutige Zuweisung von Kompetenzbereichen und Verantwortlichkeiten sowie ein Feedback über die Ergebnisse ihrer Beteiligung. Bei den Beteiligungsformen der Mitentscheidung und Mitgestaltung müssen auch die Voraussetzungen der Projektkultur gegeben sein. So muß der Gefahr einer Dominanz der Vorgesetzten und fehlendem Mut der Untergebenen zu freier Meinungsäußerung durch eine entsprechende Vorbereitung aller Projektgruppenmitglieder begegnet werden.

9.3.2 Von der Projektidee zur Zielformulierung

Die Transformation der Projektidee in definierte Ziele stellt jedes Projekt vor ein Problem. Die Festlegung von Projektzielen ist auf der einen Seite für den Projektverlauf notwendig. Sie dienen als Leitlinien für die folgenden Aktivitäten, sind also die Orientierungs- und Motivationsgrundlage, bilden die Ausgangsbasis von Bewertungs- und Auswahlprozessen, setzen den Rahmen für die Abstimmung der Aktivitäten und die Überprüfung von Planung und Realisierung. Auf der anderen Seite zeigt die Praxis, daß sich Projektziele in aller Regel während des Projektablaufs ändern. Das hat seine Ursachen nicht zuletzt in der zunehmenden Klärung von Problemlagen und Möglichkeiten im Projektverlauf und in der Dynamik von Organisationen. So ist die Zielplanung selbst ein evolutionärer Problemlösungsprozeß, der durch Unsicherheiten und Unklarheiten gekennzeichnet ist und deshalb den gesamten Projektverlauf hindurch einem ständigen Revisionsprozeß unterliegt.

Das Konzept der evolutionären Softwaregestaltung trägt diesem Umstand Rechnung und macht Systemanpassungsprozesse auch im Projektverlauf noch möglich. Jedoch sollte sich die Ausrichtung der Zielsetzung nicht auf die Einführung des Informations- und Diagnosesystems beschränken, sondern auch Maßnahmen der Personal- und Organisationsentwicklung im Blick haben, da Personal, Organisation und Technik in einem wechselseitigen Abhängigkeitsverhältnis stehen:

- Bereich *Organisation – Technik:* Je nach der bisherigen Informationsverwaltung der betroffenen Abteilungen sind Restrukturierungsprozesse notwendig, um die Informationsbereitstellung zu gewährleisten. Das kann von der Umstellung von Hand- auf Computeranwendungen bis zur Neuorganisation der Datenverwaltung reichen. Umgekehrt beeinflußt die Struktur der Informationsflüsse die Ausgestaltung der Systemschnittstellen und die Datenqualität. Beides sind Voraussetzungen für die Funktionalität und Akzeptanz des Endsystems.
- Bereich *Personal – Technik:* Fachkräfte eines Betriebes sind Mit-Entwickler und Nutzer eines Informations- und Diagnosesystems. Ihr Bedarf bestimmt die

Designanforderungen an die Technik, und der Grad ihrer Qualifikation bestimmt die Ausnutzung des Systempotentials. Der Systemeinsatz dagegen verändert ihre Arbeitsstruktur. Der Grad der tatsächlichen Bedarfsangemessenheit und die Tiefe der mit dem Systemeinsatz einhergehenden Veränderungen beeinflussen die Systemakzeptanz.

- Bereich *Personal – Organisation:* Die betriebliche Informationspolitik beeinflußt wechselseitig die Qualität und Aktualität des Informationsaustausches zwischen den Abteilungen und Hierarchieebenen. Beides sind wichtige Voraussetzungen für das Informations- und Diagnosesystem D3, das nur so gut sein kann wie das bereitgestellte Wissen. Probleme auf dieser Ebene können nicht durch technische Maßnahmen gelöst werden (vgl. z.B. Malsch/Schwingeler/Ziegler 1998).

9.3.3 Die Projektkonzeption

9.3.3.1 Das Projektteam und die Sonderrolle der Fachexperten

Die Einführung eines Informations- und Diagnosesystems betrifft mehrere Abteilungen und Hierarchieebenen mit Reorganisationsprozessen in unterschiedlicher Tiefe. Da Versuche einer Fremdsteuerung zu keinem oder bestenfalls zu einem suboptimalen Ergebnis führen können, sollten repräsentative Vertreter der betroffenen Abteilungen in allen Projektphasen einschließlich der Zielformulierungsphase beteiligt werden. Nur so können sie ihre Interessen äußern und selbst Handlungsbedarf erkennen – eine unumgängliche Voraussetzung, um in ihren Abteilungen Selbststeuerungsprozesse zur Reorganisation anzuregen. Die Intensität der Beteiligung an der Projektarbeit kann jedoch nach dem Grad der notwendigen Veränderungsmaßnahmen der jeweiligen Abteilungen variieren.

Ein Projektteam zur Einführung eines wissensbasierten Informations- und Diagnosesystems setzt sich in der Regel aus der Projektleitung, externen Projektmitgliedern (Informatikern und Sozialwissenschaftlern), Vertretern der EDV-Abteilung und der von der Systemeinführung betroffenen Abteilungen sowie den Fachexperten für den Aufbau der Wissensbasen zusammen. Häufig werden die Fachexperten in einer Doppelfunktion eingesetzt, als Experten für den zeitintensiven Aufbau der Wissensbasen und als Vertreter der Nutzergruppe.

Dieses Vorgehen hat neben der Kostenersparnis den Vorteil, daß die Experten das Informations- und Diagnosesystem bald sehr gut kennen und so realistische Verbesserungsvorschläge einbringen können. Allerdings sind sie zu diesem Zeitpunkt keine reinen Systemnutzer mehr. Die intensive Auseinandersetzung der Experten mit dem System kann dazu führen, daß diese sich bei der Entwicklung der Wissensbasis an Gegebenheiten des Systems anpassen und die Perspektive des Nutzers, dem die Funktionsweise des Diagnosesystems fremd ist, zu kurz kommt. Diese Entwicklung kann zumindest teilweise durch einen engen (institutionalisierten) Kontakt zwischen Experten und reinen Nutzern sowie frühzeitigen Prototypeneinsätzen unter reinen Nutzern aufgefangen werden.

Die Fachexperten übernehmen mit der Entwicklung der Wissensbasen eine besonders zeitintensive Aufgabe, die während des Projektverlaufs etliche Wochen der vollen Arbeitszeit beansprucht. Gleichzeitig ist es eine unabdingbare Voraussetzung, daß sie den praktischen Kontakt zu ihrer Arbeit aufrechterhalten, um angesichts des rapiden technologischen Wandels in ihren Fachabteilungen nicht den Anschluß zu verpassen. Letzteres würde den Verlust der Aktualität ihrer Fachkenntnis bedeuten und damit zwangsläufig zum Scheitern des Diagnosesystems führen. Vor diesem Hintergrund erfordert die Planung der Expertenrolle eine besondere Sorgfalt. Die Experten unterscheiden sich noch in anderer Hinsicht von den anderen Projektteilnehmern:

- Sie arbeiten nicht nur über die gesamte Projektlaufzeit als Team zusammen, sondern sind über diesen Zeitrahmen hinaus für die Pflege und Aktualisierung des Systems verantwortlich.
- Sie erfüllen als Systementwickler und als Vertreter der späteren Systemnutzer im Projekt eine Doppelrolle.

Diese Aufgaben stellen eine Reihe von Anforderungen an die Kompetenz der Fachexperten:

- Die eigene *Bereitschaft*, sich in ein *neues Computersystem* einzuarbeiten, sich auf eine *veränderte Berufsrolle* und auf den mehrjährigen *Teamprozeß* einzulassen, ist als Motivationsgrundlage für eine fruchtbare Expertentätigkeit unverzichtbar.
- Ausbaufähige *Computergrundkenntnisse* bilden nicht nur für die Arbeit an sich eine wichtige Voraussetzung, sondern sind auch notwendig, damit sich die zukünftigen Experten für die Wissensbasen ihr neues Einsatzfeld überhaupt vorstellen können.
- Sie müssen ihr *spezielles Fachwissen* auf dem aktuellen Stand halten. Gerade die langfristige Anforderung der Systempflege und -aktualisierung erfordert eine permanente Verknüpfung von Expertentätigkeit und Fachkenntnis. Das Ausmaß dieser Doppeltätigkeit hängt von der Innovationsrate der zu betreuenden Maschinen ab.
- *Fähigkeiten zur Abstraktion und Wissensstrukturierung* sind eine Voraussetzung für die Aufarbeitung des Erfahrungswissens in strukturierte Einheiten, die das Expertensystem verarbeiten kann.
- *Sozialkompetenz* ist für die Integration in das Team und die Aufrechterhaltung des notwendigen Kontaktes mit den anderen Nutzern unabdingbar. Letzteres ist um so wichtiger, als sich mit der zunehmenden Einarbeitung der Experten in das System auch ihr Verhältnis zu ihm ändert.
- Die fachliche Kompetenz der Experten muß unter den Arbeitskollegen und späteren Systemnutzern anerkannt sein. Da sie die Autoren der Wissensinhalte des Diagnosesystems sind, hängt die Akzeptanz des Systems und die Anerkennung seiner Lösungsvorschläge durch die Nutzer wesentlich vom *fachlichen Status* ab, den seine Autoren haben.

Diese Anforderungen verlangen eine gezielte Personalauswahl, Konzeption der neuen Berufsrolle und Vorbereitung der Expertentätigkeit. Hierzu gehören nicht nur eine Schulung und Beratung im Umgang mit dem Informations- und Diagnosesystem und der Wissensstrukturierung, sondern auch Qualifikationsmaßnahmen im Bereich Kommunikation und Kooperation, die bei Bedarf durchgeführt werden sollten. Vor allem den folgenden häufigen Praxisproblemen muß mit entsprechenden Maßnahmen vorgebeugt werden:

- *Doppelbelastung:* Wenn die Projektarbeit neben den alltäglichen Aufgaben erledigt werden muß, kann diese Doppelbelastung zu einer Überforderung führen. Es muß vermieden werden, daß das Engagement im Projekt für die Experten zu einer lästigen Pflicht wird, der sie sich so schnell wie möglich zu entledigen suchen. Daher ist es notwendig, die Experten in Absprache mit ihrem jeweiligen Vorgesetzten offiziell zu einem gewissen Teil ihrer Arbeitszeit von ihren täglichen Aufgaben zu entlasten.

- *Angst vor Benachteiligung:* Bei längerfristigen Projekten muß gewährleistet sein, daß sich aus der Entlastung von alltäglichen Aufgaben keine Nachteile für die Experten ergeben (z.B. finanzielle Einbußen wegen fehlender Außendiensteinsätze, Karriereblockade usw.). Mögliche Nachteile müssen ausgeglichen und dieser Ausgleich von den Experten und deren Vorgesetzten akzeptiert werden.

- *Statusprobleme:* Da die Fachexperten während der Projektlaufzeit intensiv an der Erstellung der Wissensbasen arbeiten, verändert sich ihre Berufsrolle. Es ist notwendig, ihnen bei ihren Vorgesetzten und Kollegen einen neuen Status zuzuweisen, der auch von der Projektleitung unterstützt wird. Wird dies versäumt, kann es in der Zusammenarbeit mit den Kollegen zu Konflikten kommen, da der Experte auf der einen Seite nicht mehr vollzeitig mit ihnen zusammenarbeitet, auf der anderen Seite seine Tätigkeit im Projektteam für sie aber nicht unbedingt transparent ist. Das wirkt demotivierend auf den Experten und beeinträchtigt seine Zusammenarbeit mit den späteren Systemnutzern.

- *Vereinzelung:* Das Informations- und Diagnosesystem D3 ermöglicht es mit seinem Modul Coop, den Aufbau der Wissensbasen so zu organisieren, daß die einzelnen Experten für sich arbeiten. Dennoch ist es empfehlenswert, die Wissenseingabe teamförmig zu gestalten (Teams von vier bis zehn Mitgliedern). Wechselseitige Motivation, die Möglichkeit, voneinander zu lernen, und soziale Unterstützung (Kontakt, Sicherheit, Anerkennung usw.) wirken sich positiv auf die Systemgestaltung und die grundsätzliche Motivation der Experten aus. Die Möglichkeit zu unabhängiger Einzelarbeit stellt jedoch eine wichtige Voraussetzung für die individuelle Arbeitsgestaltung der Experten dar, die ihre Expertentätigkeit am Computer mit der in ihrem Arbeitsfeld verbinden müssen.

- *Fluktuationen:* Vor allem bei längerfristigen Projekten kann die Fluktuation von Projektbeteiligten zu einem Problem werden, da mit ausscheidenden Teammitgliedern nicht nur Wissen und Erfahrung verloren geht, sondern sich auch eingespieltes Verhalten ändert. Um einem häufigen Wechsel der Beteiligten vorzubeugen, sollten vor Projektbeginn mit den Betreffenden ihre Bereitschaft sowie die objektiven Möglichkeiten und Hindernisse (bevorstehende Versetzung, Auslandsaufenthalt, Weiterbildung usw.) für die Mitarbeit bis Projektende und für die nachfolgende Systempflege abgeklärt werden. Unklare Verhältnisse oder gar die Befürchtung, die Projektarbeit wäre ein Karrierehindernis, demotivieren und führen zu „Projektflucht".

- *Hierarchiegefälle:* Bei hierarchisch gemischt zusammengesetzten Gruppen können sich Probleme ergeben, wenn das alltägliche Rollenverhalten in der Gruppe beibehalten wird. Wenn Vorgesetzte dominieren und Untergebene nicht den Mut zu Widerspruch und Kritik aufbringen, sind die Voraussetzungen für eine fruchtbare Zusammenarbeit schlecht. Eine Festlegung auf Regeln für die Diskussion und Verhalten in der Gruppe sowie ein Training sozialer Fähigkeiten kann sich für ein gutes Gruppenklima als nützlich erweisen.

9.3.3.2 Abgleich von Problem- und Bedarfsanalyse

Die Bedeutung der ersten Projektphase wird in der Literatur stets unterstrichen, in der Praxis dennoch häufig vernachlässigt. Systemanforderungen, die am Anfang eines Projekts unerkannt bleiben oder falsch festgelegt werden, sind einer der größten Kostenfaktoren der Softwareentwicklung.

Dabei kann eine gründliche Organisations-, Problem- und Bedarfsanalyse zu Beginn des Projekts nicht nur eine erste Evaluation und Korrektur der Zielbestimmungen ergeben, sondern auch einen Anforderungskatalog für die Systemgestaltung und Maßnahmen der Organisations- und Personalentwicklung bereitstellen.

Im Zentrum der *Organisationsanalyse* steht eine Ist-Soll-Bestimmung, welche die bisherigen organisatorischen, personellen und technischen Schwächen und Stärken des Problembereichs analysiert. Sie bildet die Grundlage für die Entscheidung, in welchen Bereichen Restrukturierungsmaßnahmen eingeleitet werden sollen und welche Voraussetzungen für eine Systementwicklung gegeben sind:

- technische Voraussetzung: vorhandene Systeme, Datenformate usw.
- personelle Voraussetzungen: einsatzfähige Fachexperten, Qualifikationsstand usw.
- organisatorische Voraussetzungen: betriebliche Informationsflüsse, Datenaktualität, involvierte Abteilungen, die in enger oder loser Form an dem Projekt beteiligt werden sollen, usw.

Bei der Einführung eines Informations- und Diagnosesystems müssen die betrieblichen Informationsflüsse und die betriebliche Informationspolitik ein inhaltlicher Schwerpunkt der Analyse sein. Die *Problemanalyse* versucht die Ursachen für Problembereiche zu eruieren, und die *Bedarfsanalyse* die Anforderungen an Restrukturierungs- und Qualifikationsmaßnahmen sowie an informationstechnischer Unterstützung zu klären. Als Ergänzung zu den klassischen Analyse-Methoden der Projektplanung (zur Übersicht vgl. Heeg/Töller 1994, S. 287 ff.) ist in allen drei Analysebereichen der Einsatz qualitativer Methoden zu empfehlen. Sie bieten nicht nur die Chance, z.B. im Interviewverlauf auf unerwartete Problembeschreibungen zu stoßen, sondern können auch handlungsleitende Einstellungen und Motivlagen erfassen, die auf verdeckte organisatorische Probleme verweisen.

Erst nach einem Abgleich der drei Analysebereiche lassen sich erste realistische Projektziele bestimmen und ein angemessener Maßnahmen- und Anforderungskatalog erstellen.

9.3.4 Die Organisations- und Systementwicklung

9.3.4.1 Die Expertenqualifikation und der Aufbau der Wissensbasen

Der Aufbau der Diagnose-Wissensbasen erfordert eine Qualifizierung der Experten hinsichtlich der Bedienung des Diagnosesystems, der Methoden der Strukturierung ihres Fachwissens und seiner Übertragung zur Modellierung der Wissensbasen. Die Qualifizierung erfolgt im Idealfall in drei Phasen, in denen die Experten mit unterschiedlicher Intensität betreut werden.

1. Die *Schulungsphase* sollte ca. eine Woche umfassen, bei der Verwendung von Formalisierungsmustern (Kap. 2-4) kann sie auch kürzer sein. Hier werden den Experten die Bedienung des Diagnosesystems, Methoden der Wissensstrukturierung und erste Ansätze der Modellierung kleiner Beispielwissensbasen durch einen Instruktor vermittelt. Für die eigenständige Erkundung des Systems sollten Selbstlernmedien, wie das „Tutorial für die Entwicklung von Wissensbasen mit dem Expertensystem-Shell-Baukasten D3" (Kap. 14, auf CD) zur Verfügung stehen.
2. Die sich anschließende *Explorationsphase* ist als reine Selbstlernphase mit bedarfsbezogener Beratung konzipiert. Ziel dieses Qualifikationsabschnitts ist eine Vertiefung des in der Schulungsphase erarbeiteten Wissens und der selbständige Aufbau erster Wissensbasen. Zur Unterstützung stehen Tutorial, Systemhandbuch und ein Instruktor zur Verfügung. Der Instruktor schlüpft in dieser Phase allmählich in die Rolle eines Beraters, der anfänglich noch die Experten bei der Wissensmodellierung unterstützt, deren Wissensbasen überprüft, und Verbesserungsvorschläge unterbreitet, schließlich aber lediglich Hilfestellung bei Fragen gibt, die das Diagnosesystem betreffen.
3. In der *Phase des Routineumgangs* erarbeiten die Experten vollkommen selbständig ihre Wissensbasen. Der Instruktor steht bei spezifischen Problemen mit dem Diagnosesystem zu ihrer Unterstützung zur Verfügung.

Die Schulung der Experten durch einen Instruktor ist eine wichtige Voraussetzung für die erfolgreiche Gestaltung der Wissensbasen und für die Ausnutzung der Potentiale des Diagnosesystems. Sie kann durch Selbstlernmedien wie dem Tutorial nicht vollständig ersetzt werden. Insbesondere der schrittweise Transfer der im Tutorial vermittelten Arbeitsweisen auf die Modellierung des eigenen Erfahrungswissens bedarf zunächst der Zusammenarbeit mit einem Instruktor.

9.3.4.2 Die Prototypeneinsätze

Die Strategie des evolutionären Prototyping zielt darauf ab, zunächst einen unvollständigen Prototypen des Zielsystems auszubauen. Traditionell dient der Prototypeneinsatz ausschließlich der Prüfung der Systemeigenschaften und der Feststellung von Mängeln. Gleichwohl ermöglicht der Prototypeneinsatz nicht nur die Evaluation des Systems selbst, sondern macht bei der Wahl entsprechender Evaluationsmethoden auch organisatorische und qualifikatorische Anforderungen sichtbar. Als wichtige Voraussetzungen für einen erfolgreichen Systemeinsatz sollten sie miterhoben werden.

Der Test des Prototypen kann unter *„Laborbedingungen"* erfolgen oder als *„begrenzter Systemeinsatz"*. Im ersten Fall testen zukünftige Nutzer das System getrennt von ihrer Arbeitssituation während eines bestimmten Zeitraumes. Hier kann abgeklärt werden, inwieweit das System den Vorstellungen und Wünschen der Nutzer entspricht. Im zweiten Fall wird der Prototyp in einem begrenzten Einsatzfeld bereits in den Arbeitsalltag integriert. Die Prototypenevaluation kann überprüfen, ob das System hinsichtlich Funktionalität, Design und Inhalt tatsächlich den Anforderungen des Anwendungsfeldes entspricht und welche ergänzenden Maßnahmen hinsichtlich der Systemgestaltung, der Mitarbeiterqualifikation und der Arbeitsgestaltung noch notwendig sind.

Die Evaluationsmethoden des *Prototypeneinsatzes als Laborsituation* erstrecken sich auf die Auswertung von Mängel- und Vorschlagsprotokollen der Nutzer, Interviews mit den Nutzern und teilnehmende Beobachtungen während der Systemnutzung. Dieses Einsatzkonzept erleichtert die Evaluation, da es zeitlich und lokal begrenzt ist. Zudem besitzt es den Vorteil, daß Mängel des Prototypen weder die Arbeitssituation noch den Systemtest behindern. Jedoch können gerade kritische, arbeitssituationsbezogene Mängel verdeckt bleiben. Diese treten dann erst beim kompletten Systemeinsatz zu Tage. Ihre Korrektur verursacht zu diesem späten Projektzeitpunkt erhebliche Kosten und verringert die Akzeptanz des Systems.

Prototypeneinsatz als begrenzter Systemeinsatz	
Vorteile	**Nachteile**
• Abklärung von Nutzervorstellungen mit den Systemeigenschaften • Prototypentest ist bereits zu frühem Entwicklungszeitpunkt möglich • definierbare Prototypeneinsatzkosten • kontrollierte Evaluationssituation • keine Beeinträchtigung der Evaluation durch die Arbeitssituation • keine Beeinträchtigung der Alltagsarbeit durch mögliche Systemmängel	• keine Abklärung von realen Arbeitsanforderungen und Systemeigenschaften • keine Abschätzungsmöglichkeiten der Systemeinsatzfolgen auf die Arbeitssituation

Die Evaluation des Prototypen im *begrenzten Systemeinsatz* kann das System in seinem Einsatzfeld und dessen Rahmenbedingungen untersuchen. Als Analysemethodik eignet sich eine Kombination aus teilnehmender Beobachtung über einen definierten Zeitraum und qualitativen Interviews. Der Systemeinsatz findet am Arbeitsplatz statt, bei einem Service-System z.B. beim Kunden. Diese Situation stellt hohe Anforderungen sowohl an die Qualität des Prototypen, der die Arbeit nicht durch gravierende Mängel behindern darf, als auch an den Schulungsstand der Prototypennutzer, die mit dem System bereits vertraut sein müssen, um die Hemmschwelle der Systemnutzung im Arbeitsalltag zu überschreiten. Es muß auch gewährleistet sein, daß den Systemnutzern bei eventuellen Arbeitsverzögerungen durch den Systemeinsatz keine Nachteile entstehen. Dennoch ist diese Methode immer mit der Unsicherheit behaftet, daß eine Arbeitsbehinderung durch das System oder die Angst davor durch das System zum Abbruch des Prototypeneinsatzes führen.

Prototypeneinsatz unter Laborbedingungen	
Vorteile	**Nachteile**
• Abklärung realer Arbeitsanforderungen und Systemeigenschaften wird möglich • nicht artikulierte oder artikulierbare Bedürfnisse und Interessen werden sichtbar • notwendige organisatorische und qualifikatorische Rahmenmaßnahmen werden deutlich • erste Abschätzungen der Systemeinsatzfolgen auf die Arbeitssituation werden möglich	• später Testzeitpunkt wegen hoher Qualitätsanforderungen • hoher Vorbereitungsaufwand • unsichere Evaluationsbedingungen in Abhängigkeit von der Arbeitssituation

In Abhängigkeit vom Entwicklungsstand des Systems kann eine Kombination beider Einsatztypen sinnvoll sein. So kann der Prototypeneinsatz unter Laborbedingungen bereits mit den Experten während der verschiedenen Phasen der Systementwicklung geschehen, der Prototypeneinsatz als begrenzter Systemeinsatz gegen Ende der Entwicklungsphase bei einem ausgereifterem Systemzustand. Der Einsatz des Prototypen muß ebenso wie der endgültige Systemeinsatz sorgfältig vorbereitet werden. Akzeptanz und Nutzungskompetenz der Systemnutzer sind zentrale Voraussetzungen dafür, daß der Prototypeneinsatz verwertbare Erkenntnisse erbringt. Folgende Punkte sollten beachtet werden:

• Der Prototyp muß zum Einsatzzeitpunkt soweit ausgereift sein, daß er eine Vorstellung der Endfassung vermitteln kann. Nur partiell entwickelte Funktionen, rudimentäre Wissensbasen oder eine zu hohe Fehlerhaftigkeit können gerade bei Nutzern mit geringer EDV-Erfahrung eine ernsthafte Systembeurteilung verhindern, da sie sich keine klaren Vorstellungen über das Zielsystem machen können. Das führt entweder zu starker Systemkritik oder gar zur Ablehnung des Systems („Das System ist fehlerhaft und bietet nicht das, was wir brauchen."), – oder zu unrealistischen Vorstellungen über den Endzustand, die bei dem späteren Realeinsatz enttäuscht werden („Das wird alles noch perfekt geregelt").

- Die *Auswahl der Nutzergruppe* sollte sich an der durchschnittlichen späteren Zielgruppe orientieren. „Besonders geeignete" Kandidaten mit speziellen Vorkenntnissen verzerren die Auswertung. Der Einsatz sollte, wenn möglich, dem Prinzip der Freiwilligkeit folgen, da so eine Grundmotivation für die Auseinandersetzung mit dem System besteht.

- Eine *frühzeitige und ausführliche Informierung* der Nutzergruppe über Zweck und Ablauf des Systemeinsatzes erhöht die Akzeptanzbereitschaft und unterstützt die Auswertung. Denn mit dem Einsatz neuer Informationstechnologien können bei den Mitarbeitern Ängste vor Veränderung, Überforderung oder gar Arbeitsplatzverlust ausgelöst werden. Solche Ängste können dazu führen, daß die Nutzer versuchen, durch eine negative Evaluation die Systemeinführung zu verhindern. Eine umfassende Informierung der Nutzer ermöglicht die Entwicklung realistischer Vorstellungen und fördert die Akzeptanz. Sind die Mitarbeiter über das Projekt informiert, können sie zudem das System gezielt auf den Einsatzzweck hin evaluieren. Bei diffusen Vorstellungen besteht die Gefahr, daß sie sich nur an ihren momentanen Unterstützungsbedürfnissen orientieren oder beliebige Ergänzungswünsche nennen.

- Eine *rechtzeitige Schulung* der Systemnutzer in der (Computer- und) Systemanwendung ist für die Beurteilung der Funktionalität und Bedienungsfreundlichkeit des Systems eine wichtige Voraussetzung. Untersuchungen zeigen, daß Benutzer mit großer EDV-Erfahrung im Durchschnitt doppelt so viele Gestaltungshinweise wie unerfahrene Benutzer geben (vgl. Holz auf der Heide 1993 S. 168). Unerfahrene Benutzer hingegen äußern zumeist erst nach einer Schulung Kritik und Gestaltungsvorschläge. „Learning by Doing" kostet nicht nur wertvolle Evaluationszeit und verzerrt die Ergebnisse, sondern gefährdet durch Frustrationen auch die Akzeptanz des Systems. Mit naiven Benutzern werden nicht unbedingt die besseren Systeme gestaltet.

- *Schaffung geeigneter Rahmenbedingungen* für den Einsatz. Es ist darauf zu achten, daß der Gruppe, die den Prototypen erprobt, in ihrem Arbeitsablauf keine Nachteile entstehen. Bei absehbaren Nachteilen sollten gegensteuernde Maßnahmen ins Auge gefaßt werden (z.B. Arbeitsentlastung, finanzieller Ausgleich).

- Im Idealfall wird die Konstruktion eines Informations- und Diagnosesystems erst dann beendet, bzw. die aktuell vorliegende Version zum Zielsystem erklärt, wenn die involvierten Gruppen keine Verbesserungswünsche mehr äußern.

9.3.5 Die Systemeinführung

9.3.5.1 Mitarbeiterqualifizierung

Bei der Einführung eines Informations- und Diagnosesystems müssen die Nutzer in zweifacher Hinsicht auf den Einsatz vorbereitet werden:

1. Die Nutzer müssen in die Bedienung und Funktionsmöglichkeiten des Systems eingeführt werden. Die Vermittlung reiner Bedienungskenntnisse ist insofern ungenügend, weil erst funktionale Kenntnisse den Nutzern ermöglichen, ein

mentales Modell der Arbeitsweisen und Zusammenhänge des Systems zu ent-
werfen. Das Gefühl der Unterlegenheit und die Angst vor Fehlern und deren
Auswirkungen können hierdurch aufgefangen werden.
2. Es muß vermittelt werden, daß die Nutzer, indem sie neue Fälle in das System
eingeben, für den Aufbau der Fallsammlungen und damit für die Qualität seiner
Diagnosen mitverantwortlich sind. Gerade dieser Punkt verlangt bei der Schulung besondere Aufmerksamkeit, da die Hemmschwelle für die Mitverantwor-
tung der Systemgestaltung sehr hoch liegen kann. Das Speichern abweichender
Fälle kann Angst vor einer Offenlegung möglicher eigener Fehler oder subop-
timaler Arbeitsweisen auslösen oder auch als unbeabsichtigte Kritik an der Arbeit der Experten mißverstanden werden.

Schulungsmaßnahmen in Betrieben werden häufig nach dem „Schneeballprinzip"
durchgeführt: Einzelne Mitarbeiter werden geschult und müssen ihre Kenntnisse
an die Kollegen weitervermitteln. Dieses Vorgehen verspricht Kostenersparnisse
und eine praxisnahe Einführung, beinhaltet aber auch das Risiko, daß die Erst-
schulungsinhalte nur selektiv vermittelt werden. Damit unter der Bedingung des
„Schneeballprinzips" den Schulungsanforderungen eines Informations- und Diagnosesystems Genüge getan wird, müssen einige Punkte beachtet werden:

- Diejenigen Mitarbeiter die zuerst ausgebildet werden, müssen sorgfältig hinsichtlich ihrer bisherigen Erfahrung mit Computern, ihrer Motivation und ihren
  didaktischen Fähigkeiten ausgewählt werden.
- Für weitergehende Schulungsmaßnahmen müssen sowohl für die Instruktoren
  wie auch für die Auszubildenden zeitliche Freiräume geschaffen werden, da
  Doppelbelastungen gerade bei technologischen Neuerungen demotivierend und
  akzeptanzhemmend wirken.
- Die Mitarbeiter sollten mit Beginn der Schulungsphase die Möglichkeit zu „ex-
  plorativem Lernen" erhalten, d.h. es sollten ihnen Geräte zur Verfügung stehen,
  an denen sie das System eigenständig erkunden können.

Breit angelegte Schulungsmaßnahmen vermeiden die Risiken unvollständiger
Anleitungen und akzeptanzhemmender ungünstiger Lernsituationen. Darüber hin-
aus gewährleisten sie einen gleichmäßigen Ausbildungsstand in allen relevanten
Punkten. Generell sollte bei Schulungsmaßnahmen in der Einführungsphase des
Informations- und Diagnosesystems folgendes beachtet werden:

- Die Schulung muß mit der Systemeinführung zeitlich so koordiniert werden,
  daß das Gelernte unmittelbar angewendet werden kann. Kommt das Informa-
  tions- und Diagnosesystem nach der Schulung nicht sofort zum Einsatz, sollte
  in jeder Abteilung wenigstens ein Übungsarbeitsplatz zur Verfügung stehen.
- Während der Einarbeitungsphase sollten Systemexperten telefonisch zur Verfügung stehen, um entstehende Probleme und Fragen direkt zu klären.
- Den Nutzern sollte eine kurzes Handbuch mit den notwendigsten Bedienungs-
  hinweisen zur Verfügung stehen.

9.3.5.2 Systemnachevaluation

Erst eine Nachevaluation der Erfahrungen mit dem System im Alltagsbetrieb läßt eine endgültige Beurteilung zu, ob das Projekt erfolgreich war, bzw. welche Mängel noch vorhanden sind und korrigiert werden müssen. Sie sollte erst erfolgen, wenn der Systemeinsatz bereits zur Alltagsroutine gehört, also nach etwa drei Monaten. Der genaue Zeitraum hängt jedoch vom Einsatzfeld und der Projektdauer ab. Für eine abschließende Beurteilung des Projektes in Gegenüberstellung von Projektzielen und Ergebnissen müssen zunächst Erfolgskriterien festgelegt werden, die in der Nachevaluation eine Beurteilung der Projektergebnisse ermöglichen. Hierbei können zwei Ebenen unterschieden werden:

- „Harte", ergebnisorientierte Beurteilungskriterien, wie Leistung, Qualität, Zeit und Kosten, orientieren sich an der Gesamtzielsetzung des Projektmanagements.
- „Weiche", prozeßorientierte Beurteilungskriterien orientieren sich dagegen an der Zufriedenheit der Projektbeteiligten und der Akzeptanz der erarbeiteten Lösungen.

Die Erfolgskriterien müssen auch die Projektdynamik berücksichtigen, vor allem Veränderungen der ursprünglichen Zielsetzungen. Eine Operationalisierung der qualitativen weichen Faktoren ist schwierig – sie sollte deshalb aber nicht vernachlässigt werden, denn diese Faktoren sind für den langfristigen Projekterfolg von großer Bedeutung. Schließlich geht es bei der Effektivierung der System- und Organisationsgestaltung und bei Maßnahmen zur Akzeptanzförderung um die institutionellen und organisatorischen Bedingungen der Innovationsfähigkeit des Betriebes.

9.3.6 Routinemäßiger Systemeinsatz

Wenn die abschließende Nachevaluation nach der Systemeinführung letzte Defizite des Systemdesigns, der Wissensbasisinhalte und der Qualifizierungsmaßnahmen aufgezeigt hat, ist eine Planung der notwendigen Maßnahmen für den routinemäßigen Einsatz des Informations- und Diagnosesystems möglich. Für eine erfolgreiche Systemnutzung müssen die Systemfunktionalität, die Aktualität der Informationsflüsse, der Wissensbasen und die Mitarbeiterqualifikation auf Dauer gewährleistet sein.

Gewährleistung der Aktualität der Informationsflüsse:
Für die fortlaufende Aktualität des Informations- und Diagnosesystems muß sichergestellt sein, daß die Experten sowohl die relevanten Informationen über Innovationen und Veränderungen aus den verschiedenen Abteilungen des Betriebes erhalten als auch neue Problemstellungen, die sich an den zu diagnostizierenden Maschinen ergeben. Wenn dabei nicht auf institutionalisierte Informationskanäle zurückgegriffen werden kann, muß ein Informationsmanagement für Innovationen und Problemstellungen initiiert werden, um die Experten zu unterstützen.

Zusätzlich unterstützt das Diagnosesystem die Erhebung von Maschinenproblemen in mehrfacher Weise:

- durch die Möglichkeit, formalisierte Berichte zu erstellen,
- durch Fallsammlungen,
- und durch die Möglichkeit, an jeder Stelle des Dialogs Freitextkommentare als Notizen einzufügen und zu speichern.

Die Nutzung dieser Möglichkeiten muß jedoch erst bei den Systemnutzern etabliert werden. Sie sollten bereits in den Schulungen darauf hingewiesen werden.

Pflege und Aktualisierung der Wissensbasen:
Die Aktualisierung der Wissensbasen wird in der Regel von den Experten fortgeführt werden, die sich bereits während der Projektlaufzeit entsprechende Kompetenzen erworben haben.

Kontinuierliche Qualifizierung von Mitarbeitern:
Auch nach der routinemäßigen Einführung des Informations- und Diagnosesystems muß die Qualifikation neuer Mitarbeiter und Auszubildender gewährleistet werden. Neben Schulungen nach Bedarf bietet die Tutorfunktion des Diagnosesystems die Möglichkeit, das System bereits als Lernsystem in die Ausbildung zu integrieren.

Literatur

Alavi, M. (1984): The Evolution of Prototyping Approach to Information Systems Development, Communications of the ACM, 27/6, S. 556-563

Bødker, S./Grøebæk, K. (1991): Design in Action: From Prototyping by Demonstration to Cooperative Prototyping, in: Greenbaum, J./Kyng, M. (Hg.), S. 197-218

Bottenberg, H./Dalic, T. (1994): Teamarbeit, in: Heeg, F. J./Meyer-Dohm, P. (Hg.), S. 164-177

Gottschalch, H. (1994): Methoden der Beteiligung künftiger Benutzer an der Gestaltung eines Planungs- und Steuerungsprogramms für die Werkstatt, in: : Heeg, F. J./Meyer-Dohm, P. (Hg.), S. 115-136

Greenbaum, J./Kyng, M. (Hg.) (1991): Design at Work. Cooperative Design of Computersystems, Hillsdale, N.J.

Heeg, F. J. (1988): Moderne Arbeitsorganisation, München

Heeg, F. J./Töller, H. (1994): Projektmanagement zur Planung und Steuerung betrieblicher Personalentwicklungs- und Organisationsentwicklungs-Maßnahmen, in: Heeg, F. J./Meyer-Dohm, P. (Hg.), S. 191-289

Heeg, F. J./Meyer-Dohm, P. (Hg.) (1994): Methoden der Organisationsgestaltung und Personalentwicklung, München, Hansa-Verlag

Hesseler, M./Jürgen, K. (1994): Lernstatt als Instrument integrierter Personal- und Organisationsentwicklung am Beispiel der Einführung neuer Technologien, in: Heeg, F. J./Meyer-Dohm, P. (Hg.), S. 137-164

Holz auf der Heide, B. (1993): *Welche* software-ergonomischen Evaluationsverfahren können *was* leisten?, in: Rödiger, K.-H. (Hg.), S. 157-172

Lantz, K. (1986): The Prototyping Methodology, Englewood Cliffs, N.J.

Madauss, B. (1990): Projektmanagement. Ein Handbuch für Industriebetriebe, Unternehmensberater und Behörden, 3. Aufl., Stuttgart, Poeschel

Malsch, T./Schwingeler, S./Ziegler, S. (1998): Die Kontextualität als Orientierungsgröße für die Implementation von Expertensystemen, in: Pahl, J.-P.(Hg.), S. 83 - 100

Ortlieb, S./Holz auf der Heide, B. (1993): Benutzer bei Software-Entwicklungen angemessen beteiligen – Erfahrungen und Ergebnisse mit verschiedenen Konzepten, in: Rödiger, K.-H. (Hg.), S. 249-261

Pahl, J.-P. (Hg.) (1998): Instandhaltung. Arbeit – Technik – Bildung,. Seelze-Velber, Kallmeyersche Verlagsbuchhandlung

Parks, M. (1987): Time, Cost Reduced by Developing Manufacturing Information Systems Using Microcomputer Prototyping, Industrial Engeneering 19, 44-48

Puppe, F./Gappa, U./Poeck, K./Bamberger, S. (1996): Wissensbasierte Diagnose- und Informationssysteme, Berlin et al

Rödiger, K.-H. (Hg.) (1993): Software-Ergonomie '93. Von der Benutzeroberfläche zur Arbeitsgestaltung, Berichte des German Chapter of the ACM, Bd. 39, Stuttgart, Teubner

10. Expertensysteme und interdisziplinäre Kommunikation

Susanne Ziegler

Zusammenfassung: Dieser Beitrag liefert eine kritische Auseinandersetzung mit der betrieblichen Umsetzung der Selbstakquisition bei der Entwicklung eines wissensbasierten Diagnose- und Informationssystems.

10.1 Problemaufriß und Lösungsansatz

Nach dem Abschluß interdisziplinärer Forschungsprojekte zur Expertensystemtechnik müssen die beteiligten Akteure aus Wissenschaft und Wirtschaft bisweilen feststellen, daß die Ergebnisse der gemeinsamen Forschungs- und Entwicklungsarbeit in puncto Nachhaltigkeit zu wünschen übrig lassen: Die gemeinsam entwickelten Systemlösungen mutieren nicht selten zu „Software-Leichen" im Keller der beteiligten Unternehmen. Zwar ist die Generierung interdisziplinärer Lern- und Innovationsprozesse nicht an den langfristigen Einsatz eines Systems gebunden: Techniksoziologische Untersuchungen zeigen, daß gerade auch aus nicht genutzten Expertensystemen ein Nutzenpotential hervorgehen kann [Degele 1994]. Das angesprochene Phänomen verweist dennoch auf zwei eng miteinander verwobene Problembereiche: zum ersten auf die technischen und organisatorischen Anforderungen der Systementwicklung und -wartung, aufgrund derer die betriebliche Akzeptanz wissensbasierter Diagnosesysteme mit dicken Fragezeichen versehen werden mußte [Malsch u.a. 1993]. Die zweite Anforderung ist mit der ersten gerade bei interdisziplinären Forschungsprojekten eng verknüpft: Nachhaltige Lösungen im Bereich der Systementwicklung und -wartung unterstellen immer auch eine gelungene Integration von Produkten und Konzepten der Wissenschaft in den betrieblichen Arbeits- und Organisationskontext.

Um im Bereich wissensbasierter Diagnose- und Informationssysteme Lösungen zu erarbeiten, die über das Ende der Projektlaufzeit hinaus wirksam sind, ist es sinnvoll, bereits während der Projektlaufzeit die betriebliche Selbstorganisation des Wissenserwerbs zu unterstützen und die Kompetenz der Experten für die Systementwicklung und -wartung zu fördern. Hier bietet das Konzept der Selbstakquisition [Malsch 1992, Malsch u.a. 1993] oder des direkten Wissenserwerbs[1]

---

[1]   Beide Begriffe werden im folgenden synonym verwendet.

[Puppe 1990] einen Ansatzpunkt. Die Selbstakquisition sieht vor, bei der Entwicklung wissensbasierter Diagnose- und Informationssysteme auf Wissensingenieure zu verzichten und den betrieblichen Experten selbst die Systementwicklung und -wartung zu übertragen. Die softwaretechnischen Voraussetzungen sind mit leistungsfähigen Expertensystemshells gegeben, die Teile der Programmierarbeit des Wissensingenieurs objektivieren. Die Selbstakquisition bildete einen Forschungsschwerpunkt des interdisziplinären Projekts „Kooperierende Diagnostik-Expertensysteme zur Komplexitätsreduktion bei der Entwicklung sehr großer Wissensbasen". Es ging darum, Gestaltungs- und Umsetzungswissen für dieses Konzept bereitzustellen. Dabei rückten zum einen die Bedingungen und Gestaltungsanforderungen der betrieblichen Systemeinführung ins Blickfeld [vgl. Kap. 9 in diesem Band], zum anderen die Gestaltung der Wissenseingabeschnittstelle des Systems, die diesbezüglichen Anforderungen der Experten sowie ihr Qualifizierungsbedarf für die neue Aufgabe der Wissensimplementation. Das Realexperiment der Selbstakquisition wurde mit soziologischen Methoden (qualitative Interviews, Beobachtungen der Experten im Umgang mit D3) und im Rahmen von Schulungen der Experten empirisch untersucht. Die betrieblichen Experten, die mit D3 ein wissensbasiertes Diagnose- und Informationssystem für Druckmaschinen erstellten, waren als Facharbeiter qualifizierte Monteure der Koenig & Bauer-Albert AG. Sie montieren hochkomplexe Druckmaschinen bei den Kunden, führen die Inbetriebnahme durch und entstören die Maschinen, wenn in der Produktion Fehler auftreten.

Die Monteure verfügten zwar über Computerkenntnisse, waren durch das Forschungsprojekt jedoch zum ersten Mal mit der Expertensystemtechnik bzw. mit D3 konfrontiert. Sie hatten sich aber schon bald zu veritablen D3-Experten qualifiziert. In der Anfangsphase der Wissensakquisition wie auch bei den Schulungen weiterer Monteure zeigte sich aber, daß die Selbstakquisition nicht immer problemlos vonstatten ging. D3 war für die Monteure in einigen Bereichen nicht selbsterklärend, und die im System verfügbaren Möglichkeiten entsprachen den Vorstellungen der Monteure von einem Expertensystem nicht in allen Punkten.

Woran lag das? D3 hat eine lange Geschichte und ist durch Entwicklungen in der Wissenschaft ebenso beeinflußt worden wie durch inkrementelle Innovationen aus seinen zahlreichen und heterogenen Anwendungsfeldern. Es ist in seinem Design durch seine Genese in der Wissenschaft und in früheren Einsatzkontexten mitgeprägt [Ziegler, Schwingeler 1997]. So war es keineswegs verwunderlich, daß den Monteuren als neuer Zielgruppe die Terminologie und Strukturierungsanforderungen von D3 teilweise fremd waren. Eine wichtige Projektaufgabe bestand folglich darin, „Übersetzungsarbeit" zu leisten, den realen Bedarf der Monteure zu ermitteln und eine bedarfsorientierte Nutzung des Potentials von D3 zu erreichen. Dazu wurde ein Tutorial für die Wissensbasisentwicklung mit D3 (vgl. Kap. 14 auf der CD) erstellt. Es bietet eine einfache und bedarfsorientierte Einführung in den Umgang mit D3 und wurde zur Qualifizierung der Monteure eingesetzt. Dabei ergaben sich zahlreiche Vorschläge für die inkrementelle Weiterentwicklung der Wissenseingabeschnittstelle. So haben die Monteure z.B. dafür plädiert, den Entscheidungsbaum zu einem zentralen Eingabeformular auszubauen, was im Fortgang des Projekts von anderen betrieblichen Partnern der Transferphase mit der

Entwicklung des heuristischen Entscheidungsbaums aufgegriffen wurde (s. Kap. 2). In diesem Beitrag soll nun gezeigt werden, welche kritischen Punkte in der Nutzung von D3 auftraten und wie sie überwunden werden konnten. Zunächst soll jedoch das Konzept der Selbstakquisition detaillierter vorgestellt werden. Dabei wird auch auf die Funktionalität der interdisziplinären Kommunikation für den Wissenserwerb eingegangen.

10.2 Wissenserwerb und interdisziplinäre Kommunikation

Die Selbstakquisition oder der direkte Wissenserwerb zielen darauf ab, den Wissensingenieur einzusparen und das Potential des Computers für die Rationalisierung des Wissenserwerbs zu nutzen. Die Akquisitionsarbeit des Wissensingenieurs wird so weit wie möglich automatisiert, und die nicht automatisierbaren Restarbeiten der Implementation des Erfahrungswissens von den Experten selbst übernommen. Die Begründung für die Selbsakquisition lautet, daß die Kommunikation zwischen Wissensingenieur und Experten störanfällig und spannungsgeladen sei, demnach bei hohen Entwicklungskosten zu invaliden Systemen führen könne, was bei den Anwendern die Akzeptanz des Wissenserwerbs bzw. der Expertensystemtechnik generell beeinträchtigen würde [Puppe 1990]. Die Automatisierung des Wissenserwerbs, verknüpft mit der Stärkung der Autonomie und Verantwortung der Experten, soll Abhilfe schaffen und die Attraktivität wissensbasierter Diagnose- und Informationssysteme für betriebliche Anwender erhöhen. Dazu will die Informatik komfortable Akquisitionswerkzeuge beisteuern, die einen beträchtlichen Teil der Wissenstransformation automatisieren und ein breites Spektrum an Implementations- und Gestaltungsmöglichkeiten bieten.

Die Idee, Experten aus dem Kreise der Anwender die Entwicklung von Anwendungsprogrammen zu übertragen und sie zu diesem Zweck mit geeigneten Software-Werkzeugen zu unterstützen, ist keineswegs neu. Sie hat ihren Ursprung sowohl im Bestreben der anwendungsorientierten Informatik, Anwendern Programmier- und Gestaltungskompetenz zu übertragen, als auch in der Forschungspraxis der Protagonisten der Expertensystemtechnik an den Universitäten. Ein kurzer Blick in die Geschichte des Software Engineering zeigt, daß die Stärkung der Anwenderkompetenz bei betrieblichen Softwareprojekten schon bei der Entwicklung anwendungsorientierter Programmiersprachen auf dem Innovationsfahrplan der Informatik stand [vgl. Theising 1995]. Sprachen wie COBOL oder FORTRAN zielten in den siebziger Jahren bereits darauf ab, die Lesbarkeit der Programme zu verbessern und den Anwendern die Systemwartung zu übertragen. Dies wurde mit Reibungsverlusten zwischen Programmierern und Anwendern, der schlechten Qualität und der mangelnden Paßgenauigkeit der Systeme im Hinblick auf die Anwenderbedürfnisse begründet. Die einschlägigen Sprachen sollten also nicht nur Programmierarbeit einsparen, sondern sie auch so vereinfachen, daß sie den Anwendern anvertraut werden konnte. Die Programmierung durch die Anwender selbst hat sich jedoch nur in wenigen, extrem standardisierungs- und automatisierungsfreundlichen Bereichen durchgesetzt (z.B. Werkstattprogrammierung, eingeschränkte Bereiche der Textverarbeitung). Die softwaretechnischen

Innovationen führten vor allem zu einem sprunghaften Anstieg der Programm-komplexität, zur Ausdifferenzierung der Programmierberufe, z.B. in System-programmierer und Anwendungsprogrammierer, und zu verschiedenen Modellen der partizipativen Systementwicklung. Sie verankerten zwar die Beteiligung der Anwender an der Entwicklung, sahen aber nicht den kompletten Ersatz der An-wendungsprogrammierer vor. Die Validität der Systeme sollte vielmehr auf dem Wege der Beibehaltung der Kooperation zwischen Programmierexperten und Anwendern realisiert werden. Die interdisziplinäre Kommunikation hat dabei auch aus Sicht der Informatik eine wichtige Funktion [vgl. z.B. Floyd 1994; Maaß u.a. 1993]. Gleichzeitig wurde die Automatisierung der Programmierarbeit vorange-trieben, mit der Folge, daß Software-Entwickler immer mehr selbst zu Software-Nutzern wurden. Nicht nur die Anwendungsprogramme der Endnutzer, sondern auch die Entwicklungssoftware sollten als „Werkzeuge" gestaltet werden [vgl. Budde, Züllighoven 1990].

Mit der Expertensystemtechnik hat die Idee, den Endnutzern selbst Entwick-lungs- und Wartungswerkzeuge zur Verfügung zu stellen, erneut Auftrieb erhal-ten. Die besseren Chancen werden mit weiteren Automatisierungsfortschritten begründet. Die Experten müssen keine Programmiersprache erlernen, sondern können mit einer vollgrafischen Wissenseingabeschnittstelle arbeiten. Die Pro-grammsteuerung, auch Inferenzmaschine genannt, ist in den Werkzeugen bereits objektiviert, so daß „nur noch" die Wissensbasen aufgebaut werden müssen. Dafür bietet die Wissenseingabeschnittstelle spezielle Wissenseingabeformulare, in die das Erfahrungswissen nach bestimmten Vorschriften implementiert wird. Die Ex-pertensystemshell generiert daraus das eigentliche wissensbasierte Diagnosesy-stem für den Endnutzer. In Expertensystemen wie D3 konvergieren also zwei Ent-wicklungstendenzen, nämlich die Ausstattung der Anwender mit Programmier-kompetenz, und die Gestaltung des erforderlichen Arbeitsmittels als Werkzeug.

Die Wurzeln des direkten Wissenserwerbs liegen jedoch auch in der Vorge-hensweise der Pioniere der wissensbasierten Diagnostik in der Wissenschaft. Für sie war der direkte Wissenserwerb gewissermaßen die Urform des Wissenser-werbs [vgl. Puppe u.a. 1996, S. 267]. Sie griffen bei der Generierung der System-algorithmen nämlich auf ihnen bekannte Wissensgebiete und Anwendungen zu-rück. Die Kommunikation mit anderen Fachexperten fand nur statt, wenn keine über die Informatik hinausgehenden Fachkenntnisse vorhanden waren. So wurden Algorithmen generiert, angewandt, überprüft und weiterentwickelt; eine Vorge-hensweise, die auch heute noch praktiziert wird. Die Technikgenese der Experten-systeme ist somit als inkrementeller Prozeß zu verstehen, in den Erfahrungen von Anwendern außerhalb des Wissenschaftssystems einfließen, aber auch Selbstbe-obachtungen und eigene Erfahrungen der Informatik mit der Wissenstransforma-tion. Eine Unbedenklichkeitsbescheinigung für die Selbstakquisition bei betriebli-chen Anwendern läßt sich daraus jedoch nicht ableiten. Die Fachexperten in den Anwendungsabteilungen der Unternehmen sind im Normalfall nicht als Informati-ker qualifiziert, und die Operationsweise des Expertensystems ist für sie eine black box.

Aber auch in der Wissenschaft stieß die Vorgehensweise der Informatik auf Kritik. Die Pioniere der Expertensystemtechnik haben sich den Vorwurf eingehandelt, in ihren Systemen lediglich mit „Klötzchenwelten" zu operieren und die Kontextualität realer Anwendungen auszublenden [Forsythe 1993], besonders wenn den Systemen nicht Erfahrungswissen zugrunde lag, sondern bereits verwissenschaftlichte und systematisch aufbereitete Wissensbestände. Auch anwendungsorientierte Informatiker machten verschiedentlich die Erfahrung, daß die so zustande gekommenen Wissensbasen einer kritischen Begutachtung von Fachexperten nicht immer standhielten [Puppe u.a. 1996, S. 268]. Mit dem Einsatz der Expertensystemtechnik außerhalb der Universitäten differenzierten sich im Hinblick auf den Wissenserwerb zwei Migrationspfade heraus. Da die personelle Identität von Informatikern und Fachexperten außerhalb der Expertensystem-Community in der Wissenschaft nicht vorausgesetzt werden konnte, etablierte sich erstens der indirekte Wissenserwerb, bei dem ein Wissensingenieur das Erfahrungswissen der Experten implementiert. Der zweite Migrationspfad, dem auch der Diagnostik-Shell-Baukasten D3 von Anfang an folgte, setzte auf den direkten Wissenserwerb und konzentrierte sich auf die Entwicklung von Wissenserwerbswerkzeugen, mit denen vor allem die Fachexperten selbst arbeiten sollten. Die Informatiker verstehen sich hier nicht als Wissensingenieure, sondern als anwendungsorientierte Entwickler des Wissenseingabewerkzeugs und Berater der Experten. Die Entwicklung des Wissenseingabewerkzeugs wird in enger Kooperation mit den Experten vorangetrieben, und die Methodik des Prototyping auch bei der Gestaltung der Wissenseingabeschnittstelle angewandt. Der direkte Wissenserwerb beinhaltet also eine spezielle Arbeitsteilung: Die Informatik stellt Wissenseingabewerkzeuge zur Verfügung, während die Experten die inhaltliche Gestaltung und Implementation und des eigentlichen Diagnose- und Informationssystems übernehmen.

Soziologische Untersuchungen zum betrieblichen Einsatz der Expertensystemtechnik beurteilten die Selbstakquisition bislang skeptisch. Es wurde in Frage gestellt, daß sie tatsächlich bessere Ergebnisse bringt als die störanfällige Kommunikation zwischen differenten Disziplinen. Malsch [1992] betont die Leistung des traditionellen Knowledge Engineering mit Wissensingenieur, die Wissensakquisition kommunikativ zu organisieren und damit die Explikation impliziten Erfahrungswissens überhaupt zu ermöglichen. Nur so lasse sich die Problemblindheit der Experten überwinden. Mißverständnisse in der Kommunikation zwischen Wissensingenieur und Experte werden hier nicht als Störfaktoren aufgefaßt, die wegautomatisiert werden müssen, sondern als Chancen zur interdisziplinären Verständigung und Verbesserung der Systemqualität. In der Tat lassen sich Kommunikationsstörungen bei entsprechender Bereitschaft der Kommunikationsteilnehmer produktiv wenden und in hocheffiziente Verständigungs- und Lernprozesse ummünzen, die der Systemqualität zugute kommen. Bei der Selbstakquisition aber muß der Experte selbst bzw. seine Interaktion mit der Wissenseingabeschnittstelle nun die Explikationsleistungen erbringen, die im indirekten Wissenserwerb auf dem Wege der interdisziplinären Kommunikation zustande kommen.

Ein weiterer Einwand gegen die Selbstakquisition bezieht sich auf die Nutzerangemessenheit der Akquisitionswerkzeuge. Empirische Untersuchungen zur Selbstakquisition in Industriebetrieben haben gezeigt, daß sie bessere Chancen hat, wenn Akademiker als Experten fungieren. In typischen Facharbeiterdomänen wie z.B. der betrieblichen Instandhaltung sind jedoch Schwierigkeiten zu erwarten [Malsch u.a. 1993]. Hier sind die Anforderungen besonders hoch, einfache Werkzeuge bereitzustellen und die Komplexität der Wissensbasen durch die sorgfältige Selektion relevanter Wissensbestände in Schach zu halten. Fischer u.a. [1995] haben sich bei der Gestaltung eines Systems zur Unterstützung von Instandhaltungsfacharbeitern gegen die Expertensystemtechnik entschieden, weil sie zur arbeits- und aufgabengerechten Implementation des Erfahrungswissens von Facharbeitern als nicht geeignet befunden wurde. Die Experten, so die Argumentation, müssen Implementationsleistungen erbringen, die sich nicht in ihre Arbeitsaufgaben einpassen lassen, und die Systeme selbst werden zu komplex und gehen am realen Bedarf der Facharbeiter vorbei.

Der direkte Wissenserwerb kann darüber hinaus ein riskantes Individualisierungspotential entfalten. Die Identifikation und Selektion der für das Unternehmen relevanten Wissensbestände ist nicht automatisch gewährleistet, wenn man eine Expertengruppe zusammenstellt und zur Implementation ihres Erfahrungswissens auffordert. Beim Erfahrungswissen der Fachexperten handelt es sich häufig um lokale Wissensbestände [Wehner 1993] mit engem Wirkungsradius. Dies kann sich als Handicap erweisen, wenn das Expertensystem nicht nur zur Unterstützung einer spezifischen Nutzergruppe entwickelt wird, sondern von verschiedenen Akteuren im Unternehmen genutzt werden soll, die sich hinsichtlich ihres Wissensbedarfs, ihrer Terminologie und ihrer Arbeitsrationalität unterscheiden (z.B. Servicemonteure und Ingenieure der Qualitätssicherung). Auch der direkte Wissenserwerb kommt nicht ohne eine Organisations-, Bedarfs- und Problemanalyse aus, die in allen vom Systemeinsatz betroffenen Abteilungen des Unternehmens durchgeführt werden muß (vgl. Kap. 9). Es ist zu klären, ob ein System für eine eng umgrenzte, in ihren Anforderungen mehr oder weniger homogene Nutzergruppe konzipiert werden soll, oder ob es zusätzlich – z.B. als Bestandteil eines Intranet – eine abteilungsübergreifende Informierungsfunktion übernehmen soll. Auch der Datenaustausch zwischen dem Expertensystem und anderen betrieblichen Informationssystemen muß funktionieren. Die Selbstakquisition erübrigt also keineswegs Verständigungsprozesse über Ziel und Zweck des Systemeinsatzes im gesamten Unternehmen; vor allem erübrigt sie nicht eine intensive Kooperation mit der betrieblichen EDV-Abteilung als Garant des Funktionierens und der gesamtbetrieblichen Integration aller Systemlösungen.

Für die Selbstakquisition spricht jedoch die Bedeutung der Systemwartung im Bereich der wissensbasierten Diagnostik. Da das Störprofil der Bezugsanlagen und somit auch das störfallbezogene Erfahrungswissen inkrementellen Veränderungs- und Erneuerungsprozessen unterliegt, ist davon auszugehen, daß die Entsubjektivierung des Erfahrungswissens durch Expertensysteme nie vollständig gelingt [Kehrwald 1995]. Es macht daher Sinn, die Experten für den Umgang mit der Wissenseingabeschnittstelle und die Implementation ihres Erfahrungswissens zu qualifizieren.

Unsere Projekterfahrungen bei der Umsetzung der Selbstakquisiton zeigen jedoch, daß dabei die produktiven Leistungen störanfälliger interdisziplinärer Kommunikationsprozesse integriert werden müssen. Nicht nur bei interdisziplinären Kommunikation zwischen Wissensingenieur und Fachexperten, sondern auch bei der Selbstakquisition mit einer automatisierten Wissenseingabeschnittstelle ergeben sich Mißverständnisse, Deutungsdifferenzen und Verständnisblockaden, die ohne eine Fortführung der Kommunikation nicht produktiv genutzt werden können. Bei der Wissenseingabeschnittstelle handelt es sich um ein Medium, das nicht nur neue Anforderungen an die Qualifizierung der Fachexperten stellt, sondern auch einen Bedarf nach Kommunikation erzeugt [vgl. Weingarten 1991]. Es kann sich als sperrig erweisen, irritieren, stören und damit zum „Wirt" für Kommunikationsprozesse werden [Bardmann u.a. 1992]. Die bedarfsgerechte Nutzung der Wissenseingabeschnittstelle von D3 läßt nicht auf die bloße Bedienung einer grafischen Oberfläche beschränken. Der automatisierte Wissenserwerb spart zwar Programmierarbeit ein, er erspart den programmierenden Fachexperten aber nicht die Auseinandersetzung mit der Wirkung bestimmter Eingaben der Arbeitsweise und der Berechnungsdynamik des Systems. Schließlich zeigen unsere Erfahrungen, daß die Selbstakquisition ein besonderes Potential entfalten kann, das der Systemgestaltung nach den Vorstellungen der Fachexperten zugute kommt. Dazu kann allerdings ein begrenztes Abweichen von der ursprünglichen Systemrationalität erforderlich sein. So ergeben sich auch bei der Selbstakquisition diverse Anlässe zur interdisziplinären Kommunikation.

10.3 Kommunikationsanlässe der Selbstakquisition

10.3.1 Die Dechiffrierung der Wissenseingabeschnittstelle

Die Informatik stellt mit D3 einen generalisierten Shell-Baukasten zur Verfügung, der für Diagnostikanwendungen in den unterschiedlichsten Bereichen (technische Diagnose, Medizin, Geologie, Biologie, Rechtswissenschaft) einsetzbar ist. Das Design der Wissenseingabeschnittstelle ist jedoch kontextgebunden [Ziegler, Schwingeler 1997]. Es ist nämlich durch Entwicklungs- und Nutzungskontexte geprägt, die das System in seiner inkrementellen Genese durchlaufen hat. Dazu gehören die Informatik selbst, aber auch Einsatzkontexte, z.B. die Medizin. So finden sich in der Schnittstelle für die Wissenseingabe zahlreiche Begriffe aus dem informatischen wie auch dem medizinischen Kontext, z.B. Entscheidungsbaum, Klassifikation, Objekt, Attribut; Symptom, Diagnose, Indikation, Kontraindikation usw. Das hat bei den Monteuren in einigen Bereichen Verständnisprobleme hervorgerufen, die an einem Beispiel illustriert werden sollen. Im Formular zur Eingabe von Diagnosen ist das Objekt „Klassifikation" vorgegeben. Informatiker betrachten Diagnoseprozesse nämlich als Klassifikationsprozesse. Bei der Wissenseingabe hängt der Experte an dieses Objekt Diagnosen an. Die D3-Entwickler bezeichnen es deshalb auch als Wurzelobjekt. Da die Diagnosen aufgrund der Position des Objekts nicht oberhalb, sondern unterhalb angehängt werden, nimmt es bei einer entwickelten Diagnosehierarchie jedoch nicht die Wurzel-, sondern die Spitzenposition ein. Der Begriff „Klassifikation" war für Monteure in diesem Kontext nicht verständlich. Durch die Assoziation der Diagnosehierarchie mit einer an der Spitze ebenfalls schmalen Unternehmenshierarchie entstand außerdem die Vorstellung, das oberste Objekt sei das wichtigste Element in der Diagnosehierarchie. Dabei hat es lediglich eine „Kleiderhakenfunktion": Es dient nur dazu, weitere Objekte, d.h. Diagnosen, anzuhängen. Die Interpretation der Monteure war durchaus plausibel, traf aber auf D3 nicht zu.

Die Implementation von Erfahrungswissen in einem Expertensystem bedeutet immer auch Wissensstrukturierung und Wissenszerlegung [Becker 1992]. D3 unterstützt die Zerlegung durch jeweils getrennte Formulare für die Eingabe von Symptomen, Diagnosen und Verknüpfungswissen (Regeln). Die Zerlegung des Erfahrungswissens und seine Subsumption unter die Systemlogik ist jedem erfahrenen Wissensingenieur geläufig, nicht aber Fachexperten, die zum ersten Mal mit der Expertensystemtechnik konfrontiert sind. Bereits die Kategorien „Diagnose" und „Symptom" verursachten Zuordnungsprobleme. Die Monteure wußten nicht, wie sie die Kategorien „Diagnose" und „Symptom" auf ihr Wissen anwenden sollten. In D3 sind Diagnosen und Problemlösungen identisch. Für die Monteure ist die Problemlösung jedoch erst mit dem störungsfreien Betrieb der Druckmaschine erreicht. Hingegen sind Diagnosen für sie erste Befunde und Vorstufen einer Problemlösung. Ist es da nicht plausibel, in das Diagnoseformular Symptome einzutragen? Die Anwendung der D3-Kategorien auf das Erfahrungswissen wurde jedoch schnell geklärt. Die Facharbeiter explizierten zunächst einen kleinen Bereich ihres störfallbezogenen Erfahrungswissens im Dialog mit einer Wissenschaftlerin. Dabei wurde unterschieden, welche Störungen die Facharbeiter an den Maschinen wahrnahmen, und worauf sie zurückzuführen waren. Die Störungen wurden den Symptomen, und die Handlungsanforderungen den Diagnosen zugeordnet. Nun war deutlicher, was bei der Zerlegung des Wissens und seiner Zuordnung unter die Kategorien des Systems zu beachten war.

Ein weiteres Mißverständnis erwuchs aus der Sortierung des Erfahrungswissens in sogenanntes Basiswissen (Diagnosen und Symptome), das alle Problemlösungsmodule von D3 benötigen, und dem problemlösungsspezifischen Regelwissen. Diese Trennung der Wissensbereiche wurde aus Gründen der systeminternen Komplexitätsreduktion vorgenommen. Sie zielt nämlich darauf ab, die einzelnen Problemlösungsmodule klein und D3 beweglich zu halten. Sie manifestiert sich aber auch in der Wissenseingabeschnittstelle. Die Wissenseingabeformulare für Basiswissen und problemlösungsspezifisches Wissen sind in unterschiedlichen Menüs abgelegt, nämlich im Menü „Begriffe" und im Menü „Diagnostik". Hier tat sich eine Quelle für Bedienfehler auf. Insbesondere verleitete die Analogiebildung zwischen Diagnose und „Diagnostik" dazu, das Formular zur Eingabe von Diagnosen im Menü „Diagnostik" zu suchen. Es befindet sich jedoch im Menü „Begriffe". Die Monteure akzeptierten diese Aufteilung jedoch, als sie erfuhren, daß durch die Trennung des Wissens die Performance von D3 verbessert wurde.

10.3.2 Die Macht des Werkzeugs D3

D3 ist ein mächtiges System. Es generiert komplexe Regeln aus den Eingaben der Experten und führt intern komplizierte Berechnungen durch, um aus Symptomen Diagnosen abzuleiten. Die Algorithmen der Regelgenerierung wie auch der Herleitung von Diagnosen waren für die Fachexperten aber kaum zu durchschauen. Bei Systemen mit geringerer Automatisierung des Wissenserwerbs war es noch erforderlich, die Syntax der Regeln zu erlernen und sich mit grundlegenden Prinzipien der Expertensystemtechnik wie der Vorwärts- und Rückwartsverkettung vertraut zu machen. Solche Kenntnisse förderten das Verständnis der Arbeitsweise des Systems. Mit der Automatisierung des Wissenserwerbs werden jedoch Arbeitsschritte vom System übernommen, die früher „von Hand" ausgeführt werden mußten. Damit wird zwar Programmierarbeit eingespart; das Verständnis der Arbeitsweise des Systems wird auf diese Weise aber nicht gefördert. Die Fachexperten wußten manchmal nicht, wie sie ein bestimmtes Systemverhalten erzielen konnten. Das läßt sich an den Berechnungen des heuristischen Problemlösers illustrieren. Er errechnet aus den Bewertungen der Diagnosen Treffsicherheiten und weist ihnen einen bestimmen Status zu (z.B. gesichert, wahrscheinlich, verdächtig, unklar). Da die Berechnungen und Statuszuweisungen zur Laufzeit des Systems dynamisch verändert werden, war es nicht leicht, das Systemverhalten gezielt zu steuern. Die Arbeitsweise von D3 und die Schritte, die zu einem erwünschten oder unerwünschten Systemverhalten führten, waren häufig nicht mehr rekonstruierbar. Die Grenzen einer Systemexploration durch trial and error wurden deutlich: Diese Vorgehensweise kann zwar zu zahlreichen Erkenntnissen führen, sie verschlang bisweilen aber auch einige Zeit, bevor sich das erwünschte Systemverhalten einstellte. Um die Transparenz von D3 zu verbessern, wurden diejenigen Berechnungsmodalitäten, die für den Bedarf der Monteure relevant waren, im Tutorial auf einfache Weise expliziert.

Die hohe Selbständigkeit von D3 erzeugte bei den Monteuren auch ein wenig Unbehagen. D3 erweckte den Verdacht, es könne „im Hintergrund etwas erzeugen", was das Systemverhalten beeinflußt, ohne das der Experte es seinerseits beeinflussen kann. In die prinzipielle Anerkennung der Vorteile eines mächtigen D3 mischte sich daher auch das Gefühl des Kontrollverlusts, gegen das man sich abhärten mußte, um weiter mit D3 zu arbeiten.[2] Die durch den hohen Automatisierungsgrad erzielte Mächtigkeit des Systems stellt zweifellos einen softwaretechnischen Fortschritt dar, der den Anwendern zugute kommt. Um selbstakquirierenden Experten einen hohen Grad an Wirkungskontrolle über ihr Werkzeug zu geben, muß jedoch genau überlegt werden, an welchen Punkten ein whitening der black box D3 sinnvoll ist.[3]

In diesem Zusammenhang plädierten die Monteure auch für eine bessere Visualisierung der Verknüpfung von Symptomen und Diagnosen in Regeln in einem Wissenseingabeformular. D3 verfügte bereits über den Entscheidungsbaum als Eingabeformular, der eine grafische Darstellung der einzelnen Wissensbestandteile und ihrer Verknüpfungen bietet. Es stieß auf große Zustimmung, da sich mit diesem Formular das Systemverhalten gut antizipieren bzw. nachvollziehen läßt. Der Entscheidungsbaum war zunächst jedoch nur für die Implementierung siche-

---

[2] Vgl. die Befunde von Böhle und Milkau [1989] zur Arbeit an computergesteuerten Maschinen.

[3] Vgl. die kritische Diskussion des Werkzeugcharakters von Computern bei Wingert, Riehm [1985].

rer Regeln vorgesehen. Auf Anregung der Monteure wurde sein Funktionsumfang jedoch erweitert, so daß er als zentrales Eingabeformular genutzt werden konnte.

10.3.3 Eigenwillige Umgangsformen mit D3 und Abweichungen von der Systemlogik

Die Experten entwickelten im Rahmen der Selbstakquisition eigenwillige Umgangsformen mit D3, das sie gemäß ihren Vorstellungen umfunktionierten und anpaßten. Dabei spielten Überlegungen zur Akzeptanz des Expertensystems bei den späteren Nutzern eine zentrale Rolle, wie z.B. vermutete Normierungswirkungen des Systems auf die Arbeitsweise der Monteure, Reaktionen der Monteure auf das Systemverhalten, und mögliche Reaktionen der Kunden auf einen Servicemonteur mit Expertensystem. Die Akzeptanzüberlegungen flossen in das Systemdesign ein [vgl. Ziegler, Schwingeler 1997].

Das Arbeitshandeln von Monteuren ist erstens durch hohe Selbständigkeit geprägt. Selbständiges Entscheiden wird bei Kundenmontagen vor Ort ebenso erwartet wie bei Serviceeinsätzen. Die Monteure sind es gewohnt, eigenverantwortlich zu handeln und selbst nach adequaten Problemlösungen zu suchen. Diese Kompetenz benötigt entsprechende Freiräume für eigene Überlegungen, Probehandlungen und Entscheidungen, mit denen sich eine rigide Normierung des Arbeitshandelns nicht verträgt. Das Arbeitshandeln der Monteure ist zweitens durch die Gewinnung bzw. die Stärkung des Kundenvertrauens geprägt. Hier haben die Monteure als Repräsentanten des Unternehmens an der Schnittstelle zum Kunden eine Schlüsselfunktion. Die Kompetenz des Monteurs zu selbständigen Entscheidungen trägt wesentlich zum Erhalt des Kundenvertrauens bei. Aber auch ein gutes Arbeitsklima vor Ort, die einvernehmliche Zusammenarbeit mit dem Kunden und auch das Ansehen der eigenen Firma spielen dabei eine Rolle. Eine Normierung der Untersuchungsschritte ist auch vor diesem Hintergrund nicht immer von Vorteil, da der konkrete Problemfall von der Norm abweichen kann. Außerdem haben die Monteure die Erfahrung gemacht, daß die Kunden bei gleichem Zeitaufwand viele kleine Untersuchungen eher akzeptieren als eine umfangreiche.

Die Monteure favorisierten folglich mündige Nutzer, denen das System Spielräume für eigene Denkprozesse und Überlegungen bietet. So gestalteten sie das Expertensystem als „Ideenlieferanten". Es sollte die Nutzer nicht zu Anhängseln des Computers machen, sondern sie dazu veranlassen, ihr eigenes implizites Erfahrungswissen zu aktivieren. Dies wurde beispielsweise an den Formulierungen der Experten deutlich. Ihre Fragen nach Symptomen waren durch eine gewisse Zurückhaltung bei der Wissensexplikation geprägt. Sie lauteten z.B.: „Ist die Walzenlagerung in Ordnung?" „Stimmt die Einstellung der Zwischenwalze?" Was sich hinter „in Ordnung" im konkreten Fall verbarg, wurde nicht immer expliziert. Ähnliches galt für Diagnosen, die häufig nur eine kurze Arbeitsanweisung enthielten. Wenn die Experten jedoch eine genauere Informierung der Nutzer für erforderlich hielten, nutzten sie die in D3 eigens geschaffene Möglichkeit, Notizen einzufügen oder Zeichnungen und Texte an Diagnosen anzuhängen. Auf diese Weise konnten sie bestimmte Arbeitsvorgänge genau beschreiben, Einstellungswerte angeben usw. Mit der Möglichkeit, auch Wissen einzubinden, das nicht nach den Regeln der Expertensystemtechnik formalisiert, sondern lediglich stichwortartig verschriftlicht wird, wurde das Potential einer „sanften Formalisierung" des Erfahrungswissens [Malsch u.a. 1998] gut genutzt. Es hat sich als außerordentlich anschlußfähig an den Bedarf der Facharbeiter erwiesen.

Das Expertensystem sollte also Anleitungen und Hilfestellungen bei der Störungssuche bieten, aber keine strenge Normierung bewirken, die den Monteur zum Befehlsempfänger des Computers degradiert. Hier sahen die Experten nämlich auch das Risiko einer kontraproduktiven Beeinflussung mit negativen Folgen für das Verhältnis zum Kunden. Was geschieht, wenn ein bestimmtes Problem vom Expertensystem abweicht, der Nutzer sich aber dennoch danach richtet? Dann registriert der Kunde vielleicht, daß der Monteur sogar mit Computerunterstützung ein beträchtliches Arbeitspensum investiert hat, ohne eine seltene, aber einfach zu behebende Fehlerquelle aufzuspüren. Das erschüttert das Vertrauen des Kunden, der sich negative Erfahrungen mit Herstellermonteuren stärker einprägt als positive, setzt den Monteur unter Rechtfertigungsdruck und schadet dem Ruf des Unternehmens, das er repräsentiert. Der Arbeitspraxis der Monteure lag ein kundenorientiertes Modell effizienter Störungssuche zugrunde, und dies wollten sie auch im Expertensystem umgesetzt wissen.

Bei der Störungssuche können bestimmte Teile der Druckmaschinen manchmal nicht sofort überprüft werden. In solchen Fällen waren den Monteuren Hinweise auf Verdachtsmomente willkommen, und sie hielten ein gedankliches Probehandeln des Diagnosesystems für sinnvoll. Um Verdachtsdiagnosen zu generieren, bot sich der heuristische Problemlöser an. Sehr attraktiv erschien den Experten die Möglichkeit, mit dem System eine Störungssuche mit vielen Unbekannten zu unterstützen. D3 sieht bei der Eingabe von Symptomen die Antwortalternative „unbekannt" vor, falls keine Beobachtungen eingegeben werden können. Auch an diese Antwortalternative ließen sich Diagnosen anhängen. Aus der Perspektive der formalen Logik handelt es sich hier um ein unzulässiges Procedere, weil aus dem Befund „unbekannt" keine Schlußfolgerungen gezogen werden können; aus Sicht der Experten jedoch um ein legitimes Verfahren. Das System D3 schob dem keinen Riegel vor, und so gestalteten die Experten Wissensbasen, die dem Nutzer auch beim Befund „unbekannt" Verdachtsdiagnosen anboten. Für diesen Zweck erschien ihnen der heuristische Problemlöser sehr attraktiv, auch wenn sie ihn nicht voll nutzten. Sie beschränkten sich nämlich auf wenige, stets identische Bewertungsstufen, da es ihnen nicht auf größtmögliche Differenzierungen, sondern lediglich auf die Generierung von Verdachtsdiagnosen überhaupt ankam. Schließlich wurde eine Lösung gefunden, die den Intentionen der Experten besser gerecht wurde, mit den Regeln der formalen Logik übereinstimmte und noch dazu den Eingabeaufwand verringerte. Den Experten wurde ein anderer Problemlöser angeboten und in den Entscheidungsbaum integriert. Dazu bedurfte es jedoch zusätzlicher Anpassungen. Die Experten orientierten sich nämlich an einem Modell der Mensch-Computer-Interaktion, in dem die Stärkung des Selbstbewußtseins der wichtige Strukturierungsfunktionen übernahm. Das Expertensystem sollte die Nutzer auf keinen Fall kränken oder „unangenehme Gefühle" hervorrufen. Deshalb bestanden die Monteure darauf, die Systemfragen stets in einer bestimmten Weise zu formulieren: Die Antwort „ja" sollte einen fehlerfreien Zustand der fraglichen Maschine signalisieren, während die Antwort „nein" im Störungsfall gegeben werden sollte. Die Experten stießen bei D3 jedoch auf die umgekehrte Voreinstellung. Da für D3 die Fehlersuche im Vordergrund stand, war bei den Fragen nach Störsymptomen die Antwort „ja" für den Fehlerfall vorgesehen. Monteure fühlen sich jedoch für die Funktionstüchtigkeit „ihrer" Maschinen verantwortlich und neigen bei Störfällen dazu, die Schuld bei sich selbst zu suchen. Die Einstellung von D3, den Nutzern im Fehlerfall stets die Antwort „ja" abzuverlangen, wurde vor diesem Hintergrund mit dem unkollegialen Verhalten eines „Mobbers" identifiziert, der den Finger gezielt auf „wunde Punkte" legt, um das Selbstvertrauen seiner Kollegen zu erschüttern. Die Experten plädierten für ein sozialkompetentes System, das Verunsicherungen und mögliche Blamagen vor eigenen Ansprüchen vermeidet. Um dies zu erreichen, schufen die Informatiker die Möglichkeit, die Voreinstellungen von D3 entsprechend anzupassen.

10.4 Fazit

Die Selbstakquisition des Erfahrungswissens durch Facharbeiter wurde im Rahmen einer intensiven Kooperation zwischen Unternehmen, Informatik und soziologischer Begleitforschung umgesetzt und empirisch untersucht. Dieser Beitrag konzentrierte sich auf einige empirische Befunde der soziologischen Begleitforschung zur Nutzung der Wissenseingabeschnittstelle durch die Experten und auf Aspekte der Systemgestaltung nach ihren Vorstellungen. Es wurde deutlich, daß eine Einführung in D3 für selbstakquirierende Experten hilfreich ist, da die Nutzung der Wissenseingabeschnittstelle Mißverständnisse hervorrufen kann und die Arbeitsweise des Systems verstanden werden muß. Es hat sich aber auch gezeigt, daß die Selbstakquisition den Experten gute Chancen bietet, das System nach eigenen Vorstellungen zu gestalten. Dabei hat die Selbstakquisition keineswegs zum Ersatz störanfälliger Kommunikationsprozesse geführt, sondern zahlreiche interdisziplinäre Kommunikationsanlässe geschaffen. Gerade die Selbstakquisition ist auf interdisziplinäre Kommunikationsprozesse angewiesen.

Literatur

Bardmann, T.; Dollhausen, M.; Kleinwellfonder, B.: Technik als Parasit sozialer Kommunikation. Zu einem konstruktivistischen Ansatz sozialwissenschaftlicher Technikforschung, in: Soziale Welt, Nr. 2, 1992, 201-216

Becker, B.: Künstliche Intelligenz. Konzepte, Systeme, Verheißungen, Campus Verlag, Frankfurt, New York, 1992

Böhle, F.; Milkau, B.: Neue Technologien – Neue Risiken. Neue Anforderungen an die Analyse von Arbeit, in: Zeitschrift für Soziologie, Nr.4, 1989, 249-262

Budde, R.; Züllighoven, H.: Software-Werkzeuge in einer Programmierwerkstatt. Ansätze eines hermeneutisch fundierten Werkzeug- und Maschinenbegriffs, Oldenbourg Verlag, München, Wien, 1990

Degele, N.: Der überforderte Computer. Zur Soziologie menschlicher und künstlicher Intelligenz, Campus Verlag, Frankfurt am Main, New York, 1994

Fischer, M.; Jungeblut, R.; Römmermann, E.: „Jede Maschine hat ihre eigenen Marotten!", Donat Verlag, Bremen, 1995

Floyd, C.: Software Engineering – und dann?, in: Informatik Spektrum, 17, 1994, 29-37

Forsythe, D. E.: Engineering Knowledge. The Construction of Knowledge in Artificial Intelligence, in: Social Studies of Science, Vol. 23, 1993, S. 445-477

Kehrwald, C.: Die Genese von Expertensystemen als Rationalisierungsprojekte der Gesellschaft. Eine empirische Analyse der Erfahrungen betrieblicher und wissenschaftlicher Akteure in der Entwicklung und Anwendung von Expertensystemen, in: Bender, C.; Luig, M. (Hg.): Neue Produktionskonzepte und industrieller Wandel. Industriesoziologische Analysen innovativer Organisationsmodelle, Westdeutscher Verlag, Opladen, 1995, S. 168-224

Maaß, S.; Ackermann, D.; Dzida, W.; Gorny, P.; Oberquelle, H.; Rödiger, K.-H.; Rupietta, W.; Streitz, N.: Software-Ergonomie Ausbildung in Informatik-Studiengängen an bundesdeutschen Universitäten, in: Informatik-Spektrum 16, 1993, 25-38

Malsch, T.: Vom schwierigen Umgang der Realität mit ihren Modellen. Künstliche Intelligenz zwischen Validität und Viabilität, in: Malsch, T.; Mill, U. (Hg.): ArBYTE: Modernisierung der Industriesoziologie? edition sigma Rainer Bohn Verlag, Berlin, 1992, 157-184.

Malsch, T.; Bachmann, R.; Jonas M.; Mill, U.; Ziegler, S.; unter Mitarbeit von Weißbach, H.-J.: Expertensysteme in der Abseitsfalle? Fallstudien aus der industriellen Praxis, edition sigma Rainer Bohn Verlag, Berlin, 1993

Malsch, T.; Schwingeler, S.; Ziegler, S.: Kontextualität als Orientierungsgröße für die Implementation von Expertensystemen, in: Pahl, J.-P. (Hg.): Instandhaltung. Arbeit – Technik – Bildung, Kallmeyer'sche Verlagsbuchhandlung, Seelze-Velber, 1998, 83-100

Puppe, F.: Problemlösungsmethoden in Expertensystemen, Springer Verlag, Berlin u.a., 1990

Puppe, F.; Gappa, U.; Poeck, K.; Bamberger; S.: Wissensbasierte Diagnose- und Informationssysteme, Springer Verlag, Berlin u.a., 1996

Theising, F.: Auf dem Weg in die Softwarekrise. Computeranwendungen und Programmentwicklungen in den USA der fünziger und sechziger Jahre. Forschungsberichte des Fachbereichs Informatik, Bericht 95-14, Technische Universität Berlin, 1995

Wehner, J.: Sperrbezirke des Wissens, lokale Praktiken und die (Ohn-)macht der Experten – empirische Beispiele, in: Rammert, W.; Schlese, M.; Wagner, G.; Wehner, J.; Weingarten, R.: Konstruktion und Anwendung von Expertensystemen. Folgen für Wissen, Kommunikation und Organisation, Forschungsbericht (IT022) Eingebettete Technikfolgenabschätzung / Informationstechnik, Berlin, Bielefeld, 1993, 80-124

Weingarten, R.: Medizinische Expertensysteme im Dialog. Wissensakquisition als Kommunikationsprozeß, WKO-Projekt, Arbeitsbericht und Forschungsmaterialen Nr. 2, Universität Bielefeld, 1991

Wingert, B.; Riehm, U.: Computer als Werkzeug. Anmerkungen zu einem weitverbreiteten Mißverständnis, in: Rammert, W.; Bechmann, G.; Nowotny, H. (Hg.): Technik und Gesellschaft, Jahrbuch 3, Frankfurt, New York, 1985

Ziegler, S.: Der automatisierte Wissenserwerb im Kontext der Kommunikation. Ein Vorschlag zur Entwicklung von Expertensystemen durch die Experten, in: Arend, U.; Eberleh, E.; Pitschke, K. (Hg.): Software-Ergonomie '99. Design von Informationswelten, Gemeinsame Fachtagung des German Chapter of the ACM, der Gesellschaft für Informatik (GI) und der SAP AG, Walldorf vom 8. bis 22. März 1999 in Walldorf / Baden, B.G. Teubner Verlag, Stuttgart, Leipzig, 1999

Ziegler, S.; Schwingeler, S.: Rekontextualisierung als Konzept einer Systemschulung: Ein Tutorial für die Selbstakquisition mit dem Expertensystem-Shell-Baukasten D3, in: Pahl, J.-P. (Hg.): Lern- und Arbeitsumgebungen zur Instandhaltungsausbildung, Kallmeyer'sche Verlagsbuchhandlung, Seelze-Velber, 1997, 171-186

Teil V

Erfahrungen

11. Diagnose- und Informationssystem für Druckmaschinen

Jürgen Hupp, Stefan Hessler

11.1 Ausgangslage

11.1.1 Das Unternehmen

Die Koenig & Bauer Aktiengesellschaft (KBA), der älteste Druckmaschinenhersteller der Welt, ist heute mit einem Exportanteil von ca. 70 % weltweit tätig und Marktführer u.a. beim Zeitungsrotations-Offset und Wertpapierdruck. Mehr als 6000 Mitarbeiter produzieren im Konzernsitz Würzburg und vier weiteren Standorten eine breite Palette von Druckmaschinen für eine Vielzahl von Kunden mit unterschiedlichen Anwendungen. Den langen Weg permanenter technischer Weiterentwicklung der KBA-Druckmaschinen über fast 200 Jahre illustrieren die Abbildungen 1 und 2.

11.1.2 Service für Druckmaschinen

Für jeden Maschinenbauer ist der Service für verkaufte Maschinen von großer Bedeutung. Dies gilt ganz besonders für einen Hersteller von Druckmaschinen für den Zeitungsdruck. Das tägliche Erscheinen der Zeitungen erfordert die nahezu permanente Betriebsbereitschaft der Druckmaschinen. Zur raschen Behebung von Störfällen aller Art muß der Hersteller einen Service anbieten, der rund um die Uhr an jedem Tag des Jahres den Kunden zur Verfügung steht.

   Die Qualität seines Service gehört für einen Druckmaschinenhersteller zu den wichtigsten Wettbewerbsfaktoren. Geleistet wird der Service entweder im Rahmen einer Garantie oder, nach deren Ablauf, auf der Grundlage von Serviceverträgen.

Abb. 1 (oben): Doppelmaschine „The Times", 1. KBA Patent 1811 u. 1813

Abb. 2 (unten): Ausschnitt aus moderner KBA-Zeitungsrotationsmaschine

11.1.3 Organisation des Service bei KBA

Die Serviceabteilung von KBA in Würzburg gliedert sich in drei Bereiche: Marktbearbeitung, Ersatzteildienst und Kundendienst. Letzterer besitzt als permanenter Ansprechpartner von Kunden folgende drei Aufgaben: telefonische Hotline, Modemdiagnose, und Montage- bzw. Reparaturdienst.

11.1.3.1 Hotline

Die telefonische Hotline (Kundendienst im engeren Sinne) besteht aus ca. 15 Mitarbeitern in einem großen Büro. Jeder Arbeitsplatz ist u.a. mit Telefon und PC ausgerüstet. Die Mitarbeiter werden aus dem Unternehmen selbst rekrutiert (z.B. aus der Konstruktionsabteilung). Deswegen sind sie mit Aufbau und Funktionsweise der KBA-Druckmaschinen gut vertraut. Zur weiteren Steigerung ihrer Arbeitsproduktivität sind sie nach Maschinentyp und Kunden spezialisiert.

Bei Anruf eines Kunden mit einem Störfall versucht ihm der Mitarbeiter der Serviceabteilung direkt zu helfen. Dabei greift er primär auf persönliches Wissen und Erfahrung zurück. Darüberhinaus stehen ihm auf seinem PC vielfältige Informationen zur Verfügung.

In ca. 30 % der Fälle gelingt den Mitarbeitern der Hotline die direkte Lösung des Problems des anrufenden Kunden. Die übrigen Fälle leitet er an den Montageservice zur Erledigung weiter.

11.1.3.2 Montageservice

Der Montageservice von KBA besteht aus ca. 20 Servicemonteuren im Außendienst. Wenn sich ein Störfall nicht telefonisch zur Zufriedenheit des Kunden beheben läßt, fährt ein Service-Monteur von Würzburg aus zum Kunden, um den Störfall vor Ort zu diagnostizieren und zu beheben. Benötigt dieser Informationen, die sich nicht in seinen Unterlagen (Papier, Laptop) befinden, kann er diese telefonisch in der Zentrale erfragen.

Die Bedeutung des Montageservice spiegelt sich in den Zahlen der Servicereisen. Montags fallen mit durchschnittlich 30 besonders viele Reisen an. An den übrigen Wochentagen betragen sie 10-20/Tag.

Hinsichtlich der Art der Störfälle lassen sich drei Gruppen unterscheiden: defekte Teile, Maschinen-Lauffehler (denen meistens Probleme der Elektrik zugrunde liegen), und Bedienungsfehler. Der Anteil der drei Gruppen an den Störfällen beträgt in etwa je ein Drittel, wobei die Bedienungsfehler ein Übergewicht haben.

Bei Bedarf unterstützen sich Hotline und Montage (Innen- und Außendienst) gegenseitig.

11.1.4 Serviceprobleme

Die immer leistungsfähiger und damit komplexer werdenden Druckmaschinen – dabei spielt die Elektrik eine wesentliche Rolle – erhöhen auch die Anforderungen an den Service. Seine Mitarbeiter müssen immer mehr Informationen und Wissen parat haben, um im Störfall den hohen Qualifikationsanforderungen der Kunden (z.B. bei der Druckqualität) zu genügen.

Als Reaktion auf diese Situation erfolgte eine Spezialisierung der Servicemitarbeiter nach dem Druckmaschinentyp. Darunter leidet die Fähigkeit zur Lösung beliebiger Störfälle aus dem KBA-Druckmaschinenspektrum. Eine Verbreiterung der Kompetenz der Servicemitarbeiter über ihr Spezialgebiet hinaus wäre wünschenswert.

Weitere Probleme ergeben sich aus der langen Laufzeit von KBA-Druckmaschinen (viele Jahrzehnte). Ihre Dokumentationen (z.B. Bedienungsanleitung oder Konstruktionspläne) stehen teilweise nicht in dem Maße online zur Verfügung, wie das für die jüngeren Maschinen selbstverständlich ist. Das Auffinden gewünschter Informationen in den Papierunterlagen erfordert naturgemäß viel Zeit. Wünschenswert wäre hier ein umfassendes Informationssystem, daß eine online-Zugriffsmöglichkeit auf beliebige Unterlagen ermöglicht.

11.1.5 Projektmotivation und -Ziele

Unter Berücksichtigung der vorab geschilderten Lage bezweckt das vom KBA-Management seit 1992 angebahnte Projekt zur Entwicklung eines Montage- und Service-Informationssystems (MSI) die Unterstützung des bestehenden Service und seine Verbesserung.

11.2 Projekt

Wie vorstehend erläutert, ist der Service spezialisiert nach dem Typ der Druckmaschine. Für die Entwicklung des MSI wurden aus der KBA-Produktpalette die Zeitungsrotationsmaschinen ausgewählt.

Hauptzielgruppe des MSI sind die Monteure im Außendienst, die im Störfall zu einem Kunden reisen, um die Störung zu diagnostizieren und zu beheben. Auf diesen Monteuren lastet eine besondere Verantwortung. Es hängt in erster Linie von ihnen ab, ob die Druckmaschine des Kunden wieder zu seiner Zufriedenheit läuft. Andererseits stehen den Monteuren für ihre anspruchsvolle Aufgabe bisher nicht die gesamten Informationsressourcen des Mutterhauses zur Verfügung. Das MSI soll ihnen nun die Informationen und Hinweise liefern, die sie zur effektiven Lösung ihrer Aufgabe benötigen. In zweiter Linie soll das System auch den Innendienst-Mitarbeitern der Serviceabteilung (Hotline) zur Verfügung stehen.

11.3 Projektdurchführung

11.3.1 Zeitraum und Personal

Durchgeführt wurde das Projekt innerhalb von 5 Jahren von 1994-1999. Dabei lag die Projektleitung bei Herrn Hupp, der bei KBA als Montageinstruktor arbeitet. Im Projektzeitraum widmete er ca. 50 % seiner Arbeitszeit der MSI-Entwicklung.

Maßgeblich an der Systementwicklung beteiligt waren auf der Seite von KBA ferner – neben mehreren kurzzeitig tätigen Mitarbeitern – hauptsächlich die beiden folgenden Spezialisten:

Herr Kallisch, ein Spezialist für Druckmaschinensteuerung (Elektrik, Hydraulik, Pneumatik). Er entwickelte hauptsächlich die Wissensbasen und war im Projektzeitraum zeitweise zu 70 % seiner Arbeitszeit involviert.

Herr Eimann arbeitete vor dem Projekt als Monteur im Außendienst und war im Projektzeitraum zeitweise zu ca. 50 % seiner Arbeitszeit engagiert.

Projektpartner an der Universität Würzburg war das Informatische Institut (Lehrstuhl für Künstliche Intelligenz und Angewandte Informatik, Prof. Dr. Frank Puppe). Mit zusätzlichen informatischen Erweiterungsarbeiten am System wurde die IISY GmbH in Würzburg betraut. Dem IuK-Institut für sozialwissenschaftliche Technikforschung in Dortmund bzw. später der TUTech Technologie GmbH der TU Hamburg-Harburg oblag die sozialwissenschaftliche Begleitforschung.

11.3.2 Ausstattung

Während des Projektzeitraums wurde es bei KBA üblich, daß die Servicemonteure mit Laptop zu ihren Kunden reisten. Da das MSI letztlich auf den Laptops der Monteure zum Einsatz kommen soll, wurde von Anfang an während der Entwicklung mit Laptops gearbeitet. Zunächst war dies ein Macintosh der Fa. Apple, weil die grundlegende Software für die MSI-Entwicklung, das Expertensystem-Shell D3, nur auf diesem Rechnertyp lauffähig war. Weil jedoch bei KBA standardmäßig Windows-PCs benutzt werden, erfolgte zum frühestmöglichen Zeitpunkt, d.h. ab 1996, der Umstieg auf diesen Rechnertyp, was sich günstig auf die Akzeptanz des Systems bei den Monteuren auswirkte.

Während der Hauptphase wurde bei KBA ein spezielles Projektbüro für die MSI-Entwicklung eingerichtet. Teilweise arbeiteten die Entwickler an dem System auch auf ihren Arbeitsplatzrechnern.

11.3.3 Systementwicklung

Anfänglich stand bei der Projektarbeit die Entwicklung von Wissensbasen zur automatischen Diagnostik (Expertensystem) im Vordergrund. Im weiteren Verlauf erfolgte dann die Erweiterung zu einem umfassenden System für Montage und Service.

11.3.3.1 Entwicklung der Wissensbasen

Die ersten sechs Monate dienten zur Einarbeitung in die Entwicklungs-Software, den Diagnostik-Shellbaukasten D3. Dabei wurde ein erster Prototyp zur automatischen Diagnostik von Druckmaschinen entwickelt. Zentraler Bestandteil dieses Expertensystems ist eine Wissensbasis, welche die zu erkennenden Diagnosen umfaßt sowie die bei ihnen auftretenden Anomalien (Symptome) des Maschinenverhaltens. Die Hauptarbeit bestand anschließend in der Systemeingabe der Beziehungen (Regeln) zwischen Symptomen und Diagnosen in einer systemgerechten Form. Nach Vorgabe bestimmter Symptome ist das Expertensystem dann in der Lage, den ihm zu Grunde liegenden Maschinendefekt zu diagnostizieren.

Im Lichte der mit der Entwicklung des Prototyps gemachten Erfahrungen wurde dieser nach einem halben Jahr aufgegeben, um beim Neuanfang den computer- und software-spezifischen Besonderheiten besser Rechnung tragen zu können.

11.3.3.2 Kooperation von Teilwissensbasen (verteilte Systeme)

Anfänglich zielte die Entwicklung auf eine allumfassende Wissensbasis für eine komplette Druckmaschine mit allen ihren Komponenten. Diese Wissensbasis wuchs schnell in eine Größendimension, die ihre Weiterentwicklung erheblich erschwerte. Deswegen wurde das Konzept der allumfassenden Wissensbasis aufgegeben und diese in Teile gespalten, die den Hauptkomponenten der Druckmaschinen entsprechen. Die modulspezifischen Wissensbasen sind gut überschaubar, was Testen, Fehlersuche, Fehlerbehebung, Wartung und Weiterentwicklung erheblich erleichtert.

Die Verteilung des Druckmaschinenwissens auf mehrere modulspezifische Wissensbasen ähnelt der Spezialisierung von Fachleuten auf besondere Teilbereiche. Nach erfolgter Spezialisierung ist die Qualität des Systems insgesamt von der Kooperationsfähigkeit der Spezialisten abhängig. Dies gilt für Fachleute genauso wie für Teilwissensbasen. Die softwaremäßige Voraussetzung dafür – innerhalb des für die Wissensbasisentwicklung benutzen Shellbaukastens D3 – schuf das Institut für Informatik der Universität Würzburg (vgl. Kap. 6).

Im Projektzeitraum entstanden (Teil)-Wissensbasen zunächst für folgende Bereiche bzw. Module:

- Journal, Colora
- Express, Commander

- Falzapparat
- Rollenwechsler
- Umsteuerung
- Papierlauf
- Druckqualität

Auch diese Wissensbasen erwiesen sich im weiteren Fortgang des Projektes als noch zu groß, insbesondere im Hinblick auf ihre spätere Wartbarkeit durch andere Mitarbeiter (nach Ausscheiden der Entwickler). Je umfangreicher eine Wissensbasis ist, um so weniger trauen sich neue Mitarbeiter an ihre Wartung, weil berechtigterweise die Befürchtung besteht, die Konsequenzen einer Änderung nicht zu überschauen.

Aus diesem Grunde wurden oben genannte Wissensbasen in Hunderte von kleineren Einheiten aufgeteilt. Diese lassen sich wegen ihrer Überschaubarkeit leichter warten. Außerdem wurden damit die Voraussetzungen geschaffen, die Wartung auf mehrere Personen zu verteilen.

11.3.3.3 Erweiterung zum Informationssystem

Ursprünglich sah die für die Wissensbasisentwicklung benutzte Software für die zu stellenden Diagnosen nur knappe Bezeichnungen vor, wie sie in der Medizin üblich sind (z.B. Herzinfarkt). Dies wird der Situation bei der Diagnostik von Druckmaschinendefekten jedoch nicht gerecht.

Diagnosen bestehen hier häufig aus mehr oder weniger langen Texten, die zweckmäßigerweise mit Zeichnungen, Bildern oder Videos illustriert werden. Infolgedessen wurde das System so erweitert, daß zu jeder Diagnose per Mausklick die dazugehörigen erläuternden Texte bzw. illustrierenden Zeichnungen und Bilder aufrufbar sind. Dadurch stieg die Brauchbarkeit des Expertensystems für den praktischen Einsatz beträchtlich.

Nachdem auf diese Weise der Schritt vom reinen Experten- bzw. Diagnosesystem zum Informationssystem gemacht worden war, bot es sich an, noch einen Schritt weiter zu gehen und das Programm zu einem umfassenden Montage- und Service-Informationssystem (MSI) auszubauen, welches möglichst alle Informationen enthält, die für Montage und Service von Bedeutung sind.

Dabei wurden so ganz nebenbei große Teile der Fachliteratur mitverarbeitet, um einen guten theoretischen Hintergrund für die Anwender zu schaffen. Eine Vorstellung von der Menge der online erfaßten Informationen bieten die Abb. 3-5.

Abb. 3: Das Verzeichnis „Baustellenverwaltungs-Logbuch" mit seinen Unterverzeichnissen

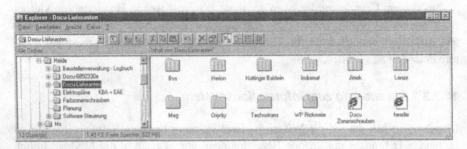

Abb. 4: Das Verzeichnis „Lieferanten-Dokumentation" mit seinen Unterverzeichnissen

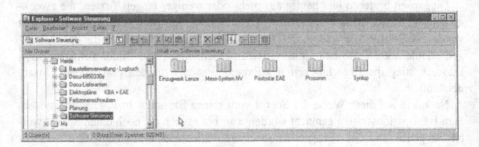

Abb. 5: Das Verzeichnis „Software-Steuerung" mit seinen Unterverzeichnissen

Diese Systemerweiterung stand im Zentrum der Projektarbeit der letzten Jahre. Dazu mußten – soweit noch nicht geschehen – alle relevanten Texte, Formulare, Zeichnungen und Bilder eingescannt bzw. digitalisiert werden. Das daraus entstandene, sich aus zahlreichen Komponenten zusammensetzende Informationssystem hat den enormen Umfang von 3-4 Gigabyte (nach Dateienkompression).

Zu den Hauptkomponenten des MSI zählen folgende:

- Expertensystem
- Wartungssystem mit Meß-, Prüf- und Einstellaufgaben

- Zeichnungsverwaltung einschließlich Elektropläne
- Stücklistenverwaltung
- Ersatzteilkatalog mit Lieferfristen
- Inbetriebnahme, Betriebsanleitungen und Bedienungshandbücher für KBA und Kunden

Ebenfalls in das System integriert ist das standardisierte Berichtswesen zur Baustellenverwaltung (Abrechnung, Kundenkontakt, Prüfprotokolle, Produktionsstatistik).

11.3.4 Eingesetzte Software

Das System umfaßt eine Vielzahl heterogener Komponenten wie Wissensbasen, Fallprotokolle, Texte, Zeichnungen, Bilder usw. Zu ihrer Nutzung bzw. Anzeige werden unterschiedliche Software-Programme verwendet. Dazu gehören folgende:

> D3 Expertensystem-Shell
> Acrobat Reader
> MS Excel
> MS Word
> MS Word View
> Quick View Plus usw.
> WWW-Browser (z.B. Netscape Navigator)

11.4 Ergebnisse

Die Entwicklung des Montage- und Service-Informationssystems (MSI) für KBA-Rotationsmaschinen wurde erfolgreich abgeschlossen. Alle Komponenten des Systems sind funktionsfähig. Sie lassen sich einzeln oder gemeinsam nutzen und sind darüberhinaus mit den anderen KBA-Systemen kompatibel.

Das MSI läßt sich gleichermaßen von Servicemitarbeitern im Innen- und Außendienst nutzen. Es ermöglicht z.B. einem Mitarbeiter der telefonischen Hotline, bei Anruf eines Kunden mit einem Störfall den Zugriff auf die kompletten Unterlagen der defekten Maschine, so daß er dem Kunden dazu jederzeit aktuelle Angaben machen kann. Ähnliches gilt für Ersatzteillisten, Lieferfristen und vieles andere.

11.4.1 Einsatzszenario im Außendienst

In erster Linie wurde das MSI jedoch für Außendienstmitarbeiter vor Ort beim Kunden entwickelt. Dazu zählen Servicemonteure und Inbetriebnehmer von neu installierten Druckmaschinen, welche beide vom hohen Informationsangebot des MSI profitieren. Dafür gilt folgendes Einsatzszenario:

Vor der Reise zum Kunden kopiert der Monteur alle Informationen, Daten und Programmme über die Druckmaschine des Kunden (inkl. Probleme mit baugleichen Maschinen bei anderen Kunden) vom KBA-MSI (auch als Datentankstelle bezeichnet) auf seinen PC (Laptop).

Beim Kunden greift der Servicemonteur bei Bedarf auf die Informationen auf seinem PC zurück. Bei der Inbetriebnahme einer Druckmaschine dient das MSI der Verwaltung der gesamten Baustelle. Für Problemfälle, die der Monteur nicht mit seinem Erfahrungsschatz diagnostizieren kann, steht ihm das Diagnosesystem zur Verfügung. Für die Reparatur kann er auf Anleitungen, Arbeitsbeschreibungen, Zeichnungen, Fotos und Videos zurückgreifen. Hilfreich sind dabei auch die in dem MSI enthaltenen Problemfälle und –Lösungen anderer baugleicher Maschinen.

Alle Probleme, Lösungen und Änderungen werden auf dem PC abgespeichert, um einen Fallvergleich durchführen zu können und um Vielfalt und Häufigkeit von Fehlern zu erkennen. Außerdem werden die Wartungssystemdaten ausgelesen (d.h. Produktionszeiten bzw. Zylinderüberrollungen und Wartungsintervalle).

Nach Rückkehr zu KBA in Würzburg werden die beim Kunden erhobenen und auf dem PC gespeicherten Daten in das MSI übertragen und mit dem Original bzw. den Sollwerten verglichen. Nach der Prüfung werden die Daten als aktuelles Original hinterlegt.

Der Datenrückfluß ermöglicht die Auswertung von z.B. Arbeitszeiten der Maschinen und diversen Schwächen.

11.4.2 Aktueller Einsatz des MSI

Der Einsatz des MSI im praktischen Betrieb von KBA wurde eingeleitet. Bisher wird das System hauptsächlich von den drei Entwicklern genutzt. Die Mitarbeiter, die das System nicht auf ihrem eigenen Arbeitsplatz-PC installiert haben, wenden sich bei Anfragen an das MSI an die drei Systementwickler. Darüberhinaus findet das Diagnosesystem auch Anwendung in der Schulung von Jungmonteuren und Kundenpersonal.

11.4.3 Bedienungsanleitung

Ein umfangreiches Bedienungshandbuch (Tutorial) liegt vor, verfaßt von den Mitarbeiterinnen des IuK-Instituts. Wegen der noch beschränkten Verbreitung des MSI bei KBA gibt es noch keine umfangreichen Erfahrungen mit technischen Schwierigkeiten der Systemnutzung. Bisher beurteilen alle Mitarbeiter, die das System kennengelernt haben, es als bedienungsfreundlich.

11.4.4 Demonstration auf Messe

1995 wurde ein Prototyp des MSI in Düsseldorf auf der internationalen, alle 5 Jahre stattfindenden Druckmaschinenmesse (DRUPA) am Stand von KBA demonstriert.

11.4.5 Workshop

Am 27. 5. 1998 fand bei KBA in Würzburg ein Workshop statt, auf dem das MSI vorgestellt, demonstriert und diskutiert wurde. Eingeladen wurden Vertreter von Firmen mit ähnlichen Servicebedarf. Vor ca. 40 Teilnehmern (Ingenieuren) stieß das Projekt auf ausgesprochen positive Resonanz. Einige wurden durch die Demonstration zur Entwicklung eines ähnlichen Systems für ihre Firma angeregt. Sie berichten darüber an anderer Stelle dieses Bandes.

11.5 Ausblick

Effektiver Service ist für Hersteller von Druckmaschinen von ganz besonderer Bedeutung. Wenn der Einsatz des vorstehend beschriebenen MSI zur Verbesserung des Service beiträgt, wovon auszugehen ist, würde es einen bedeutsamen Beitrag zum weiteren unternehmerischen Erfolg von KBA leisten.

Guter Service ist ein gutes Verkaufsargument. In diesem Sinne könnte das MSI auch Kunden direkt zur Verfügung gestellt werden, um sie kompetenter im Umgang mit KBA-Maschinen zu machen. Diese Nutzungsmöglichkeit wurde jedoch zunächst zurückgestellt. Vorrang hat momentan das KBA-interne Sammeln von Erfahrungen mit der Nutzung des Systems.

Nach der erfolgreichen Entwicklung und Einführung eines MSI für Rotationsmaschinen, die im KBA-Mutterhaus in Würzburg produziert werden, wird nun mit derselben Technik ein ähnliches System für einen anderen Druckmaschinentyp (Bogenoffset) entwickelt, der an einem anderen KBA-Standort produziert wird. Dabei handelt es sich um KBA-PLANETA in Radebeul bei Dresden. Da diese Druckmaschinen mit wenigen kundenspezifischen Modifikationen in relativ großer Stückzahl hergestellt werden, bieten sie für die Entwicklung eines MSI sogar bessere Voraussetzungen als kundenspezifisch gebaute, große Rotationsmaschinen für den Offsetdruck von Zeitungen.

12. Fallstudie zur Entwicklung und Einführung eines wissensbasierten Diagnose- und Informationssystems zur Unterstützung der Hotline-Diagnose von Anlagenstörfällen

Manfred Daniel, Ulrich Martin, Hartmut Müller

Zusammenfassung: Der folgende Text beschreibt die Entwicklung und Anwendung eines wissensbasierten Diagnostik-Tools in der Hotline eines Anlagenherstellers. Bei der Fallstudie wird der Versuch unternommen, die Sichtweisen eines externen Evaluators und von Projektbeteiligten zusammenzuführen. Die Darstellung basiert auf Leitfaden-Interviews und Beratungsgesprächen, die der externe Evaluator mit Projektbeteiligten, Testnutzern und dem Management geführt hat. Zu einem wesentlichen Teil wird außerdem auf schriftliche Berichte und Arbeitspapiere aus dem Projekt Bezug genommen, die teilweise auch direkt eingeflossen sind.

12.1 Ausgangssituation

12.1.1 Gesamtdarstellung des Unternehmens

Das Unternehmen ist ein weltweit tätiger Partner für alle kommerziellen und industriellen Anwendungen von Erkennungs- und Sortiertechnologie. Vom Vorverarbeiten über das Lesen und Codieren zum Sortieren, Transportieren, Steuern, Überwachen und Regeln bietet das Unternehmen Anlagen und Systeme an, die variierende Anforderungen der Kunden erfüllen. Die meisten Anlagen decken die ganze Kette der genannten Funktionen ab, wobei jede dieser Funktionen von einem spezifischen Modul übernommen wird. Bezogen auf diese Module bilden sich qualifikatorische Spezialisierungen bei den Mitarbeitern.

Abgestimmte Servicepakete von der vorbeugenden bis zur Vollwartung und eine Teilbetreuung über die 24-Stunden-Telefon-Hotline runden das Angebot ab. Mittels Online-Remote-Service ist es möglich, sich vom Unternehmensstandort aus in Systeme vor Ort einzuschalten, eventuelle Fehler zu lokalisieren und zu beheben, sowie das Wartungspersonal vor Ort wirksam zu unterstützen. Mit Software in den Anlagen können umfangreiche Betriebsdaten zur Auswertung zur Verfügung gestellt werden. Damit können Engpässe veranschaulicht sowie Wartungspläne und Ersatzteilverwaltungen optimiert werden. Die Verfügbarkeit der Anlagen erhöht sich.

12.1.2 Organisationsstruktur

Mit dem hier beschriebenen Projekt sollen die Hotline-Mitarbeiter unterstützt werden, die organisatorisch in der Abteilung *Instandhaltung* angesiedelt sind. Die *Instandhaltung* bildet mit den Abteilungen *Vernetzung* und *Reparaturzentrum* die Organisationseinheit *Kundenservice*, die Bestandteil der größeren Einheit *Service* ist. Diese nimmt Service-Aufgaben wahr.

12.1.3 Mitarbeiterstruktur und Ausbildung

Die Mitarbeiter des Remote-Service-Centers kommen aus den unterschiedlichsten Berufsgruppen mit verschiedensten Erfahrungshintergründen und Qualifikationen. Der Qualifikationslevel beginnt beim Techniker und geht bis zum Diplom-Ingenieur, wobei die Studien- bzw. Ausbildungsrichtungen von Maschinenbau über Elektrotechnik bis zur Informatik gehen. Ein ebenfalls breites Spektrum ist bei dem Erfahrungshintergrund gegeben.

Die Mitarbeiter werden zumeist aus der Abteilung „Aufstellung und Inbetriebnahme" rekrutiert, so daß bereits ein gewisser Service-Background gegeben ist. Bei Mitarbeitern, die keine fachspezifische Erfahrung haben (sogenannte „Newcomer"), wird ein mehrmonatiges Trainingsprogramm angesetzt. Die weitere Ausbildung aller Mitarbeiter ist gewährleistet durch die regelmäßige Durchführung von Workshops zu bestimmten fachspezifischen Themen, wobei oft Referenten aus der Entwicklungsabteilung eingeladen werden. Teilweise sind die Referenten auch Servicemitarbeiter, die sich mit einem Spezialgebiet längere Zeit beschäftigt haben.

Diese Workshops werden ergänzt durch fachspezifische Schulungen freier Anbieter, z.B. DEC als Anbieter des VMS-Betriebssystems.

Ein Sonderfall stellt die „Entleihe" eines Hotline-Mitarbeiters in die Entwicklung dar. Hier werden bei grundsätzlich neuen Technologien Mitarbeiter für einen längeren Zeitraum (1–2 Jahre) in die Entwicklung ausgeliehen. Zum einen soll dieser Mitarbeiter bei der Konzeption und Entwicklung eines Produktes servicerelevante Ideen, Vorschläge oder aber auch Vorschriften einfließen lassen, zum andern hat dieser Mitarbeiter dann bei der späteren Betreuung dieses neuen Produktes durch die Hotline die Schlüsselrolle des „Modulexperten".

Die meisten Hotline-Mitarbeiter sind „Allrounder" und auf einem oder mehreren Gebieten Modulexperten. „Allrounder" sind in der Lage, Störfälle in der gesamten Anlage bis zu einem bestimmten begrenzten Schwierigkeitsgrad erfolgreich zu bearbeiten. Teilweise werden im First-Level (s.u.) – auch im Vergleich zu den Allroundern – weniger erfahrene Mitarbeiter eingesetzt, die lediglich in der Lage sind, Hotline-Anfragen zu klassifizieren und an die geeigneten qualifizierteren Mitarbeiter weiterzugeben.

12.1.4 Arbeitsablauf

12.1.4.1 Grobablauf der Bearbeitung einer Hotline-Anfrage

Der Hotline-Service steht den Kunden rund um die Uhr zur Verfügung. Während der Bürozeiten, an denen auch die meisten Anrufe stattfinden, ist die Hotline in den sogenannten First- und Second-Level unterteilt. Der grobe Ablauf der Bearbeitung einer Hotline-Anfrage kann in folgenden Schritten beschrieben werden:

1. Wenn ein Servicetechniker eines Kunden feststellt, daß ein Störfall vorliegt, den er nicht selbst bewältigen kann, ruft er die Hotline des Herstellers an.
2. Die Anfrage wird telefonisch von Hotline-Mitarbeitern des First-Level angenommen. First-Level Hotline-Mitarbeiter bearbeiten die Anfrage im allgemeinen nicht im Detail sondern geben sie an einen Mitarbeiter des Second-Level weiter, der durch seine Erfahrung und Qualifikation für die Bearbeitung geeignet erscheint. Falls anwesend und verfügbar ist das ein Experte für das Modul, in dem die Störungsursache vermutet wird. Ansonsten übernimmt den Fall ein Allrounder. Zusätzlich wird der Anruf in einer Datenbank erfaßt und klassifiziert.
3. Im Second-Level muß der Fall eventuell noch einmal an einen Modulexperten weitergegeben werden, wenn beispielsweise ein Allrounder zu Beginn feststellt, daß er den Fall nicht lösen kann. Auch während der Bearbeitung muß unter Umständen Hilfe von Experten (andere Hotline-Mitarbeiter, Mitarbeiter aus der Entwicklung oder Konstruktion – in bestimmten Fällen auch OEM-Lieferanten) in Anspruch genommen werden oder der Fall als ganzer an einen Experten übergeben werden. Während des Diagnoseprozesses steht der Bearbeiter immer wieder mit Servicemitarbeitern des Kunden in telefonischem Kontakt, um Fehlersymptome zu erfragen und Test- und Reparaturanweisungen zu geben. Er hat zum Teil auch die Möglichkeit, sich über eine Remote-Verbindung in die Anlage des Kunden einzuloggen, um Diagnoseinformationen abzurufen und Manipulationen an der Anlage vorzunehmen.
4. Nach erfolgreichem Abschluß des Falls muß dieser in der Hotline-Datenbank dokumentiert werden.

12.1.5 Diagnostikgegenstand, -fälle und Wissensgebiete

Bei den zu diagnostizierenden Maschinen handelt es sich um komplexe Automatisierungsanlagen. Diese sind funktional modularisiert, weisen jedoch sowohl in Zusammensetzung der Module als auch in den Modulen selbst kunden- bzw. projektspezifische Ausprägungen auf. Eine Anlage besteht aus mehreren vernetzten Steuerrechnern, Spezialhardware, Firmware und mechanischen Komponenten.
Die Anlagen sind bei den Kunden bis zu 15 Jahre im Einsatz. Neue Modulgenerationen (mit wesentlichen Änderungen, die eine neue Wissensbasis erfordern), werden, abhängig von Komplexität und eingesetzter Technologie, alle 3–5 Jahre entwickelt. Die Wissensgebiete, d.h. die Kenntnisse einzelner Mitarbeiter über die

Anlagen sind tendenziell modulbezogen. Einzelne Mitarbeiter sind also Wissensträger/Experten für bestimmte Module. Beispiele für Module sind:

- Eingabeeinheit
- Transporteinheit
- Leseeinrichtung
- Anlagensteuerung

Die beschriebene Struktur legt die Einteilung der Wissensbasen gemäß der bestehenden Modularisierung der Anlagen nahe. Dies unterstützt die vorhandene Modulsicht der Hotline-Mitarbeiter und entspricht ihrer Wissensverteilung. Zusätzlich kann damit die Wiederverwendbarkeit von Wissensbasen bestimmter Module für verschiedene Anlagenkonfigurationen erreicht werden.

Es ist geplant, daß jeweils die Experten (~2 Hotline-Mitarbeiter) eines Moduls in einem „Wissensteam" an der Erstellung der Modul-Wissensbasis zusammenarbeiten.

12.1.6 Fallmengen

Die durchschnittliche Anzahl eingehender Hotline-Calls für alle Anlagen und Module sowie aller Arten von Fällen (incl. Beratungen) ist wie folgt:

- 30-50 Hotline-Fälle/Tag
- 600 Hotline-Fälle/Monat

Dabei beträgt die mittlere Bearbeitungsdauer 1,7 Stunden.

12.1.7 Informationssysteme und andere Hilfsmittel

Die zu diagnostizierenden Anlagen besitzen nur wenige dedizierte und modulübergreifende Diagnosehilfen. Die Hilfsmittel, welche von den Anlagen und ihren Modulen zur Verfügung gestellt werden, sind meist modulbezogen und nicht ausdrücklich für die Benutzung der Hotline zur Fehlersuche gedacht. Die Ausgabe sind überwiegend Fehlermeldungen, die jedoch wegen der oben beschriebenen Modulbezogenheit und der hohen Komplexität der Anlagen nur bedingt aussagekräftig sind. Daher bieten sie nur bei großer Erfahrung eine direkte Hilfe zum Auffinden von Fehlerursachen.

Ein weiteres Hilfsmittel sind Log-Dateien, in denen in detaillierterer, aber auch schwerer zu interpretierender Form Informationen zu und Hinweise auf Fehler gefunden werden können. Die erforderliche tiefergehende Kenntnis zur Auswertung der Log-Dateien ist meist nur bei den Modul-Experten vorhanden.

Weiterhin existieren diverse modulbezogene Analyse-Werkzeuge, die ebenfalls nur den Experten bekannt sind und nur von diesen sinnvoll bedient werden können.

Durch die Modulvielfalt und Komplexität ergibt sich hieraus die Schwierigkeit einer sehr heterogenen Umgebung der Hilfsmittel.

Allgemeinstes, und für die gesamten Anlagen mit allen Modulen verfügbares Hilfsmittel ist die Anlagendokumentation. Diese reicht von relativ allgemein gehaltenen Bedienungsanweisungen über detailliertere Installations-Handbücher bis hin zu sehr genau beschriebenen Stromlaufplänen und Steckkarten-Beschreibungen.

Hotline Datenbank

Als zentrales Instrument zur Protokollierung und Verfolgung von Fehlerfällen existiert eine Hotline-Datenbank, in der zu jedem Fall ein Datensatz mit eindeutiger Referenz angelegt wird.

Zu jedem Datensatz können folgende Daten eingegeben werden:

• Hotline-Fall	Nummer Hotline-Meldung, eindeutige Referenz
• Liste von Maßnahmen mit:	
• Bearbeiter	Name des Bearbeiters
• Maßnahmen/Lösungen	ausgeführte Maßnahme, dem Bearbeiter zugeordnet (Freitext)
• Zeitstempel	
• Bearbeitungszeiten (h)	getrennt nach
• Telefon Zeit • Netz Zeit • Recherche Zeit	
• Status • Offen • Gelöst	

Die Daten dienen unter anderem zur Informationsübergabe bei Schichtwechsel oder bei Übergabe des Falles an einen Experten sowie zur Rechnungsstellung.

Die Absicht, repräsentative Fälle redaktionell zu überarbeiten, um eine Recherchemöglichkeit zur Verfügung zu stellen, wurde nicht realisiert. Die Recherche auf die nicht überarbeiteten Fälle ist zwar möglich, liefert aber aufgrund der Freitexteingaben nicht immer zufriedenstellende Ergebnisse.

12.1.8 Probleme des Wissensmanagements

Die Absicht, ein wissensbasiertes System zur Unterstützung der Hotline-Mitarbeiter einzuführen, ist weniger auf besonders gravierende und akute Probleme der Hotline zurückzuführen, sondern auf die bekannten Schwierigkeiten, die mit einer 24-Stunden-Verfügbarkeit von hochkomplexem Diagnostikwissen verbunden sind.

Komplexität des Wissens

Die technische Komplexität der Module erfordert Kenntnisse aus unterschiedlichen Bereichen wie Elektronik, Optik, Mechanik und Software. Diese Breite des Wissens wird von keiner beruflichen Grundausbildung abgedeckt und bereitet den

Hotline-Mitarbeitern grundsätzlich Probleme. Zudem ist der Diagnostiker auf erfahrungsorientiertes Wissen zu den einzelnen Modulen angewiesen, das in unterschiedlicher Tiefe und Breite bei den Hotline-Mitarbeitern vorliegt.

Verfügbarkeit des Wissens
Das tiefergehende Expertenwissen zu den unterschiedlichen Modulen des Automatisierungssystems ist pro Modul bei zwei bis drei Modulexperten konzentriert. Damit ist ein Engpaß in der Verfügbarkeit des Wissens gegeben, das bei schwierigen Fällen gebraucht wird. Es ist praktisch nicht möglich, daß die entsprechenden Experten zu jeder Zeit zur Verfügung stehen. Ein weiteres Problem ist die Verfügbarkeit von Wissen über ältere Automatisierungssysteme bei Störfällen, da es selten gebraucht wird und damit tendenziell verfällt.

Vereinheitlichung des Wissens
Analysen haben ergeben, daß Hotline-Mitarbeiter eine Vielzahl unterschiedlicher Diagnosevorgehensweisen und -stile pflegen, die sich auch in ihrer Effizienz unterscheiden. Außerdem haben sich die Hotline-Mitarbeiter jeweils individuelle Diagnosehilfsmittel und Wissensspeicher angelegt, die durchaus auch von Interesse für ihre Kollegen sein können.

Ungenügende Nutzung vorhandener Wissensspeicher
Die Hotline-Datenbank kann aufgrund der unterschiedlichen Qualität der Inhalte (Fallkommentare) und der suboptimalen Zugriffs- und Suchmöglichkeiten nicht wie gewünscht zur Diagnoseunterstützung genutzt werden. Deshalb war die primäre Projektmotivation die Absicht, die Hotline-Datenbank durch eine redaktionelle und technische Überarbeitung hinsichtlich der Unterstützung des Diagnoseprozesses zu verbessern.

12.2 Ziele und Erwartungen bezüglich der Einführung von D3

12.2.1 Managementsicht

Aus Sicht des Abteilungsmanagements stellen sich die betriebswirtschaftlichen Zielsetzungen des D3-Projektes wie folgt dar:
Die Suche nach einem wissensbasierten Expertensystem wurde durch zwei Faktoren begründet. Zum einem ist durch die Vielzahl der zu betreuenden Systeme die Notwendigkeit gegeben, dem Mitarbeiter ein Werkzeug zur Verfügung zu stellen, mit dem dieser jederzeit relevante Informationen wiederfinden und abrufen kann. Zum anderen ist eine Steigerung der Effektivität der Hotline notwendig, damit diese auch in Zukunft mit wirtschaftlichem Erfolg arbeiten und auf dem Markt bestehen kann.
Es ergeben sich somit zwei Gründe für die Einführung: Steigerung der Qualität der Hotlinearbeit und Steigerung des wirtschaftlichen Nutzens.

Eine Steigerung der Qualität alleine über die Ausbildung ist nicht möglich; dies haben die Erfahrungen aus der Vergangenheit gezeigt. Dafür sind im wesentlichen zwei Faktoren maßgebend: Die Gedächtniskapazität des einzelnen Mitarbeiters und die menschliche Eigenschaft, Gelerntes zu vergessen, wenn dies nicht dauerhaft trainiert und angewendet wird.

Aufgrund der Vielzahl der zu betreuenden Systeme stellt sich automatisch ab einem gewissen Level eine „Sättigung" ein, ab der der Mitarbeiter nicht mehr mit weiterem Wissen beladen werden kann. Wichtig ist es nun, das Wissen so zur Verfügung zu stellen, daß es schnell wiedergefunden werden kann. Es sollte auch didaktisch so aufbereitet sein, daß es der einzelne Mitarbeiter schnell und zielgerichtet anwenden kann.

Der zweite und wesentlich entscheidendere Beweggrund für die Suche nach einem wissensbasierten Expertensystem war die Erkenntnis, daß die Hotline als eigenständiges Produkt nur dann eine Zukunft hat, wenn der Kunde dadurch einen wirtschaftlichen Vorteil bekommt. Eine wesentliche Kennzahl dafür ist der Preis, den der Kunde für einen Hotlinevertrag zu zahlen bereit ist. Dieser Preis wiederum wird geprägt durch die Anzahl der benötigten Mitarbeiter zur Aufrechterhaltung eines angestrebten Servicelevels. Eine sich ständig verkomplizierende Produktpalette sowie eine ständig zunehmende Produktvielfalt durch immer mehr Mitarbeiter abdecken zu wollen ist hier der falsche Weg. Ziel muß es sein, mit dem vorhandenem Mitarbeiterstamm durch die Einführung entsprechender Werkzeuge die Effektivität zu steigern, um den o.g. Anforderungen gerecht zu werden.

Die Effektivität eines Hotline-Mitarbeiters wird durch zwei wesentliche Faktoren definiert: Die mittlere Bearbeitungsdauer eines Hotline-Calls sowie die effektiv zur Verfügung stehende Zeit für die Bearbeitung von Hotline-Calls, d.h. die Jahresarbeitszeit abzüglich Ausbildungszeiten. Diese beiden Faktoren sind die Kennzahlen, die für eine wirtschaftliche Betrachtung herangezogen werden können.

Im Rahmen der Überlegungen zu einer quantitativen Evaluation der D3-Effekte wurden folgende Modellrechnungen zu möglichen Einsparungen durchgeführt. Im folgenden Modell wird angenommen, daß Schulungskosten eingespart werden können, wenn Newcomer mit D3 auch schwer zu lösende Störfälle an der Hotline mit gleicher Qualität und in annähernd gleicher Zeit wie Modulexperten bearbeiten können. Der einzusparende Schulungsaufwand, um zum Beispiel 25 Hotline-Mitarbeiter zu Experten in einem Modul zu qualifizieren, wird in der folgenden Tabelle dem Aufwand zur Erstellung der Wissensbasis zu diesem Modul und dem Schulungs- und Einarbeitungsaufwand gegenübergestellt, der notwendig ist, um Hotline-Mitarbeiter zur Arbeit mit D3 zu qualifizieren.

Nach dieser Rechnung könnten bei dem Vorhaben, alle Mitarbeiter mit D3 auf das Niveau eines Modulexperten in **einem** Modul zu heben, ca. 2,5 Mannjahre eingespart werden.

	pro Hotline-Mitarbeiter	Summe	Kommentar
Aufwand zur Erstellung der Wissensbasis:		24 MW (Mannwochen)	Prototyp
Aufwand Einarbeitung in D3 für 25 Hotline-Mitarbeiter	2 MW	50 MW	Schätzung
Gesamtaufwand D3		**74 MW**	
Schulungsaufwand für 25 Hotline-Mitarbeiter	8 MW	200 MW	Schätzung
Einsparung mit D3		**126 MW**	

Laufende Aufwände

Für die Berücksichtigung der laufenden Aufwände zur Pflege und Administration von D3 und den Wissensbasen wird folgendes angenommen:

- Die Annahmen beziehen sich auf einen „eingeschwungenen" Zustand.
- Für die Pflege der Wissensbasis eines Moduls wird ein Manntag (MT) pro Modul pro Woche angenommen.
- Gegenübergestellt wird der Aufwand, das Wissen der Hotline-Mitarbeiter immer wieder aufzufrischen.
- Durch D3 wird der Aufwand für die Schulungen zur Auffrischung des Wissens deutlich verringert. Angenommen wird ein Einspareffekt von 3 MT pro Hotline-Mitarbeiter im Jahr.

Hieraus ergeben sich folgende Berechnungen pro Jahr und Modul:

	Pro Hotline-Mitarbeiter	Summe	Kommentar
Aufwand zur Pflege der Wissensbasis:		52 MT	Annahme
Schulungsaufwand für 25 Hotline-Mitarbeiter	3 MT	75 MT	Schätzung
Einsparung /Jahr		**23 MT**	

Diese Zahlen sind sehr grobe Schätzungen, und sollen in erster Linie zeigen, daß die laufenden Aufwände zur Pflege von Wissensbasen mit D3 zumindest nicht höher sind, als die Aufwände zur Auffrischung des Wissens der Hotline-Mitarbeiter.

Ein weiterer Aspekt ist, daß die D3-Aufwände im Gegensatz zu einer organisierten Schulung nicht zu absolut festgelegten Zeiten erfolgen müssen.

Aus externer Sicht läßt sich sagen, daß zwar die Erwartung besteht, quantitativ spürbare Effekte durch den D3-Einsatz zu erzielen, man das Projekt aber nicht auf der Basis einer sicheren Kosten-Nutzen-Rechnung begonnen hat und insgesamt eher vage Vorstellungen über die Effekte bestehen. So wird beispielsweise auch die Zusage gegenüber dem an Wirtschaftlichkeit orientierten höheren Management, mittelfristig Personalkosten einsparen zu können, mit den Erwartungen auf D3-Effekte verknüpft. Ähnlich gelagert ist die Hoffnung, die Mitarbeiterzahl trotz steigender Hotline-Anfragen nicht erhöhen zu müssen.

Diese Erwartungen basieren auf folgender Überlegung: Wenn die durchschnittliche Bearbeitungsdauer pro Hotline-Anfrage um 25% reduziert werden kann, bedeutet dies eine Einsparung von ca. 2 Mannjahren pro Jahr.

12.2.2 Mitarbeitersicht

In qualitativen Leitfaden-Interviews wurden Mitarbeiter der Hotline, die im Second-Level arbeiten, zu ihren Nutzenerwartungen und Befürchtungen im Zusammenhang mit der D3-Einführung befragt. Zwei Mitarbeiter waren als Modulexperten beim Knowledge-Engineering beteiligt und ein weiterer kannte D3 aus einer Informationsveranstaltung.

Die Befragten gingen davon aus, daß etwa die Hälfte aller schwierigen Fälle, die bisher einen Modulexperten erforderten, mit Unterstützung durch D3 von Allroundern zu lösen seien, die über kein Spezialwissen in dem Modul verfügen. Verbunden damit war die Hoffnung, von Routinefällen entlastet zu werden und in der eigenen Arbeit durch Hilfeanfragen der Nichtspezialisten seltener gestört zu werden.

Für die eigene Problemlösekompetenz bei schwierigen Fehlern wurde von den Modulexperten eine Erfolgsrate von 70%-80% geschätzt. Da jeder Modulexperte in anderen Modulen Nichtexperte ist, können die Befragten das System zugleich auch aus der Sicht des Nichtspezialisten beurteilen. Hier sehen sie die Möglichkeit, Fälle aus eher oberflächlich beherrschten Modulen selbständiger lösen zu können. Dabei besteht auch die Erwartung, durch die Arbeit mit D3 und durch die verknüpften Zusatzinformationen eigene Qualifikationen in diesen Modulen aufzubauen.

Vor diesem Hintergrund wurde die Erwartung geäußert, auch von dem Wissen der anderen Modulexperten, das über die Wissensbasis zur Verfügung steht, profitieren zu können. Außerdem wurde die Funktion der Wissensbasis als Wissensspeicher für eigenes Wissen gesehen, das schließlich auch nicht immer präsent sei und dem Vergessen unterliege, insbesondere wenn es selten gefordert werde.

Es wurde befürchtet, daß Nichtexperten beim Versuch, schwierige Fälle mit D3 zu lösen, mit ihrem „Halbwissen" zu „wilden Aktionen" verleitet werden, die letztlich zu einer Verschlimmerung der Fehlersituation führen könnten. Die Experten hätten dann den übergebenen „Müllhaufen" aufzuräumen. Es wurde angeregt, daß D3 bei risikoreichen und kostenintensiven Diagnostikaktionen (z. B.

Karten oder Rechner austauschen) auf die Entscheidungskompetenz eines menschlichen Experten verweisen sollte.

Kontrovers wurde eingeschätzt, ob ein wissensbasiertes System tendenziell Modulexperten überflüssig machen könnte. Einerseits wurde dem Management unterstellt, daß es dieses Ziel aus Kostengründen verfolgen würde. Vorherrschende Meinung war aber, daß Experten auch weiterhin gefragt sind und sein werden. Die eigene Rolle als Experte sieht man nicht in Gefahr, nicht zuletzt weil in der Instandsetzung „eben doch vieles Intuition" sei.

Aus Sicht des Wissensingenieurs sind folgende, nicht quantifizierbare Vorteile durch den Einsatz von D3 zu erwarten:

- Breite Streuung des Wissens.
- Konservierung des Wissens (nicht oder nur wenig beeinflußt von Fluktuation, Verfügbarkeit der Mitarbeiter usw.).
- Wissen 24 Stunden am Tag, 365 Tage pro Jahr verfügbar.
- Schulungseffekt der Mitarbeiter durch die Anwendung von D3.
- Kompetentes Erscheinungsbild gegenüber dem Kunden wird verbessert.
- Motivation der Mitarbeiter durch kreative, andersartige Tätigkeit.
- Ausführen einer nützlichen Tätigkeit (Erstellung Wissensbasis, HTML) in sowieso vorhandenen „Totzeiten"; dadurch homogenere Grundauslastung der Hotline-Mitarbeiter.

12.3 Erstellung der prototypischen Wissensbasis

12.3.1 Projektetablierung

Im Unternehmen gab es bereits vor dem hier beschriebenen D3-Projekt Vorhaben, die das Ziel hatten, mit wissensbasierten Systemen ein Diagnose-System (DS) zu entwickeln. Die Anwenderzielgruppe waren die Bediener der Anlagen, also vor allem Mitarbeiter der Kunden. Die Systeme sollten die Anlagen modulübergreifend diagnostizieren und bei der Fehlersuche helfen.

Das erste Projekt verfolgte den Ansatz, die Aufgabe „offline" zu lösen. Dies stellte sich als untragbar heraus, da es zu ineffizient ist, die Diagnose-Daten von einem anlageintegrierten Rechner ausgeben zu lassen, um sie dann *manuell* in ein getrenntes Diagnose-System neu eingeben zu müssen. Das entwickelte Produkt kam nie zum Einsatz.

Ein Schluß hieraus war, daß ein DS „online" mit der Anlage kommunizieren sollte. Nach relativ kurzer Zeit kam das Projektteam zur Entscheidung, daß die Aufgabe mit einem wissensbasierten System zu lösen ist. Es wurde entschieden ein solches selbst zu entwickeln. Wichtige Randbedingungen waren, daß zu dieser Zeit kein Lastenheft existierte, und sehr viele Stellen ihre in der Summe recht umfangreichen und heterogenen Anforderungen an das System formulierten. Nach einer Entwicklungszeit von ca. 2 Jahren wurde die Entwicklung eines umfassenden Diagnose-Systems zunächst ganz aufgegeben.

Der aktuelle Ansatz mit D3 ist als ein erneuter Versuch zu sehen, die Hotline-Mitarbeiter bei ihrer Arbeit durch Recherchemöglichkeiten zu unterstützen. In diesem Sinne wurde ein Budget bewilligt. Die auftraggebende Stelle ist die Abteilung Kundenservice. Der Einsatz von D3 und die Realisierung eines Wissensbasis-Prototyps erwuchs aus der Überlegung, mit welchen Hilfsmitteln obige Unterstützung realisiert werden kann. Dabei wurde keine systematische Auswahluntersuchung bezüglich möglicher Tools vorgenommen. D3 war als erfolgversprechendes Tool bekannt und sollte in einem Pilotvorhaben auf seine Brauchbarkeit hin getestet werden.

Der Ansatz mit D3 unterscheidet sich von dem ersten Versuch durch folgende Punkte:

- Ein professionelles Tool kommt zum Einsatz, um sich direkt auf die Wissensakquisition konzentrieren zu können.
- Das Projekt ist im Kundenservice und nicht in der Entwicklungsabteilung angesiedelt. Damit ist eine konsequente Orientierung an den eigentlichen Nutzern gegeben. Kundenmitarbeiter sind als Nutzer nicht mehr vorgesehen.
- Die Modularisierung des Wissens für ein dialogorientiertes Diagnosesystem erscheint erfolgversprechender als der Einsatz eines eingebetteten wissensbasierten Systems, von dem man sich unrealistischer Weise vollautomatisch korrekte Diagnosemeldungen zu jeder Art von Störfall erwartete.
- Die Nutzung von formalisiertem Wissen in einem wissensbasierten System wird mit der hypermedialen Darstellung von informellem zusätzlichem Wissen gekoppelt.

Für die Realisierung eines Wissensbasis-Prototyps mit D3 wurde keine formal festgeschriebene Projektorganisation institutionalisiert.

Ein Mitarbeiter hatte schon Erfahrung mit wissensbasierten Systemen und hat sich im Vorfeld in das System D3 eingearbeitet. Er fungiert als unternehmensinterner Wissensingenieur, der auch als Projektmanager die treibende Kraft des Projektes darstellt.

Es wurde ein Anlagen-Modul ausgewählt, für das die Wissensbasis erstellt werden soll. Zwei Mitarbeiter, welche für dieses Modul als Experten gelten, wurden für die Erstellung der Wissensbasis ausgewählt. Ein weiterer Mitarbeiter sollte sich um die Erstellung von HTML-Seiten kümmern. Außer dem Wissensingenieur kannten sich die beteiligten Personen weder mit D3 aus, noch hatten sie jemals HTML-Seiten selbst erstellt oder intensiv mit Bildbearbeitungs-Programmen gearbeitet.

Für die Arbeit mit D3 zur Erstellung des Prototyps stand ein eigenes Büro mit Tafel zur Verfügung. Die Arbeitsplattform war ein vernetzter PC (Windows-NT).

12.3.2 Wissensakquisition mit D3

12.3.2.1 Fallorientierte Wissensakquisition

Am Anfang stand eine kurze Einführung der Experten in den Shell-Baukasten D3 durch den Wissensingenieur. Er hat bewußt auf eine detaillierte Erklärung verzichtet. Schwerpunkt war die Erklärung der Struktur-Elemente, die D3 zur Verfügung stellt (Symptome, Diagnosen, Regeln). Danach wurden von den Experten „Fälle" aus der Praxis geschildert. Diese hat der Wissensingenieur auf Papier protokolliert, unter Beachtung der Struktur-Elemente von D3, d.h. es wurde Wert darauf gelegt, Symptome und Diagnosen zu identifizieren. Dies führte zu einem Aufzeichnen der „Fälle" im Stile von Entscheidungsbäumen. Da die beiden Experten oft nicht gemeinsam verfügbar waren, wurden obige Arbeiten oft getrennt ausgeführt.

Nach kurzer Zeit (3-4 Tage, je Experte ~ 2 Fälle) war der Drang und das Interesse mit D3 zu arbeiten bei den Experten so groß, daß weitere Fälle in D3 eingegeben wurden. Dies erfolgte anfangs durch den Wissensingenieur und dann von den Experten selbst unter Anleitung des Wissensingenieurs.

In diesem frühen Stadium bestanden noch keine konkreten Vorstellungen, wie die Wissensbasis strukturiert sein sollte. Vielmehr wurde durch die getrennte Verfügbarkeit der Experten die Struktur so gewählt, daß die Fälle der beiden Experten getrennt identifizierbar blieben.

Die ersten Eingaben der Experten in D3 zeigten die hohen Anforderungen an das Abstraktionsvermögen der Bediener. Hier war die ständige Beratung mit dem Wissensingenieur nötig, um die Rolle von Symptomen, Diagnosen und Regeln zu klären.

Um eine etwas umfassendere Sicht zu bekommen, wurden nach externen Beratungshinweisen verschiedene Ansätze der Wissensbasis-Entwicklung betrachtet:

1. Skizzieren von Fällen, die schon aufgetreten sind.
2. Sammeln von Symptom→Diagnose-Beziehungen.
3. Sammeln von Diagnose→Symptom-Beziehungen.

Der erste Ansatz wurde intuitiv zu Anfang gewählt. Für die beiden anderen Ansätze wurden in Tabellen die Diagnosen und Symptome gegenübergestellt, und mit Zuordnungspfeilen die Beziehungen eingezeichnet. Es stellte sich sehr schnell heraus, daß diese Vorgehensweise der Denkweise der Experten nicht sehr nahe kommt. Das Team kam immer wieder auf den ersten Ansatz zurück und deshalb wurden die beiden anderen Strategien nicht weiter verfolgt.

12.3.2.2 Fallunabhängige Strukturierung

Nachdem die Wissensbasis ca. 4 Fälle enthielt, entstand die Erkenntnis, daß es Zeit ist, sich grundlegende Gedanken über eine sinnvolle Struktur der Wissensbasis zu machen. Es wurde folgende Unterscheidung von Wissensformen als zentral für das Projekt erkannt:

- **Strukturelles Wissen (Wissensbasis D3)**
  Erfahrungswissen bezüglich Abhängigkeiten zwischen Symptomen und Diagnosen; sinnvolle Vorgehensweise bei der Eingrenzung von Fehlern (Diagnosen).
- **Erklärendes Wissen (HTML-Seiten)**
  - Wissen über den Ablauf oder die Ausführung von bestimmten Aktionen (Analyseprogramme ausführen, Untersuchungen),
  - Wissen im Bereich der Betriebssysteme,
  - Wissen über die hergestellten Systeme und deren Aus- und Eingabemöglichkeiten,
  - Wissen über Tools und andere Helfer, die wichtig sind für das Erkennen von Symptomen und
  - allgemeines Wissen über die Interpretation von Ausgaben der Systeme.

Beide Wissensbereiche sind für eine sinnvolle Unterstützung der Arbeit der Hotline sehr wichtig. Es macht wenig Sinn, ausgefeiltes strukturelles Wissen anzubieten, wenn die notwendigen Maßnahmen nicht erklärt werden. Auf der anderen Seite ist eine Sammlung von Erklärungen (Dokumentation) ohne strukturelles Wissen nur sehr eingeschränkt nutzbar.

Die beschriebenen Bereiche lassen eine relativ strikte Trennung zu. Das strukturelle Wissen wird sinnvollerweise in der Wissensbasis repräsentiert, wobei sich das erklärende Wissen in aufbereiteter Form außerhalb der Wissensbasis befinden kann oder sogar soll.

Die Trennung wird von D3 unterstützt, indem es die einfache Verknüpfung von Text-, Bild- und Multimediaelementen mit den Elementen der Wissensbasis ermöglicht.

Eine zentrale Schwierigkeit beim Sammeln und Strukturieren von Wissen ist die Variantenvielfalt der zu diagnostizierenden Anlagen.

Um dieses Problem mit vertretbarem Aufwand zu behandeln, erscheint es sinnvoll, das strukturelle Wissen so variantenunabhängig wie möglich zu gestalten. Eigenheiten verschiedener Varianten (z.B. unterschiedliche Konfigurationen für verschiedene Projekte) sollten im erklärenden Wissen, das in Form von HTML-Seiten dargestellt wird, zum Ausdruck kommen.

12.3.3 Dokumentation

Während der Arbeit mit D3, nachdem die Wissensbasis immer komplexer wurde, wurde die Notwendigkeit deutlich, die Wissensbasis zu dokumentieren, um den Überblick nicht zu verlieren. Es wurde versucht, die Wissensbasis mit diversen, auch grafischen Mitteln, zu beschreiben. Hier stellte sich heraus, daß die Aufwände, die Dokumentation zu erstellen und vor allem diese „up to date" zu halten, in keinem Verhältnis zum Nutzen stehen. Das Team kam zu der Erkenntnis, daß D3 selbst das beste und effektivste Tool für die Dokumentation von Wissensbasen ist. Damit zeigt sich allerdings die hohe Anforderung an die Dokumentationsfunktionalität von D3, die sicher noch verbesserungsfähig ist.

Wegen der hohen Bedeutung einer gut lesbaren Dokumentation für die Transparenz und Effektivität des Knowledge Engineering wurde während des Projekts von den Entwicklern von D3 entschieden, die Dokumentationsfunktionaltät von D3 stark zu verbessern. Es wurde die Möglichkeit geschaffen, den strukturellen Teil der D3-Wissensbasis als Hyperlinkstruktur im HTML-Format und im WORD-Format zu generieren.

12.4 Struktur und Umfang der prototypischen Wissensbasis

12.4.1 Strukturelles Wissen (Wissensbasis D3)

Nach einer gewissen Zeit der Erfahrung beim Knowledge Engineering mit D3 hat sich herauskristallisiert, daß die Wissensbasen im betrachteten Diagnosefeld nach einem bestimmten Muster („Heuristischer Entscheidungsbaum", s. Kap. 2) aufgebaut werden können und aus Gründen der Pflegbarkeit und Übersichtlichkeit auch so strukturiert sein sollen. Dieses Muster der Problemlösung baut zwar auf den Modellierungsmitteln der D3-Wissenserwerbskomponente auf, kann aber auf einem abstrakteren Niveau für D3 ungeübte Fachexperten einfacher beschrieben werden und ihnen so helfen, ihr Wissensgebiet schneller zu formalisieren. Es wird außerdem eine Vereinheitlichung in der Vorgehensweise verschiedener Wissensbasis-Entwickler erreicht.

Kernpunkt des Musters (bzw. Konzepts) ist die Modularisierung der Wissensbasen nach Problembereichen.

Ein Problembereich ist als Element in D3 nicht definierbar, vielmehr handelt es sich um eine selbst definierte Struktur aus einer Kombination von Grobdiagnose, Symptominterpretation(en), Frageklasse(n), und Diagnosen nach bestimmten Regeln.

Dabei wird ein bestimmter Bereich des technischen Moduls behandelt. Die Definition von Problembereichen ist ein kreativer Prozeß und kann unter anderem nach folgenden Kriterien gewählt werden:

- HW-Einheit
- Funktionalität
- mit einem Fragebogen sinnvoll zu klären
- ein Themengebiet

Beispiele:

- Bootproblem
- Laufzeitproblem
- Problem beim Backup

Problembereiche sind oft schon durch Einstiegssymptome (d.h. was der Kunde meldet) identifizierbar. Sie werden gemäß dem Konzept einheitlich abgehandelt, und bilden die Grundstruktur jeder Wissensbasis.

Zusätzlich zu dieser vereinheitlichten Struktur werden durch das Konzept die Möglichkeiten und damit die Komplexität von D3 „sinnvoll" eingeschränkt. Der Entwickler einer Wissensbasis muß sich nur noch mit den Möglichkeiten von D3 auseinandersetzen, die das Konzept vorsieht. Er kann die Vielzahl der Modellierungsmittel, die außerhalb des Musters liegen, außer Acht lassen und sich auf die für sein Vorgehen adäquaten Mittel der Wissensbasiserstellung konzentrieren. Im Rahmen des Projektes wurde zur Dokumentation und Vermittlung des Musters ein ausführliches Entwickler-Handbuch erstellt (s. Kap. 2 sowie „Schritt für Schritt-Anleitung zur Entwicklung von Wissensbasen in D3" gemäß dem Formalisierungsmuster „heuristische Entscheidungsbäume" auf beiliegender CD).

Wesentlich ist, daß das Muster nicht nur als theoretisches Konzept definiert wurde, sondern auch durch entsprechende Weiterentwicklungen an D3 selbst unterstützt wurde. Insgesamt entstand somit angeregt durch Projekterfahrungen eine weitreichende grundlegende Erweiterung von D3: die implementierte Unterstützung von Wissensformalisierungsmustern auf einer Ebene über den bisherigen D3-Sprachmitteln. Neben dem in diesem Projekt als adäquat erkannten Muster wurden inzwischen auch aus anderen Projekten heraus weitere Muster identifiziert und beschrieben (s. Kap. 3-4).

12.4.2 Erklärendes Wissen (HTML-Seiten)

Erklärendes Wissen ist in der jetzigen Situation des Hotline-Betriebs in sehr heterogener Form für die Hotline-Mitarbeiter vorhanden. Allgemein verfügbar sind u.a.:

- Anlagen-Dokumentationen,
- Allgemein bekannte Informationsseiten im Intranet.

Individuell verfügbar sind u.a.:

- Zugriff auf weniger bekannte Informationsseiten im Intranet,
- persönliche Erfahrung,
- individuell erstellte Dokumentationen.

Durch die Anbindung des „erklärenden Wissens" an D3, aber auch schon allein durch die strukturierte Aufbereitung wird eine zentrale Sammlung von Wissen aufgebaut, die alle obigen Quellen zusammenführen soll. Für die Darstellung des „erklärenden Wissens" in Zusammenhang mit D3 werden zwei Features von D3 ausgenutzt.

1. Die Möglichkeit, kurze Texte und Erklärungen direkt einem Objekt (z.B. einer Frage) zuzuordnen.
2. Die Möglichkeit, HTML-Referenzen einzufügen.

Die erste Alternative eignet sich für Bilder und für sehr kurze Erklärungen, da die Darstellung sonst sehr unübersichtlich wird. Sie ist sofort in D3 sichtbar und somit schnell verfügbar. Die Möglichkeit auf HTML-Dokumente zu verweisen stellt eine sehr leistungsfähige multimediale Alternative dar, da alle Darstellungsmöglichkeiten eines modernen HTML-Browsers genutzt werden können. Dieses Konzept findet Anwendung, wenn ausführlichere Beschreibungen sinnvoll sind.

Um dem Bediener von D3 beim Abruf von HTML-Erklärungen ein einheitliches „Look & Feel" zu präsentieren, wurden alle aus D3 direkt referenzierten Seiten neu erstellt (folgend D3-Seiten genannt). Wie oben erwähnt, sollen aber auch bereits allgemein verfügbare „fremde" HTML-Informationen (Intranet) zugreifbar sein. Links auf fremde Seiten werden einzig aus den D3-Seiten gemacht. Bei den fremden Seiten ist besonders darauf zu achten, daß diese stabil, und in ihrer Lebensdauer längerfristig angelegt sind.

Aus D3 werden die D3-HTML-Seiten aufgerufen. Wo immer es sinnvoll ist, enthalten diese Seiten Links zu allgemein verfügbaren Informationen. Natürlich sind auch Links von D3-Seiten zu anderen D3-Seiten möglich.

12.4.3 Technische Integration

Die technische Umgebung für den Einsatz von D3 besteht aus vernetzten PC-Arbeitsplätzen. Die Entwicklungsergebnisse sind auf einem Fileserver gespeichert. Die Mitglieder des Entwicklungsteams haben darauf Schreib-/Leserechte, die Benutzer nur Leserechte. Die entstandenen HTML-Seiten werden im Intranet zur Verfügung gestellt.

Auf jedem Arbeitsplatz der Benutzer ist D3 lokal installiert (die Installation auf einem Server war mit der uns zur Verfügung stehenden Version noch nicht möglich).

Die Wissensbasis wird vom Fileserver geladen, womit sichergestellt ist, daß alle Benutzer mit derselben Wissensbasis arbeiten.

Für das Abspeichern von Fällen existiert ein weiterer Bereich auf dem Fileserver, auf den alle Mitarbeiter Schreib-/Leserechte besitzen. Mittelfristig wird die zentrale Installation der D3 Software angestrebt, um bei Releasewechsel von D3 den Installationsaufwand zu reduzieren.

12.4.4 Ausbaustand der Wissensbasis

Entwicklungszeit

Oktober 1998	vorbereitende Aktivitäten (Wahl von D3)
November 1998	vorbereitende Aktivitäten (Einarbeitung)
Dezember 1998	Beginn Erstellung Wissensbasis incl. HTML-Seiten
Januar 1999	Erstellung Wissensbasis incl. HTML-Seiten
Februar 1999	Erstellung Wissensbasis incl. HTML-Seiten

Die Wissensbasis wurde in KW 7 1999 eingefroren und dann evaluiert.

Stand der Wissensbasis in KW 7 1999:

HTML-Seiten: 33 HTML-Seiten zur Wissensbasis (Inhalt im Durchschnitt 3-4 Browser-Seiten) sowie 7 HTML-Seiten Benutzerhandbuch für die Anwendung von D3. Beides wird im Intranet zur Verfügung gestellt.

D3-Wissensbasis für Modul Leseeinrichtung:

> 67 Diagnosen (incl. 10 Grobdiagnosen)
> 33 Frageklassen
> 64 Symptome
> 365 Regeln

Die Wissensbasis für das Modul Leseeinrichtung hat damit einen Stand erreicht, der einen Großteil der Leseeinrichtung-Fälle abdecken müßte. Der Vollausbau und ein Tuning der Wissensbasis aufgrund der Evaluationsergebnisse stehen aber noch aus.

12.5 Evaluation

12.5.1 Organisation der Testnutzung

Für die Evaluationsphase wurde entschieden, nur einen kleinen Kreis von Testnutzern (4–5) auszuwählen. Das Problem dabei war die wechselnde Verfügbarkeit dieser Hotline-Mitarbeiter, die dazu führte, daß für die Bearbeitung einiger Problemfälle kein D3-Benutzer anwesend war.

Bei den ausgewählten Hotline-Mitarbeitern, die sich aus Newcomern und Allroundern zusammensetzten, wurde D3 auf dem Arbeitsplatz-PC installiert. Danach wurden die Hotline-Mitarbeiter in die Bedienung von D3 eingewiesen. Hierzu gehört auch die Beschreibung administrativer Tätigkeiten wie das Abspeichern von Fällen, die Erstellung von Fallprotokollen usw., die eine kontrollierte Beurteilung und Auswertung der Fälle erlauben sollen.

Für die Bedienung und alle notwendigen Tätigkeiten wurde vom Wissensingenieur ein Benutzerhandbuch (in HTML-Format) erstellt. Dies soll nicht die persönliche Einweisung ersetzen, sondern als Nachschlagewerk dienen, wenn gewisse Arbeitsschritte vergessen wurden. Damit soll auch eine Entlastung der D3-Teammitglieder bei wachsender Zahl der Testnutzer erreicht werden. Jeder Testnutzer wurde gebeten, seine Ansichten über D3 und die Wissensbasis in einer Datei zu vermerken. Neben qualitativen Aussagen sollen hier auch konkrete Verbesserungsvorschläge erfaßt werden.

Es zeigte sich, daß die Bedienung von D3 nach recht kurzer Zeit (1–2 Tage je nach Beschäftigung mit dem System) möglich ist. Wichtig ist, daß jemand für die Beantwortung von Fragen und Behebung auftretender Probleme (Benutzereinstellungen usw.) zur Verfügung steht.

Generell gilt aber, daß die Evaluationsphase mit zwei Wochen viel zu kurz angesetzt wurde. Auch wurde der Prozeß der Vorbereitung der Evaluationsphase nicht ausdrücklich benannt und geplant, was zu Fehleinschätzungen führte. Eine zusätzliche Schwierigkeit stellte die wechselnde Verfügbarkeit von D3 Benutzern und die in Phasen in geringer Zahl auftretenden Problemfälle für das gewählte Modul dar.

12.5.2 Quantitative Evaluation

Um die Erreichbarkeit der betriebswirtschaftlichen Ziele abschätzen zu können, hatte sich das Management darauf festgelegt, anhand des Wissensbasis-Prototyps eine konkrete Wirtschaftlichkeitsabschätzung durchzuführen. Dabei soll der Gesamtaufwand für die Erstellung der Wissensbasis mit den dadurch erreichten Einsparungen verglichen werden.

Es stellte sich sehr schnell heraus, daß die quantitative Erfassung der Einsparungen sehr schwierig ist, wenn man ein Bewertungsverfahren sucht, das die gängigen Anforderungen bezüglich Validität, Zuverlässigkeit, Robustheit und Objektivität erfüllt.

Bei der unternehmensinternen Konzeptbildung wurden folgende Größen identifiziert, die von einer D3-Anwendung beeinflußt sein können:

- Bearbeitungszeit eines Falls T_b (Summe der Arbeitszeiten aller Hotline-Mitarbeiter, die an dem Fall gearbeitet haben)
- Lösungszeit eines Falls T_l (Zeit zwischen Eingehen des Hotline-Calls bis zu seiner erfolgreichen Lösung)
- Schulungsaufwand für Hotline-Mitarbeiter (Ausbildungsstand) SA
- Verhältnis der Mitarbeiter zu den eingehenden Hotline-Calls $\dfrac{N_{HLM}}{N_{Call}}$ mit:

   - N_{HLM} : Anzahl benötigter Hotline-Mitarbeiter

   - N_{Call}: Anzahl Hotline-Calls

Ursprünglich war geplant, an einer Testanlage Fehler zu simulieren und diese von verschiedenen Mitarbeitern in einem Labortest parallel bearbeiten zu lassen. Es sollten direkt die Bearbeitungszeiten verglichen werden. Leider konnten diese Tests wegen der Nichtverfügbarkeit der Testanlage nicht durchgeführt werden.

Es blieben für die Wirtschaftlichkeitsabschätzung nur die realen Fälle des Tagesgeschäfts. Das Problem dabei war die relativ geringe Anzahl von Problemmeldungen am Anfang der Evaluationsphase (~ 2–3 /Woche).

Es wurde deutlich, daß repräsentative Aussagen erst nach einer relativ langen Testphase gemacht werden können. Da das Konzept zur konkreten Auswertung gesammelter Daten noch nicht ganz klar ist, lag der Schwerpunkt zunächst auf der reinen Datensammlung und der Auswertung qualitativer Evaluationsergebnisse.

12.5.2.1 Falldaten

Für die spätere Auswertung werden sowohl für historische Fälle (ohne D3 bearbeitet) als auch für neue Fälle (mit D3 bearbeitet) weiterhin die bekannten Daten der Hotline-Datenbank (s. Abschnitt 12.1.7) erfaßt.

Diese Daten sind so noch nicht sehr aussagekräftig; sie müssen um einige Attribute ergänzt werden, damit eine sinnvolle Auswertung möglich wird:

-   Lösungszeit   (berechnet aus dem ersten und letzten Zeitstempel)
-   Bearbeitungszeit   (berechnet aus allen Teilbearbeitungszeiten)
-   Fall mit D3 lösbar   ja/nein   (manuelle Ergänzung, auch bei historischen Fällen)

Um die Fälle vergleichen zu können, ist eine Klassifizierung sowohl der Fälle als auch der Mitarbeiter mit ihrem Kompetenzlevel bezüglich des Moduls entscheidend. Es werden zusätzlich folgende Attribute erfaßt:

- Mitarbeiter-Level: Newcomer/Allrounder/Experte
  (dem Mitarbeiter modulweise zugeordnet)
- Fallklasse schwer/mittel/leicht/Beratung
  (manuelle Ergänzung, auch bei historischen Fällen)

Die Fälle sind dabei wie folgt in Klassen eingeteilt:
- leicht:
  für Newcomer nicht zu lösen
  für Allrounder gut zu lösen
  für Experten leicht zu lösen
- mittel
  für Newcomer nicht zu lösen
  für Allrounder mit punktueller Hilfe zu lösen
  für Experten leicht zu lösen
- schwer
  für Newcomer nicht zu lösen
  für Allrounder nicht zu lösen
  für Experten zu lösen
- Beratung
  Fall, der sich nicht mit der Lösung eines technischen Problems befaßt.
  → Diese Fälle werden von einer Wissensbasis nie abgedeckt, und sind daher in Vergleiche nicht mit einzubeziehen.

Es ist offensichtlich, daß die objektive Einordnung von Fällen in diese Klassen keine triviale Aufgabe ist und die Evaluation erheblich beeinflussen kann.

Wie bereits erwähnt, ist das Konzept zur Auswertung der gesammelten Daten noch nicht vollständig festgelegt. Es bestehen jedoch zwei grundlegende Einsparpotenziale, die betrachtet werden können.

Bearbeitungszeiten

Es werden die durchschnittlichen Bearbeitungszeiten für die Fälle verglichen, die mit D3 und ohne D3 bearbeitet wurden. Dabei wird untersucht, ob sich die Bearbeitungszeiten verringern, wenn Mitarbeiter desselben Levels Fälle derselben Klasse bearbeiten.

Ausbildungskosten

Es wird untersucht, wieviel Fälle **der** Klasse, die zuvor ohne D3 nur von Experten gelöst werden konnte, von Mitarbeitern des Levels Newcomer oder Allrounder mit D3 lösbar sind. Daraus läßt sich eventuell ein Einsparpotenzial bei den Ausbildungskosten ableiten.

12.5.2.2 Entwicklungsaufwände

Über die Entwicklungszeiten der Wissensbasen liegen Aufschreibungen vor, die bereits ausgewertet sind.
Aufwände werden unterschieden nach:
- Erstellung Wissensbasis
- Erstellung HTML-Erklärungsseiten
- System- und Projektadministration
- Organisierung der Evaluation

	Gesamt	HTML	Wissensbasis Experten	Admin	Evaluation
Stunden	674,5	251	176	112,5	135
MW	19,27	7,17	5,03	3,21	3,86
MM	4,82	1,79	1,26	0,80	0,96

Arbeitszeiten für unterschiedliche Projektaktivitäten (Stand: Beginn der Evaluationsphase)

Es zeigt sich, daß für die Erstellung der HTML-Seiten bisher mehr Arbeitszeit (7 Wochen) als für den Aufbau der D3-Wissensbasis (5 Wochen) verwendet wurde. Zu beachten bleibt, daß diese Aufwände **alle** Aktivitäten beinhalten, die im Rahmen der Einführung von D3 angefallen sind, also auch Einarbeitungsaufwände sowie Abstimmungen und Aktivitäten für das Projekt an der Uni Würzburg.

12.5.3 Qualitative Zwischenevaluation

Eine erste Erhebung zu nichtquantifizierbaren Erkenntnissen aus der Testanwendung wurde nach wenigen Wochen der Testnutzung durchgeführt. Dazu führte der externe Evaluator Leitfaden-Interviews mit Testnutzern, einem Modulexperten, dem Projektverantwortlichen und dem Projektmanager.

12.5.3.1 Testnutzer

Die Erfahrungsbasis mit D3 war sehr unterschiedlich: Ein Newcomer im Hotlinebereich, der auch schon einige Wochen länger mit D3 arbeiten konnte, hatte bereits 10 Fälle mit D3 bearbeitet. Er berichtete, daß D3 in 90% der Fälle zur richtigen Lösung geführt hätte. Insgesamt bewertete er D3 als sehr positiv, wobei die wichtigsten Aussagen im folgenden zusammengefaßt sind:
- Die Fälle hätten von ihm als Newcomer ohne D3 nicht gelöst werden können. Mit dem System war ein selbständigeres Arbeiten ohne Kollegenunterstützung in kurzer Zeit möglich.
- Das System gebe dem Anfänger Sicherheit bei der Fallbearbeitung, weil es eine Diagnosesystematik anbiete.
- Sehr hilfreich sei auch die HTML-Dokumentation, deren Verknüpfung mit D3 zusätzlich positiv zu sehen sei. D3 werde damit zu einem Instrument, das ge-

zielt zu den situationsbezogen richtigen Stellen in der Hypermedia-Dokumentation führe.

Die anderen beiden Testnutzer hatten nur geringe Erfahrung mit D3, denn es wurden jeweils nur ein bis zwei Fälle bearbeitet. Dennoch ergab sich eine insgesamt positive Haltung zum Diagnosetool, die sich in folgenden Einzelaussagen zeigt:

- Übereinstimmend wurde die HTML-Darstellung des Wissens als einfacher Zugang zur bisher eher umständlich zu handhabenden Diagnose -bzw. Anlagendokumentation gesehen.
- Durch die Arbeit mit D3 stellt sich ein Qualifizierungseffekt ein, der herkömmliche Schulungen gut ergänzt, weil in D3 das Wissen diagnoseaufgabenorientiert angeboten wird.
- Auch eine schnellere Fallbearbeitung mit D3 wird unterstellt.

Folgende Probleme wurden angesprochen:

- Die einstündige Systemeinführung für Testnutzer wird als zu kurz angesehen.
- Akzeptanzprobleme entstehen, wenn D3 andere Frage- und Lösungsstrategien verwendet als der Benutzer und diesen zu einem für ihn ungewohnten Vorgehen anhält.
- Vereinzelte Fehlinformationen in der HTML-Dokumentation und ineffiziente Lösungswege von D3 wurden festgestellt.

12.5.3.2 Modulexperte

Die Organisation der Testnutzung auch in den nächsten Wochen (protokolliert bis Anfang Mai 99) muß nach den vorliegenden Aussagen insgesamt eher kritisch beurteilt werden. So konnte beispielsweise nicht sichergestellt werden, daß die im Bereich der zu testenden Wissensbasis auftretenden Fälle immer zu Hotline-Mitarbeitern weitergegeben wurden, die mit D3 arbeiten. Urlaubszeiten und Versetzungen von D3-geschulten Mitarbeitern sorgten weiter dafür, daß für eine aussagekräftige Evaluation zu wenig Praxisfälle mit D3 bearbeitet werden konnten.

Die Einschätzung eines beteiligten Modulexperten fällt eher negativ aus. Er sieht Motivationsprobleme bei den Testnutzern und eine teilweise inkonsequente und inadäquate Nutzungsweise von D3. Als Konsequenz schlägt der Modulexperte eine längere (ein bis zwei Wochen) und intensivere Einweisung der D3-Nutzer vor. Dabei müsse neben der reinen Bedieneinweisung auch die Fähigkeit ausgebildet werden, die Grenzen des Systems richtig einzuschätzen.

Die Beurteilung des Knowledge-Engineering-Prozesses fällt dagegen überwiegend positiv aus. Der Wissenserwerb wurde als ein intensiver, herausfordernder, motivierender Prozeß erlebt, der die Beteiligten mental bis in die Freizeit verfolgte. Die Aufgabenstellung wurde als sehr komplex und tendenziell als Überforderung empfunden, die ohne die Anleitung durch den Wissensingenieur nicht allein hätte bewältigt werden können. Viele Begriffe der Wissensbasisstruktur (z.B. Kontraindikationen) seien zunächst fremd gewesen und hätten das Verständnis erschwert. Die Teamarbeit mit dem Wissensingenieur und einem anderen Modulexperten habe Spaß gemacht und gleichzeitig qualifizierenden Charakter gehabt.

Durch die intensiven (manchmal als zu lange empfundenen) Diskussionen bei der Strukturierung der Wissensbasis habe man vieles im eigenen Wissensgebiet hinterfragt, und man sei sehr viel tiefer als bisher eingestiegen, wobei ein besseres und sichereres Verständnis für viele Zusammenhänge habe entwickelt werden können.

Das „Tutorial für die Entwicklung von Wissensbasen mit dem Expertensystem Shell-Baukasten D3" (s. Anhang auf CD) wurde vom Modulexperten zwar zur Kenntnis genommen, aber nicht durchgearbeitet. Bevorzugt wurde ein Vorgehen nach dem „Learning-by-doing-Prinzip", das hier aber stark auf die anleitende Rolle des Wissensingenieurs angewiesen war.

Ein mögliches Problem sieht der Wissensingenieur in den Projektrahmenbedingungen. Es sei wichtig, daß das Management nicht mit überzogenen Erwartungen an das Projekt herangeht und sich engagiert. Weiterhin müsse es für die Wissensakquisitionsarbeit ausreichende Freistellung von herkömmlichen Aufgaben in der Hotline sicherstellen. Dies sei notwendig, da sonst eine kontraproduktive Doppelbelastung entstehe. Für den Wissenserwerb sei eine zusammenhängende längere Zeit der ausschließlichen Konzentration auf diese Aufgabe ohne Unterbrechungen durch die Hotline unabdingbar.

12.5.3.3 Projektverantwortlicher

Damit ist ein Dilemma angesprochen, das auch der Projektverantwortliche konzediert. In der Abteilung Kundenservice muß neben der Wissensbasisentwicklung primär das Tagesgeschäft der Kundenbetreuung gesichert werden. Das bedeutet für die Wissensträger, die in der Hotline tätig sind und sich bei der Wissensakquisition beteiligen, tendenziell eine Doppelbelastung. Ohne diese Restriktionen wäre man sicher beim Aufbau der Wissensbasis noch weiter gekommen.

Die wenigen Sondermaßnahmen für die beim Knowledge-Engineering beteiligten Experten (keine Spätschicht, ausgewiesener D3 Knowledge-Engineering-Raum) führten bei den Kollegen schon zu Kommentaren über eine Ungleichbehandlung. Insgesamt wäre sicher eine noch offensivere Informationspolitik begleitend zu einem solchen Projekt angebracht.

Für die zukünftige Entwicklung weiterer modulbezogener Wissensbasen wird der Aufbau von Wissensteams ins Auge gefaßt. Dies sind Teams aus ein bis zwei Experten zu einem Modul, die unter Anleitung des Wissensingenieurs oder erfahrener Modulexperten die Wissensbasis zu einem Modul aufbauen und pflegen. Bei dem vorliegenden Verhältnis von Modulexperten und Modulen heißt das, daß jeder Experte in zwei bis drei Teams aktiv sein müßte (vorausgesetzt er ist in mehreren Modulen Fachspezialist).

Es wird von einem Mindestaufwand von zwei Mannjahren für die Entwicklung der Wissensbasen für die acht Module einer Anlage ausgegangen. Dabei ist angenommen, daß für die „vollständige" Wissensbasis eines Moduls mit einer ähnlichen Komplexität wie die der Leseeinrichtung 13 Mannwochen benötigt werden.

Der „Leitfaden für die betriebliche Einführung des wissensbasierten Informations- und Diagnosesystems D3" (Kap. 9) wurde im Projekt praktisch nicht benutzt, obwohl gerade in Projektorganisation und -management Mängel offensichtlich geworden sind. In einer punktuellen Kritik am Leitfaden wurde festgestellt, daß die Annahme im Leitfaden, es bestehe die Möglichkeit, Experten nach empfohlenen Kriterien auszuwählen, zumindest im betrachteten Fall unrealistisch sei. Man müsse mit den wenigen Experten zurecht kommen, die zeitlich zur Verfügung stehen und habe keine Auswahlmöglichkeit.

12.5.3.4 Wissensingenieur

Eine wichtige Erkenntnis aus dem Knowledge Engineering ist die absolute Notwendigkeit, sich für den Aufbau einer Wissensbasis hinsichtlich der Stabilität und Wartbarkeit eine bestimmte Struktur oder Strategie zu überlegen. Hier bestand mit die größte Unsicherheit und Befürchtung, daß sich ab einem bestimmten Umfang Unzulänglichkeiten rächen, und sehr viel Aufwand in Korrekturmaßnahmen gesteckt werden muß. Eine formalisierte Hilfestellung wäre hier sehr wichtig. Diese könnte darin bestehen, daß verschiedene Strategien mit ihren Auswirkungen (Vor- und Nachteile) beschrieben werden. Hauptziel im Projekt war, die Strategie sehr einfach und damit stabil zu gestalten.

Ein wichtiger Schritt auf dem Weg zu der augenblicklichen Struktur war die Anregung, alle Feindiagnosen, die für einen Problembereich in Frage kommen, zu verdächtigen, und dann durch den Dialog entweder auszuschließen bzw. zu bestätigen. Dies führt zu einer eleganten und fast automatischen Berücksichtigung unbekannter Symptome. Die Verdachtsdiagnosen, die durch die genaue Beantwortung des Symptoms bewertet würden, bleiben zurecht als verdächtig bestehen.

Eine weitere wichtige Erkenntnis ist, daß für die Darstellung erklärenden Wissens mindestens soviel Gewicht und Sorgfalt aufgewendet werden sollte wie für die Erstellung der Wissensbasis mit strukturellem Wissen. Es hat sich gezeigt, daß beide Bereiche gleichermaßen wichtig sind, und nur gemeinsam, sofern gut aufeinander abgestimmt, eine vollständige Hilfe für die Hotline-Mitarbeiter darstellen.

Es lassen sich darüber hinaus auch wichtige projektorganisatorische Erfahrungen zusammenfassen. Die Arbeit mit zwei Experten war anfangs etwas langwierig, da es immer wieder Diskussionen über die verschiedenen Fälle gab. Dies stellte sich aber nach kurzer Zeit als sehr wichtig und notwendig heraus, da dadurch die beiden Experten noch einiges voneinander lernten.

Die Erstellung von HTML-Seiten einem Mitarbeiter zu übertragen, der mit dem Aufbau der Wissensbasis nichts zu tun hat, stellte sich als ungünstig heraus. Die Reibungsverluste durch notwendige Abstimmungen sind zu hoch. Dazu kam das Problem, daß genau dieser Mitarbeiter relativ selten verfügbar war.

Es hat sich gezeigt, daß es trotz notwendiger Einarbeitung in die Erstellung von HTML-Seiten viel effektiver ist, die Experten die Seiten selbst erstellen zu lassen. Dies führt zu einer kompletteren Identifikation mit dem erstellten System.

Beim Erstellen der Wissensbasis zeigte sich, daß Unterbrechungen bei der Arbeit mit D3, je nach Mitarbeiter verschieden, zu erheblichen Problemen durch erneuten Einarbeitungsaufwand führen. Weiterhin erfordert die Erstellung einer Wissensbasis sehr hohe Abstraktionsfähigkeit, der die Mitarbeiter verschieden gut gewachsen sind. Natürlich ist auch das Interesse und Engagement individuell verschieden. Während der gesamten Zeit, in der der Wissensbasis-Prototyp erstellt wurde, war (mit etwas abnehmender Tendenz) die moderierende und korrigierende Hilfestellung durch den Wissensingenieur notwendig. Dies ist sicher z.T. auf Unterbrechungen zurückzuführen.

12.6 Zusammenfassung und Ausblick

Nach einer Projektlaufzeit von etwa einem dreiviertel Jahr ergibt sich folgendes Bild:

Evaluation
Die ursprünglich ambitionierten Ziele einer quantitativen Evaluation wurden zurückgenommen, weil der Aufwand für aussagefähige Ergebnisse als zu hoch erkannt wurde. Es wurde damit auch einer experimentellen und lernorientierten Nutzung des neuen Diagnosesystems der Vorzug gegeben, bei der die neuen Nutzer nicht durch Zusatzeingaben, die zu Evaluationszwecken erhoben werden, belastet werden.

Management
Es scheint gelungen, das unterstützende Management besser ins Projekt einzubinden in dem Sinne, daß realistischere Erwartungen bezüglich der erreichbaren Projektziele entstehen und gleichzeitig die Notwendigkeit der laufenden Managementunterstützung deutlich geworden ist. So ist zum Beispiel das zentrale Problem der Freistellung von Fachexperten für den Aufbau von Wissensbasen sehr viel besser gelöst worden. Außerdem wurde ein zusätzlicher Wissensingenieur zur Verfügung gestellt. Gegenüber den Hotline-Mitarbeitern wurde eine noch offensivere Kommunikationsstrategie gewählt, die auch auf Ängste und Akzeptanzbarrieren der Mitarbeiter eingeht.

Projektorganisation
Insgesamt ist die Projektorganisation professionalisert worden, in dem einerseits eine organisatorische Projektstruktur definiert und kommuniziert wurde und damit Zuständigkeiten und Aufgaben transparenter verteilt waren. Andererseits ist ein konsequentes Termin- und Kapazitätsmanagement eingerichtet worden.

Aufbau von Wissensbasen
Die Prototyp-Wissensbasis zum Leseelektronik-Modul wurde mit dem schon bei ihr realisierten Wissensformalisierungsmuster „Heuristischer Entscheidungsbaum" mit den dafür neu geschaffenen D3-Modellierungsmitteln in kurzer Zeit neu in D3 erfaßt. Darüberhinaus wurden Wissensbasen für zwei weitere Anlagenmodule in ähnlicher Größenordnung wie die prototypische Wissensbasis erstellt. Dabei waren für diese Anlagenmodule spezialisierte Experten einzeln oder im Zweierteam beteiligt. Es zeigte sich, daß durch die Verwendung des Wissensformalisierungsmusters im Vergleich zum ursprünglichen Ansatz bei vorsichtiger Schätzung Wissensbasen um 30% schneller erstellt werden können. Dieser Einspareffekt und die

inzwischen bestehende Erfahrung bei den unterstützenden Wissensingenieuren führte zu Gesamtentwicklungszeiten von etwa drei Mannwochen pro Wissensbasis (ohne HTML Seiten). Das ist ein äußerst wirtschaftlicher Wert, der zum Erfolgsfaktor für das Wissensmanagement werden kann.

Beeindruckend ist auch, daß ein Experte nach vier Manntagen Einführung und Beratung durch den Wissensingenieur in der Lage war, alleine eine der oben erwähnten Wissensbasen weiterzuentwickeln. Das weist auf den Wert der Musterverwendung und die Adäquatheit des D3-Tools für die Selbstakquisition durch Fachexperten hin.

Die Strategie des weiteren Aufbaus von Wissensbasen sieht vor, sich zunächst auf einen verbreiteten Anlagentyp zu konzentrieren und für dessen bis zu 15 Teilmodule Wissensbasen zu erstellen. Als günstige Größe für Expertenteams wird die Beteiligung von ein bis zwei Experten angesehen.

Betrachtet man den Projektverlauf und seine Ergebnisse insgesamt, so läßt sich feststellen, daß das Projekt nach der üblichen Phase des Erfahrungsammelns mit der neuartigen Aufgabe Knowledge Engineering und Management in ein erfolgversprechendes Fahrwasser gekommen ist. Bemerkenswert ist, daß im Projekt neben den im Betrieb nutzbaren Wissensbasen auch innovative Impulse und Ideen für die konzeptionelle und technische Weiterentwicklung von D3 selbst entstanden sind. Die Verwendung von Wissensmustern und die verbesserten Dokumentationsmöglichkeiten haben zu einer Effizienzsteigerung im Knowledge Engineering geführt. Ebenso hat sich die Ergänzung des strukturellen Wissens durch hypermedial organisiertes erklärendes Wissen als wertvoll und akzeptanzsteigernd für die D3 Endbenutzer (hier die Hotline-Mitarbeiter) erwiesen.

13. Fallstudie zur kostengünstigen Entwicklung und Einführung eines wissensbasierten Diagnosesystems zur Unterstützung der Instandsetzung von Laseranlagen

Thilo Beckmann, Manfred Daniel

13.1 Einleitung

In der folgenden Fallstudie wird die Entwicklung eines wissensbasierten Diagnosesystems zur Unterstützung der Diagnose von Störfällen in Laserschweißanlagen beschrieben. Diese werden in der automatisierten Linienproduktion von Benzineinspritzventilen eingesetzt. Für die Entwicklung wurde der Diagnostik-Shellbaukasten D3 benutzt.

Es handelt sich bei dem vorgestellten Projekt um eine Vorstudie, bei der geklärt werden sollte, ob mit relativ geringem Aufwand eine wissensbasierte Diagnoseunterstützung entwickelt werden kann, und wie diese in der betrieblichen Anwendung akzeptiert wird. Da die Diagnosesoftware D3 im Rahmen der Transferaktivitäten eines übergeordneten Forschungsprojektes quasi kostenlos zur Verfügung stand und aufgrund der betrieblichen Personalsituation konnte der Versuch unternommen werden, diese Fragestellungen in einem ausgesprochenen „low budget-Projekt" zu verfolgen.

Im zweiten Abschnitt dieses Berichts wird die Ausgangssituation vor der Systementwicklung analysiert. Der Anwendungskontext des zu entwickelnden Diagnosesystems wird dabei aus organisatorischer, technischer und personeller Perspektive dargestellt. Das Prinzip, einen Gegenstandsbereich aus diesen drei Sichten heraus zu beschreiben, ist für die gesamte Fallstudie bestimmend und kommt mehrfach zur Anwendung. Im Rahmen der IST-Situationsbeschreibung wird auch erklärt, wie der Diagnostikgegenstand (Laserschweißanlagen) im Groben aufgebaut ist und funktioniert. Schließlich wird das notwendige Diagnostikwissen im Sinne einer groben Machbarkeitsüberlegung darauf hin überprüft, inwieweit es sich in einer computerbasierten Wissensbasis rekonstruieren läßt.

Im dritten Abschnitt werden die betriebswirtschaftlichen Ziele erläutert, die mit der Systementwicklung verbunden sind. Im anschließenden vierten Abschnitt wird das SOLL-Konzept der angestrebten wissensbasierten Unterstützung wiederum aus den drei Perspektiven Organisation, Technik, Mensch beschrieben.

Verschiedene Aspekte des Systementwicklungsprojektes werden im fünften Abschnitt wiedergegeben. Neben der Beschreibung von Projektorganisation und -ablauf werden wichtige Projekterfahrungen zusammengefaßt. Schließlich werden der bis Dezember 1999 erreichte Stand der Wissensbasis und die aktuelle Anwendungssituation vorgestellt.

Im Schlußabschnitt findet sich ein Ausblick zu den weiteren Entwicklungen aus Unternehmenssicht und eine Zusammenfassung der wichtigsten Aspekte der Fallstudie.

13.2 Ausgangssituation

13.2.1 Das Anwendungsunternehmen

Die folgende Fallstudie wurde im Werk Bamberg der Robert Bosch GmbH durchgeführt. Die Robert Bosch GmbH ist mit einem Jahresumsatz von 50,3 Milliarden Mark[1] und etwa 190 000 Mitarbeitern einer der größten unabhängigen Automobilzulieferer der Welt. Den größten Anteil am Umsatz stellt der Unternehmensbereich Kraftfahrzeugausrüstung mit Produkten für die Motorelektronik, Gemischaufbereitung, Sicherheitstechnik und Fahrerinformationssystemen.

Das Werk Bamberg ist eines der größten Fertigungsstandorte weltweit. Es fertigt u.a. Komponenten für Diesel- und Benzineinspritzsysteme. Die Fallstudie bezieht sich auf die Laserschweißanlagen, die bei der Produktion der Benzineinspritzventile des Typs EV6 zur Anwendung kommen.

13.2.2 Laseranlagen als Diagnostikgegenstand

Laserschweißen im Produktionsprozeß

Bei der Montage der Einzelteile und Baugruppen des Einspritzventils EV6 spielt das Laserschweißen eine entscheidende Rolle. Zu den allgemeinen Vorteilen, die dieses Fügeverfahren für metallische Werkstoffe interessant macht, zählen die hohe Festigkeit der metallischen Verbindung, der große Spielraum bei der Wahl der zu verbindenden Stahllegierungen und die hohe reproduzierbare Qualität der Schweißung. Die Geometrie der zu verbindenden Bauteile kann sehr einfach gestaltet sein. Dadurch und durch die Möglichkeit, die Schweißenergie in weiten Bereichen zu variieren, kann schon die Konstruktion kostengünstig optimiert werden. Durch neue Laserquellen, die eine hohe Zuverlässigkeit bei geringem Bedienungs- und Wartungsaufwand verbinden, eignet sich das Laserschweißen besonders für den Einsatz in der Großserienproduktion.

---

[1] Angaben für das Jahr 1998.

Für die Laserschweißverbindungen am Einspritzventil EV6 kommen ausschließlich Festkörperlaser zum Einsatz. Bosch arbeitet daher eng mit einem der führenden Hersteller von Festkörperlasern zusammen.

Aufbau und Funktionsweise

Das Lasergerät eignet sich als Diagnostikgegenstand vergleichsweise gut, weil es aus wenigen Modulen besteht, siehe Abb. 1.

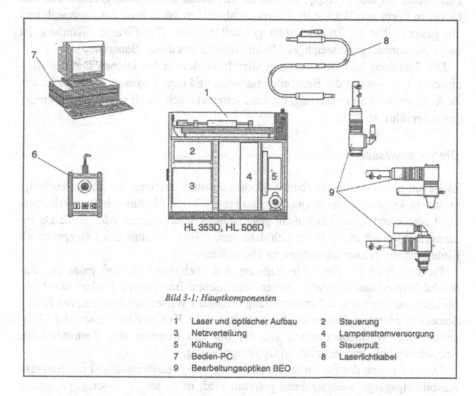

Bild 3-1: Hauptkomponenten

1	Laser und optischer Aufbau	2	Steuerung
3	Netzverteilung	4	Lampenstromversorgung
5	Kühlung	6	Steuerpult
7	Bedien-PC	8	Laserlichtkabel
9	Bearbeitungsoptiken BEO		

Abb. 1: Aufbau eines Lasergeräts (Festkörperlaser)

Das Laserlicht wird bei einem Festkörperlaser in der sogenannten Kavität in einem Lasermedium (ein speziell dotierter Glasstab) erzeugt. Die Energie für die Laserstrahlung wird von zwei Bogenlampen geliefert, die seitlich neben dem Laserstab angeordnet sind und diesen bestrahlen („pumpen").

Die Laserstrahlung wird nach Auskopplung aus der Kavität über Spiegel und weitere optische Bauelemente im sogenannten optischen Aufbau üblicherweise in eine Glasfaser eingekoppelt. Durch die flexible Glasfaser hindurch kann die Laserstrahlung über Entfernungen bis über 50m an die Bearbeitungsstation geführt werden. Dort sorgen spezielle Optiken für eine bedarfsangepasste Formung des Laserstrahls, z.B. durch Fokussierung auf einen Brennpunkt. Es sind bis zu sieben Laserbearbeitungsstationen in die Produktionslinien des EV6 integriert. In den

Bearbeitungsstationen werden die je nach Station unterschiedlichen Laser-schweißungen als Arbeitsschritt der automatischen Produktionslinie ausgeführt.

Neben der Ansteuerung der optischen Bauelemente (hauptsächlich motorisch angetriebene Spiegel), der Überwachung der Lichtleitkabel und der Optiken ist ein erheblicher Aufwand für die Bereitstellung und Regelung der Energie für die Bogenlampen notwendig. Diesen Part übernimmt die sogenannte Lampenstrom-versorgung, die ihre Energie wiederum aus der Netzverteilung bezieht.

Da für die Erzeugung der Laserstrahlung nur ein geringer Spektralanteil des Pumplichts der Bogenlampen verwendet und somit der weitaus größere Teil des Lichts in Form von Wärme im Laserstab absorbiert wird, muß der Laserstab und die gesamte Kavität kontinuierlich gekühlt werden. Die (Wasser-)Kühlung ist daher ein unbedingt notwendiges Modul eines Lasers dieser Bauart.

Die Steuerung und Überwachung aller laserinternen Funktionen und der Aus-tausch von Daten mit der Bearbeitungsstation und dem Bedienrechner des Lasers ist Aufgabe der Lasersteuerung, die hardwaretechnisch durch einen Industrierech-ner ausgeführt ist.

Diagnosewissen

Zwischen den oben beschriebenen Modulen (mit Ausnahme der Lasersteuerung) existieren keine komplexen Querbeziehungen, d.h. die Module arbeiten weitestge-hend autark und müssen sich nicht gegenseitig synchronisieren oder große Daten-mengen austauschen. Es bietet sich daher an, die o.g. Module des Lasergeräts als Einteilung für Teilwissensgebiete zu übernehmen.

Problematisch für die Fehlerdiagnose und –behebung ist, daß jedes einzelne Modul Wissen aus unterschiedlichen technischen Bereichen erfordert: die Lam-penstromversorgung und Netzverteilung erfordern Wissen der Elektrik, das Modul Steuerung erfordert Wissen der Elektronik, für die Kühlung ist Wissen der Fluid-technik und Wärmeübertragung und für die Strahlführung sind Kenntnisse der Feinwerktechnik und technischen Optik notwendig.

Da im Bereich der Facharbeiterausbildung bisher elektrische und mechanische Ausbildungsgänge weitestgehend getrennt sind, ist es sehr schwierig, geeignetes Personal zu finden, das in beiden Bereichen ausgebildet ist[2].

Dieser Nachteil des Diagnostikgegenstands, der gegen die Einführung eines Expertensystems spricht, wird zumindest teilweise aufgehoben durch die geringe Wissensdynamik, die es im Bereich dieser Laser gibt. Der modulare Aufbau in der oben beschriebenen Einteilung besteht schon seit über 10 Jahren und hat sich auch beim Übergang von der älteren auf die derzeit aktuelle Baureihe nicht grundle-gend geändert. Eine Verdrängung dieses Lasertyps durch sogenannte Halbleiterla-ser wird voraussichtlich noch ähnlich lange dauern, so daß die Wissensbasen ver-gleichsweise lange Bestand haben werden.

---

[2]   Die Schaffung des neuen Ausbildungsgangs „Mechatronik", der diese beiden Bereiche in der Ausbildung zusammenbringt, ist ein Zeichen, daß es hierfür Bedarf gibt.

13.2.3 Diagnosewissen der Mitarbeiter

Als zukünftige Benutzer des zu entwickelnden Diagnosesystems ist primär die Gruppe der Einsteller vorgesehen. Sie gehören zu den Schichtteams, die im Dreischichtbetrieb die Produktionslinien zur Fertigung des Einspritzventils EV6 betreuen. Einsteller haben die Aufgaben, die Produktionslinien bei Bedarf umzurüsten, einzustellen und bestimmte Störfälle, für die sie kompetent sind, zu beheben. Die Einsteller unterscheiden sich in Wissen und Erfahrung im Umgang mit Lasern. Fanden sich bei dieser Gruppe früher auch häufig angelernte Kräfte aus nichttechnischen Berufen, so dominieren heute doch Einsteller mit einer technischen Facharbeiterausbildung.

Im Hinblick auf die Laseranlagen heben sich bisher vier Einsteller ab. Sie haben eine dreitägige Grundschulung zu den Lasern erhalten und können Sonderaufgaben an den Laseranlagen durchführen, für die die restlichen Einsteller nicht kompetent sind. Ziel ist es, in jeder Schicht einen Einsteller mit Laserausbildung dabei zu haben. Das kann bisher jedoch nicht immer garantiert werden, da noch zu wenige Einsteller die Sonderausbildung absolviert haben.

Für die Inbetriebnahme, Wartung und Einstellung der Laseranlagen in der Einspritzventilfertigung stehen mehrere speziell geschulte Mechaniker, Elektriker und Ingenieure zur Verfügung. Sie sind organisatorisch in der Abteilung TEF angesiedelt. Sie entwickelt und sichert für die Produktionsabteilungen Fertigungsverfahren ab. Auch bei den Mechanikern/Elektrikern gibt es inzwischen drei Servicetechniker (im Folgenden meist gemäß dem innerbetrieblichen Sprachgebrauch kurz als Mechaniker bezeichnet), die eine Spezialausbildung zu den Lasern besitzen und als erfahrene Experten für die Laseranlagen im Betrieb gelten. Problematisch ist, daß diese Experten nur in der Tagesschicht arbeiten und somit nachts bei Störfällen nicht bereit stehen. Allenfalls am Samstag können sie zur Unterstützung bei schwierigen Fällen herangezogen werden. Dieser Personal- und Wissensengpaß ist einer der wesentlichen Gründe für die Entwicklungsaktivitäten hin zur wissensbasierten Diagnoseunterstützung.

Weiteres Know-how zur Lasertechnologie existiert bei Ingenieuren in der Abteilung TEF. Sie fungieren bei Störfällen als zusätzliche Wissensquelle. Organisatorisch haben sie die Rolle der Fachvorgesetzten der Servicemechaniker bzw. sind mit der Weiterentwicklung der Laserprozessanwendungen für neue Produkte betraut. Von einem dieser TEF-Mitarbeiter ging die Initiative zu den hier beschriebenen Entwicklungen aus. Er übernahm die Projektverantwortung sowie Aufgaben beim Aufbau der Wissensbasis und der technischen Integration des neuen Diagnosesystems.

13.2.4 Gestufte Störfalldiagnose und -behebung

Die Einsteller an den Linien sind im Umgang mit dem Laser unterwiesen und führen einzelne Diagnosen und Wartungen selbst durch (ca. 15 bis 20 verschiedene Fehlerursachen). Informationen zu den Störfällen (Symptome, Ursachen, ...) sollen im Schichtbuch dokumentiert werden. Falls ein für sie unbekannter oder schwerwiegender Fehler (ca. 50-80 weitere Fehlerursachen) auftritt, werden zunächst die besonders ausgebildeten Mechaniker und Elektriker eingeschaltet, die sich wiederum in Einzelfällen an die zuständigen Ingenieure wenden können.

Sofern der Fehler mit den Mitteln des Werks nicht diagnostiziert werden kann, besteht die Möglichkeit, über telefonische Rücksprache mit den Spezialisten der Herstellerfirma weiterzukommen. An Lasern neuerer Bauart ist außerdem die Möglichkeit der Fernwartung über eine Modemverbindung gegeben. In letzter Konsequenz muß ein Serviceeinsatz der Herstellerfirma erfolgen (etwa 2-3 mal pro Jahr). Häufiger sind Serviceeinsätze aufgrund von Reparatur- und Justagearbeiten, die üblicherweise nur von Spezialisten der Herstellerfirma durchgeführt werden können (ca. 6-8 mal pro Jahr).

13.2.5 Störfallstatistik

In einer Vorbereitungsphase von ca. 1 Jahr wurde versucht, sämtliche aufgetretenen Störungsfälle sowie deren Diagnose und Behebung zu dokumentieren. Es zeigte sich, daß für alle Laser der untersuchten Baureihe mit insgesamt etwa 5 Störungen pro Monat gerechnet werden muß. Etwa drei Viertel davon können durch den Einsteller der Anlage in weniger als 30 Minuten korrekt diagnostiziert und behoben werden. Die restlichen Störungen können nur durch das speziell geschulte Personal diagnostiziert und behoben werden. Daß ein Laser dann mehr als 1-2 Stunden ausfällt ist selten, sofern das Personal vor Ort ist. Treten solche Fehler in der Nachtschicht auf, stehen die Anlagen mitunter die gesamte Schicht.

13.2.6 Diagnosehilfsmittel

Die Lasergeräte verfügen über einen separaten Bedienrechner mit einer speziellen Software. Mit dieser Software lassen sich sowohl Laserprogramme erstellen und editieren als auch Betriebszustände und Meldungen anzeigen. Der Laser gibt Informationen über den Zustand in Form von Fehlercodes an den PC aus, der zu jedem Fehlercode eine rein textuelle Information über die Art des Fehlers, den Ort des Fehlers und mögliche Ursachen mit Hinweisen zu deren Behebung liefert.

Die möglichen Ursachen sind nach ihrer Auftretenswahrscheinlichkeit aufgelistet. Teilweise werden Meßwerte in die Information mit integriert. Eine detaillierte Diagnose, die auch den Bediener durch Dialoge mit einbindet, ist nicht möglich. Es gibt ca. 300 Fehlermeldungen, die teilweise jedoch sehr ähnlich oder sehr speziell sind (insbesondere bei Fehlern der Steuerungs- und Hochspannungskomponenten).

Das Programm ist eine DOS-Anwendung, die standardmäßig auch nur unter dem Betriebssystem DOS läuft. Dieser Umstand verhindert praktisch eine Integration von D3 mit diesem älteren Diagnosetool des Laserherstellers (in puncto paralleler Nutzung von D3, Bereitstellung von Informationen an D3, usw.).

Neben den Fehlercodes zeigen an einzelnen elektrischen Komponenten zusätzlich noch Leuchtdioden bestimmte Zustände an, die ebenfalls für die Diagnosestellung verwendet werden können.

Im Jahr 1999 wurde eine neue Bedien- und Beobachtungssoftware für die aktuelle Laserbaureihe vorgestellt. Durch die neugestaltete Benutzungsoberfläche im Windowsstil und die Bereitstellung verständlicherer, multimedialer Informationen eignet sich diese prinzipiell besser für die Fehlersuche. So werden kodierte Maschinenmeldungen im Klartext angezeigt und eine Auswahl möglicher Ursachen gegeben. Zur Erläuterung von diagnostischen Untersuchungen oder Reparaturmaßnahmen werden teilweise Videosequenzen angeboten. Allerdings erfordert das Finden der wirklichen Ursache und der Maßnahme zur schnellen und korrekten Behebung der Störung immer noch weitestgehend das Wissen und die Erfahrung von speziell ausgebildetem Personal, weil eine zielführende Anleitung bei der Fehlersuche fehlt.

13.3 Betriebswirtschaftliche Ziele der Entwicklung

Aus betriebswirtschaftlicher Sicht sind die Stillstandzeiten der Produktionslinien, die durch Störfälle und Wartungszeiten verursacht werden, das zentrale Problem in dem beschriebenen Kontext. Dies gilt, obwohl die bei Bosch verwendeten Laseranlagen über einen langen Zeitraum die zugesagte Verfügbarkeit von 97% erfüllt und übertroffen haben. In einer mehrschichtigen Produktion mit geringen Taktzeiten und hohem Wertschöpfungsgrad der produzierten Teile können jedoch auch kleinste Stillstandszeiten zu hohen Umsatzverlusten führen. Eine grobe Schätzung ergibt, daß eine Linie, die nicht produktiv ist, in einer Stunde einen Umsatzverlust von ca. DM 10.000,- bedeutet.

Wegen der guten Auftragslage und der hohen Produktionsauslastung besteht zudem die Gefahr, daß bei Fertigungsstockungen Liefertermine nicht eingehalten werden können. Bei Investitionskosten von mehreren Millionen DM für eine Produktionslinie wird zusätzlich deutlich, welche betriebswirtschaftliche Notwendigkeit für die Minimierung von Stillstandzeiten existiert.

Mit dem hier beschriebenen Ansatz soll versucht werden, insbesondere die Stillstandzeiten in den Nachtschichten zu reduzieren, indem Einsteller und Servicemechaniker ohne Laserausbildung mit dem neuen Diagnosesystem mehr und schwierigere Fehler beheben können, ohne mit ruhender Produktion auf die Experten der Tagesschicht warten zu müssen. Erwartet wird auch eine schnellere Behebung von Störfällen, die bisher schon prinzipiell von der obigen Nutzergruppe gelöst werden konnten.

Aus personeller Sicht bedeutet das eine Ausweitung von Handlungsmöglichkeiten im Sinne einer Arbeitsanreicherung. Als sekundäres Ziel kann auch gesehen werden, daß durch die Arbeit am wissensbasierten System Qualifizierungseffekte von Laserschulungen stabilisiert werden bzw. sogar neu entstehen. Unter organisatorischen Gesichtspunkten wird durch die Arbeit mit dem Diagnosetool die Menge der von Einstellern ohne Mechanikerhilfe zu bearbeitenden Störfälle eindeutig definiert. Das bedeutet eine klarere Aufgabeneingrenzung und damit auch mehr Handlungssicherheit für die Einsteller. Auch die Reduktion von Wochenendeinsätzen der Mechaniker kann aus Mitarbeitersicht und unter Kostenaspekten (Einsparung von Wochenendarbeitszuschlägen) als positiv gesehen werden.

13.4 Sollkonzept der Diagnoseunterstützung

13.4.1 Gestufte Störfalldiagnose und -behebung

Die Einsteller an den Stationen mit Laserschweißeinrichtungen sollen weiterhin wiederkehrende Wartungsaufgaben durchführen. Hierfür wurden sie einmalig intern geschult. Die Fälle (Lampenwechsel, Filter reinigen usw.) sollen sowohl in ihrer Diagnose und Behebung in D3 exakt beschrieben werden.

Bei jedem Fehler, der nicht in den o.g. Fällen enthalten ist, sollen Einsteller mit Lasersonderaufgaben eingeschaltet werden. Dazu ist geplant, weitere Einsteller für diese Aufgaben anzulernen, die einmalig beim Hersteller der Laseranlagen und in regelmäßigen Abständen intern geschult werden. Diese Personen sind gleichzeitig die Zielgruppe für die Anwendung von D3, die demzufolge im Umgang mit der Dialogoberfläche von D3 vertraut gemacht werden müssen. Durch die namentliche Benennung der Nutzer soll gewährleistet werden, daß D3 nur von der Zielgruppe angewendet wird und die Erfahrungen an die Experten zurückfließen.

Bis die Wissensbasis ausreichend verifiziert ist, können zusätzlich die Hilfsmittel des Laserbedienprogramms zur Diagnose genutzt werden.

Kann der Einsteller eine Diagnose stellen, entscheidet er evtl. nach Vorschlag von D3, ob er den Fehler selbst behebt oder die nächsthöhere Serviceebene (Mechaniker, Elektriker) einschaltet. Sollte diese nicht verfügbar sein, soll nur der Einsteller mit Lasersonderaufgaben befugt werden, den Teleservice des Laserherstellers einzuschalten. Damit wird eine Forderung in der Vereinbarung für diesen Service erfüllt.

13.4.2 Pflege der Wissensbasis

Die Pflege der Wissensbasis soll in die Hände der Lasermechaniker gelegt werden. Das setzt voraus, daß sie eine geeignete Einführung in D3 erhalten und eine positive Haltung zur wissensbasierten Unterstützung der Einsteller entwickeln können. Zusätzlich soll ein TEF-Mitarbeiter D3-Qualifikationen ausbilden. Er soll Ansprechpartner für spezielle Fragen zur Umsetzung von Diagnoseabläufen in D3 werden und den Kontakt zur Herstellerfirma der Laser zu halten. Er bekommt weiterhin administrative (Vergabe von Rechten) und qualitätssichernde Aufgaben (Überprüfung der Diagnosen und deren Behebung). Die laufend neu entstehenden Diagnoseerfahrungen der Einsteller sollen mit Hilfe spezieller Protokolle, die als Anlage an das Schichtbuch gedacht sind, an die Lasermechaniker weitergegeben werden, um dann evtl. in die Wissensbasis einfließen zu können.

13.4.3 Wissensgebiete

Die Diagnose soll sich auf Laseranlagen beschränken, die in der EV6 Montagelinie eingesetzt werden, da diese den Großteil der am Standort Bamberg eingesetzten Laser ausmachen und gute Voraussetzungen für eine technische Integration von D3 bieten. Innerhalb der Baureihe gibt es eine Unterscheidung in gepulste und kontinuierlich strahlende Laser, die in der Anlagentechnik Unterschiede aufweisen. Inwieweit die Wissensbasis für beide Typen ausgebaut wird, soll im Verlauf des Projekts entschieden werden.

Zusätzlich zur Diagnose von Störungen am Lasergerät sollen Fehler im Schweißprozeß diagnostiziert werden. Die Basis hierfür sind Ergebnisse der online Prozeßkontrolle, der Sichtprüfung und der metallografischen Untersuchungen.

13.4.4 Technische Integration mit anderen Hilfsmitteln

Grundsätzlich soll die Integration von D3 mit dem neuen, unter dem Betriebssystem MS Windows laufenden Bedien- und Diagnoseprogramm weitestgehend ausgebaut werden.

Die Entscheidung der Umrüstung aller Laseranlagen auf das neue Bedienprogramm kann zwar erst nach einer Testphase erfolgen, die Vorteile gegenüber der alten Software sprechen jedoch dafür.

Einige Highlights, die in diesem Zusammenhang interessant sind, sind die einfachere Bedienbarkeit, die Möglichkeit des Datenaustauschs mit anderen Programmen über standardisierte Schnittstellen und die Möglichkeit der Vernetzung mehrerer Laseranlagen und Bedienstationen untereinander und mit Ethernet Netzwerken. Die Informationen werden übersichtlicher dargestellt und die Möglichkeiten einer Darstellung im HTML-Format genutzt (z.B. durch die Verwendung von Querverweisen und die Einbindung von Bildern und Videosequenzen).

Dadurch daß das Programm unter dem Betriebssystem Windows arbeitet, ergibt sich auch die Möglichkeit, sämtliche Daten, die im Bedienprogramm vorliegen (ca. 500 Anlagenmeßwerte), sehr einfach über interne Softwareschnittstellen D3 zur Verfügung zu stellen. Ebenso ist eine Integration von D3 in das Laserbedienprogramm möglich, so daß es direkt als Alternative und Ergänzung zur vorhandenen Diagnostik verwendet werden kann.

13.4.5 Erwartungen und Befürchtungen aus Mitarbeitersicht

Am Anfang des Projektes wurden ein Mechaniker und ein Einsteller zu ihren Erwartungen bezüglich des Vorhabens befragt. Sie waren zu dem Zeitpunkt grob über die Möglichkeiten einer wissensbasierten Diagnoseunterstützung informiert. Die Interviews zeigten eine deutliche Diskrepanz der Einschätzungen beider Mitarbeiter, die sicherlich als prototypisch für die unterschiedlichen Mitarbeitergruppen anzusehen sind.

Auf Mechanikerseite findet sich eine grundlegend skeptische Haltung bezüglich des Projektes, die schließlich auch zu einer geringen Kooperationsbereitschaft im Projekt führte (s. u.). Es wird befürchtet, daß die letztlich doch nicht ausreichend für Laseraufgaben qualifizierten Einsteller die Arbeiten an den hochempfindlichen Lasern nicht mit der notwendigen Sorgfalt ausführen würden. Letztlich müßten die von Einstellern gemachten Fehler dann doch von den Mechanikern ausgebügelt werden. Es besteht außerdem die Meinung, die Fehlertexte seien gar nicht so unverständlich, die Verständnisprobleme seien in der fehlenden Kompetenz der Einsteller begründet. Auch die Möglichkeit, das Erfahrungswissen der Mechaniker zu formalisieren, wird skeptisch eingeschätzt.

Es läßt sich vermuten, daß in dieser Haltung Ängste vor einem Prestige- und Einflußverlust zum Ausdruck kommen. Die Nutzenaspekte scheinen für die Mechaniker dabei im Hintergrund zu bleiben. Ein Ziel des neuen Diagnosekonzeptes ist, die „Feuerwehreinsätze" der Mechaniker am Wochenende zu vermeiden. Dies müßte eigentlich im Interesse der Mechaniker sein.

Demgegenüber herrscht bei den Einstellern eine eher optimistische Grundhaltung vor. Betrachtet man die Nutzbarkeit des Bedienprogramms in Hinblick auf die Diagnose, könne jeder neue Ansatz nur Verbesserungen bringen. Einsteller sind bereit, Erfahrungswissen computerbasiert zu nutzen, weil wegen der wenigen Fehlerfälle für sie kaum Gelegenheit besteht, eigenes Erfahrungswissen zur Laserdiagnostik auszubilden. Die insgesamt positive Sichtweise ist sicherlich durch die Möglichkeit zu erklären, daß die Arbeit und die Qualifikation der Einsteller durch die Nutzung von D3 tendenziell angereichert und aufgewertet wird. Befürchtungen wurden lediglich dazu geäußert, daß eventuell zu wenig Zeit zur Verfügung stehen könnte, um sich befriedigend in D3 einzuarbeiten.

13.5 Projekt

13.5.1 Beteiligte

Bei der Entwicklung des Diagnosesystems handelt es sich um eine die Produktion flankierende Maßnahme, die von der Abteilung TEF in Zusammenarbeit mit der Fertigungsabteilung durchgeführt wird.

Das Vorhaben ist in TEF als Beispielprojekt zum Test der Anwendbarkeit von Diagnosesystemen plaziert. Es konzentriert sich zunächst auf die Diagnose an Lasergeräten und Schweißprozessen. Ein Ingenieur aus TEF übernahm die Rolle des Projektverantwortlichen und war gleichzeitig als Knowledge Engineer (Erstellung von für D3 angepasste Fehlermeldekarten, Festlegung des Grundkonzepts der Wissensbasis, Integration von Fällen) und Experte für die Lasertechnologie aktiv. Weitere Aufgaben waren die organisatorische Absicherung des Projekts (Bereitstellung der Hard- und Software) und der Kontakt nach außen (Beschaffung von Informationen der Herstellerfirma, Befragung von Experten der Herstellerfirma).

Die Lasermechaniker wurden vom Wissensingenieur punktuell befragt und die Ergebnisse dann in D3 eingegeben. Neue Fälle sollten von den Mechanikern in Fehlermeldekarten dokumentiert werden. Deren Unterstützungsleistung fiel jedoch sehr unbefriedigend aus, da sich die Bereitschaft für Interviews und das Ausfüllen der Meldekarten in engen Grenzen hielt. Gründe dafür können sicher in der prinzipiell skeptischen Einstellung zum Projekt gesehen werden, sie wurden aber auch noch verstärkt durch den bei Servicetechnikern typischen Zeitmangel für solche zusätzlichen Aufgaben.

Aus diesem Grund wurde ein Werkstudent befristet eingestellt, der die Wissensbasis unter Anleitung erweitert und die Voraussetzung für die Integration in die Serienlinie geschaffen hat. Er ergänzte die Wissensbasis vor allem um Erklärungen zu den gestellten Fragen und um Hinweise zur Behebung der Störungen.

13.5.2 Verlauf und Aufwände

Der Projektstart kann auf den August 1998 datiert werden. Zu dieser Zeit fand eine erste Einführung in D3 für den projektverantwortlichen Ingenieur und eine Besprechung mit der externen Projektunterstützung (Prof. Puppe, Prof. Daniel) statt. Ein Jahr später war die Wissensbasis mit dem in Abschnitt 13.6.1 beschriebenen Stand ausgebaut. Zu bemerken ist aber, daß diese Bearbeitungsdauer keinen Hinweis gibt auf die tatsächlich investierte Arbeitszeit (s.u.). Im September 1999 wurde D3 auf den Bedienrechnern der Laseranlagen an der Serienproduktionslinie installiert. Das war die Voraussetzung für fallweise Testanwendungen durch Einsteller in der realen Anwendungsumgebung.

Beachtenswert ist, daß für das Projekt praktisch keine eigenen Budgetmittel ausgewiesen werden. Für Software und Arbeitsmittel entstanden keine Kosten. Die projektbezogenen Arbeitszeiten der Bosch-Mitarbeiter werden im Rahmen der ständigen Aufgaben angerechnet. Vom leitenden Ingenieur wurden etwa 30 Manntage pro Jahr aufgewendet. Der im Sommer 1999 zeitweise eingestellte Werkstudent investierte ca. 40 Manntage in das Projekt.

Insgesamt ist also mit relativ wenig Aufwand eine nach ersten Erkenntnissen brauchbare Wissensbasis und technische Anwendungsumgebung geschaffen worden.

13.6 Erreichter Entwicklungsstand

13.6.1 Stand der Wissensbasis

Die Wissensbasis umfaßt zunächst die kontinuierlich strahlenden Laser, von denen 9 Anlagen in Betrieb sind. Diese werden in der EV6 Produktion am häufigsten verwendet. Der Einschluß der gepulst arbeitenden Laser wurde aus Zeitgründen zunächst zurückgestellt.

Die Wissensbasis wurde in kategorischer Diagnostik aufgebaut, ein Sonderfall der heuristischen Diagnostik, der ausschließlich zu sicheren Diagnosen führt. Die Wissenseingabe wurde durchgehend als Entscheidungsbaum formalisiert. In Ab-

bildung 2 erkennt man mit der ersten Frage den Einstieg in den Entscheidungsbaum. Hier wird auf oberster Ebene nach der Fehlerquelle gefragt.

Der Schwerpunkt der Fälle in der Wissensbasis befaßt sich wie geplant mit der
Laseranlage. Im Laufe des Aufbaus der Wissensbasis stellt sich jedoch heraus, daß
eine Erweiterung auf Fehler der Schweißstation und deren Peripherie sinnvoll und
der Mehraufwand hierfür vertretbar ist. Der Grund hierfür liegt in der Tatsache
begründet, daß bei einigen Fehlern keine Störungsmeldung am Laser vorliegt bzw.
die Störmeldung auf einen externen Fehler hinweist.

Die Einstiegsfrage nach einem Prozeßfehler bezieht sich auf einen weiteren
Teil der Wissensbasis, auf den hier jedoch nicht weiter eingegangen werden soll,
da er sich auf sehr spezielles Prozeßwissen bezieht.

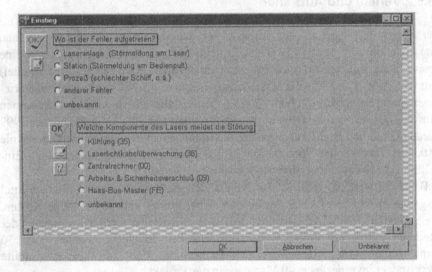

Abb. 2: Einstiegsfrage und erste Unterfrage zum Bereich Laseranlage

Das Lasergerät kann, aufbauend auf eine Reihe intern überwachter Betriebszustände, in gewissem Maße selbstständig Fehlerursachen erkennen. Diese erkannten Fehler werden in Form von Fehlercodes an das Bedienprogramm geleitet.
Solange eine automatische Übergabe dieses Werts an D3 nicht implementiert ist,
muß dieser zunächst vom D3-Nutzer manuell eingegeben werden. In der ersten
Frage wird nach der Komponente gefragt, die die Störung gemeldet hat. Diese
Information ist in den ersten beiden Zeichen kodiert. Danach fragt D3 nach der
konkreten Fehlernummer der jeweiligen Komponente.

In der Wissensbasis sind alle Laserkomponenten abgedeckt, in die die Einsteller eingreifen dürfen, jedoch mit jeweils unterschiedlich vielen Fällen. Der Haupt-
augenmerk wurde auf die Komponenten Kühlung (31 Diagnosen), Laserlichtka-
belüberwachung (11 Diagnosen) und Arbeits- und Sicherheitsverschluß (7 Diagnosen) gelegt.

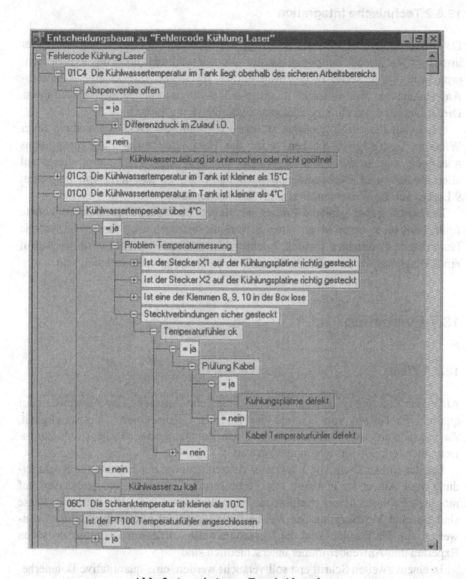

Abb. 3: Ausschnitt aus Entscheidungsbaum

Abb. 3 zeigt einen Ausschnitt aus dem Entscheidungsbaum zum Wissensgebiet Laserkühlung. So gut wie alle Fragen sind mit Hintergrundinformationen zu deren Beantwortung (Bild und Text) hinterlegt. Als Quelle dienen Zeichnungen aus der Anlagenbeschreibung, eigene Fotos und Texte. Insbesondere bei den Hinweisen zur Behebung der Störung wurden Teile der Anlagenbeschreibung komplett übernommen.

13.6.2 Technische Integration

D3 ist seit September 1999 auf den Bedien- und Beobachtungsrechnern der Laser installiert. Zu diesem Zeitpunkt war auf allen Serienlinien noch das alte Bedien-programm – eine reine DOS-Anwendung – installiert. Da D3 eine Windows-Anwendung ist, war es nicht möglich beide Programme parallel auszuführen. Dieser Umstand war für eine Akzeptanz von D3 wenig förderlich.

Als Lösung bot sich zunächst an, das Programm als DOS-Anwendung unter Windows lauffähig zu machen, wozu die Installation eines Zusatzprogramms notwendig war. In den Monaten Oktober und November 1999 wurde dieses auf allen Bedien- und Beobachtrechnern nachgerüstet, so daß jetzt von insgesamt 9 Lasern auf die Wissensbasis zugegriffen werden kann.

Der schon früher geplante Einsatz des neuen Laser Bedienprogramms konnte Ende November erstmals an einer Serienlinie erfolgen. Auf dieser Serienlinie laufen beide Programme parallel. In einem der nächsten Updates wird der Aufruf eines Diagnosefalls unter D3 direkt aus dem Bedienprogramm möglich sein.

13.7 Evaluation

13.7.1 Ziele

Als erstes Ziel der Evaluation werden empirische Aussagen der Anwender zum qualitativen Nutzen von D3 und der Qualität („Korrektheit", Vollständigkeit, Zuverlässigkeit) der Wissensbasis und der Benutzungsoberfläche (Benutzungs-freundlichkeit, Softwareergonomie) erwartet.

Bei der Entwicklung von Expertensystemen benötigt der Experte die Rückmel-dung vom Anwender in Form von Verbesserungshinweisen und Hinweisen auf mögliche Fehler und/oder irreführende Formulierungen in der Wissensbasis. Diese sind für eine Verfeinerung der Wissensbasis unbedingt notwendig, da die Sicht-weisen auf das Problem und die Vorgehensweise zu dessen Diagnose zwischen Experten und Anwender immer unterschiedlich sind.

In einem zweiten Schritt erst soll versucht werden, eine quantitative Datenerhe-bung für eine Wirtschaftlichkeitsabschätzung durchzuführen. Diese ist für eine Bewertung des Nutzens des gesamten Projekts sicherlich hilfreich, erweist sich aber als außerordentlich schwierig, wie am Beispiel in Abschnitt 13.7.3 erläutert wird.

Aufgrund der Tatsache, daß eine Reduzierung der laserbedingten Stillstandszeit einer Fertigungslinie von nur wenigen Stunden pro Jahr den gesamten bisherigen Aufwand für das Diagnosesystem rechtfertigt, ist zu erwarten, daß eine Wirt-schaftlichkeitsabschätzung zugunsten des Einsatzes von D3 ausfallen wird. Zudem läßt sich in gewissem Umfang der Aufwand zur Pflege und Erweiterung der Wis-sensbasis vom Standpunkt einer kontinuierlichen Weiterbildung der Anwender rechtfertigen.

13.7.2 Evaluationsmethoden

Um Informationen über den Nutzwert der Wissensbasis zu sammeln, wurden seit Beginn der Evaluation eine Reihe von Maßnahmen durchgeführt.

Zur Datenerhebung wurde ein Fragebogen zur Falldokumentation erstellt, der dem Anwender die Möglichkeit bietet, Informationen und Verbesserungsvorschläge an den Experten (leitender Ingenieur) weiterzugeben. In Zukunft soll auch die Möglichkeit des Fallspeichers von D3 genutzt werden, um den genauen Weg durch den Entscheidungsbaum nachvollziehen zu können.

Da die Wissensweitergabe über schriftliche Formulierungen erfahrungsgemäß nicht immer funktioniert (Zeitmangel, teilweises Fehlen von Informationen usw.) standen bisher Befragungen der Anwender durch den Experten im Vordergrund.

Als Vorstufe der Evaluation im Serieneinsatz wurden vom Experten alle und von den Anwendern einzelne hypothetische Fälle durchgespielt.

13.7.3 Ergebnisse

Wie im Abschnitt 13.1 bereits ausgeführt, startete die Evaluationsphase zunächst mit einer technisch integrierten Lösung, die sich im Nachhinein als nicht ausreichend herausstellte, da sie vom Anwender nicht akzeptiert wurde. Es wurden allerdings von den Einstellern auch ohne anstehende Störfälle in Arbeitspausen Testfälle durchgespielt. Aus dieser eher als Annäherung an D3 denn als Evaluation zu bezeichnenden Phase konnten jedoch noch keine brauchbaren Aussagen zur Qualität der Wissensbasis gewonnen werden. Die Anwender bestätigten die einfache Bedienbarkeit und äußerten einzelne Verbesserungshinweise zum Umgang, auf die später zusammenfassend eingegangen werden soll.

Nach der technischen Integration von D3 in Verbindung mit dem neuen Laserbedienprogramm kam D3 zum ersten Mal während einer realen Fehlersuche zum Einsatz: Dieser Fall, der zum Austausch des Lichtleitkabels führte, wird im folgenden vorgestellt.

Abb. 4 zeigt einen Ausschnitt des Entscheidungsbaums, der in diesem ersten dokumentierten Fall vom Anwender durchlaufen wurde und zur korrekten Diagnose geführt hat.

Der Klartext des Fehlercodes gibt bereits einen recht genauen Hinweis auf die Ursache der Störung. Die Erläuterungen in der laserinternen Diagnose geben aber keine expliziten Anweisungen für eine detailliertere Fehlersuche. Es wird lediglich gesagt, daß ein bestimmter Widerstand an elektrischen Kontakten des Lichtleitkabels herrschen muß. In so einem Fall würde der Einsteller je nach persönlicher Erfahrung entweder das Lichtleitkabel sofort wechseln oder zunächst einige weitere mögliche Fehlerursachen überprüfen. Ein Austausch des Lichtleitkabels bedeutet einen Aufwand von ca. einer Stunde und birgt die Gefahr der Verschmutzung der optischen Komponenten beim Wechsel. Daher ist es unbedingt notwendig, zunächst alle weiteren möglichen Diagnosen auszuschließen.

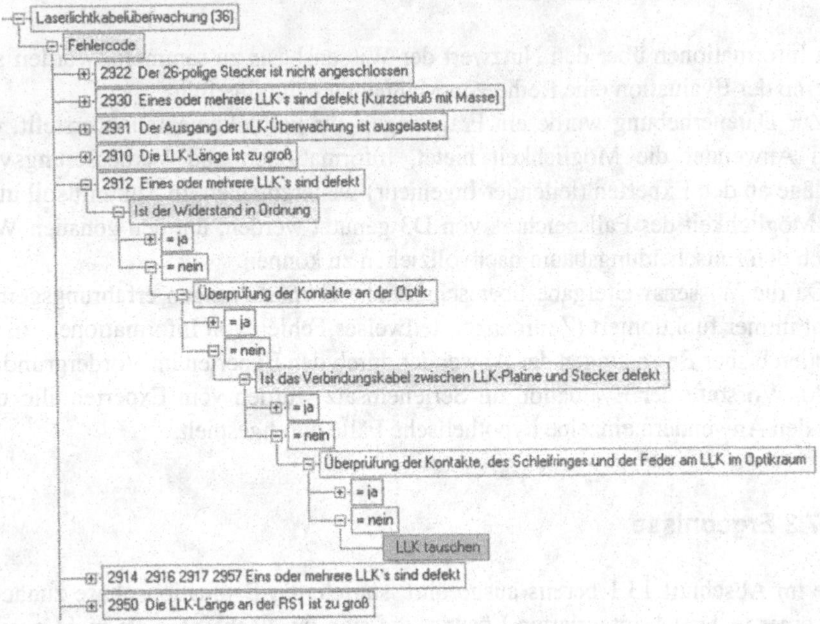

Abb. 4: Ausschnitt des Entscheidungsbaums

Im besagten Fall entschied sich der Einsteller, daher zunächst mit Hilfe eines Elektrikers die im Fehlerbaum aufgezeigten elektrischen Prüfungen durchzuführen, um die Verdachtsdiagnose „Lichtleitkabel defekt" zu erhärten. Die Wissensbasis kam folgerichtig zu dem in diesem Fall korrekten Ergebnis und schlug den Austausch des Lichtleitkabels vor. Bei der nachträglichen Befragung des Einstellers äußerte dieser, daß er auch ohne Nutzung von D3 vor dem Austausch des Lichtleitkabels zwei der insgesamt vier Verdachtsdiagnosen durch Überprüfung ausgeschlossen hätte.

Anhand des hier geschilderten Falls soll auf das bereits oben angesprochene mögliche Problem bei einer Wirtschaftlichkeitsabschätzung eingegangen werden. Streng genommen hatte hier der Einsatz von D3 keinen quantifizierbaren wirtschaftlichen Nutzen. Nur bei einer Fehldiagnose ohne D3, die durch dessen Einsatz hätte vermieden werden können, wäre der Nutzen offensichtlich gewesen. Um so einen Fall eintreten zu lassen, dürfte man aber D3 immer nur dann einsetzen, wenn der Einsteller mit seiner Erfahrung nicht zum Ziel kommt. Da bis zu dieser Erkenntnis aber auf jeden Fall zeitraubende Fehldiagnosen erfolgt sind, entsteht genau in dieser Testphase ein wirtschaftlicher Schaden, der durch den sofortigen Einsatz von D3 hätte verhindert werden können.

Daher sollen Diagnosen prinzipiell zunächst mit Unterstützung von D3 erstellt werden. Dem Einsteller bleibt jedoch freigestellt, sich an den Vorschlag von D3 zu halten. Um eine zumindest grobe Bewertung der ökonomischen Bedeutung von D3 erreichen zu können, sollen die Fallbearbeiter jeweils einschätzen und dokumentieren, ob der Fall von ihnen auch ohne D3 überhaupt oder genau so schnell hätte bearbeitet werden können. Der bereits bestehende Fragebogen zur Falldokumentation wurde um diese Punkte erweitert.

13.7.4 Verbesserungshinweise

Die Erfahrungen, die im Laufe des Projekts und der Evaluation gesammelt wurden, zeigen eine Reihe von Verbesserungsmöglichkeiten auf, die sowohl die Wissensbasis, die technische Integration als auch Details der Bedienung des Programms D3 umfassen.

In puncto Wissensbasis stand zu Beginn des Projekts der vergleichsweise geringe Formalisierungsaufwand von Entscheidungsbäumen im Vordergrund. Es wurde durch umfassende Erklärungen zu jeder Frage dem Anwender die Möglichkeit gegeben, auf jede Frage sicher zu antworten. Bei einzelnen durchgespielten Fällen zeigte sich aber bereits, daß das Zulassen von Verdachtsdiagnosen einen Vorteil bringt, weil sonst bereits die falsche Beantwortung einer Frage zu einer falschen Diagnose führt. Daher erscheint es sinnvoll, die Diagnostik hin zu heuristischen Entscheidungsbäume abzuändern, die auch Verdachtsdiagnosen zulassen.

In puncto technischer Integration von D3 ist zunächst der direkte Aufruf von D3 aus dem Laserbedienprogramm und die automatische Datenübergabe von Fehlercodes und Meßwerten an D3 anzustreben.

In puncto Bedienbarkeit von D3 gibt es ebenfalls zwei Aspekte, die eine wesentliche Verbesserung bewirken. Für den Experten, dem die Pflege und Wartung der Wissensbasis obliegt, ist der Übergang von der bisherigen lokalen Speicherung der Wissensbasis auf eine Client-Server-Anwendung vorrangig. Damit ließe sich der Aufwand bei Aktualisierungen der Wissensbasis minimieren und eine konsistente Datenhaltung garantieren. Änderungen an der Wissensbasis würden sofort allen Nutzern des Diagnosesystems bereitstehen. Für den Anwender könnte die Integration von Fragen und Multimediaerläuterungen, so wie es im WebKit von D3 bereits realisiert ist, Vereinfachungen bei der Bedienung bringen. In größeren Projekten, bei denen die Anwender unterschiedliche Kenntnisse und Befähigungen haben, ist eine gestufte Freigabe von Wissen über Benutzerebenen sinnvoll, wie es sie in vielen Anwenderprogrammen bereits gibt.

13.7.5 Bewertung

Die Bewertung der Arbeit mit dem Diagnoseprogramm D3 fällt aus Sicht des Experten durchweg positiv aus. D3 ermöglicht ohne besondere Vorkenntnisse den schnellen Aufbau einer Wissensbasis – zumindest in der hier verwendeten Wissenseingabe über Entscheidungsbäume. Die grafische Darstellung und die einfache Möglichkeit des Editieren von Entscheidungsbäumen erleichtert den Umgang mit der Entwicklungsumgebung und läßt Zeit zur Beschäftigung mit dem Wesentlichen. Die in älteren Versionen von D3 noch relativ umständliche Anbindung von Multimediaelementen zur Erläuterung ist in der aktuellen Programmversion ebenfalls kein Problem mehr.

Für den Anwender, bei dem nicht zwangsläufig Computergrundkenntnisse vorhanden sind, war der einfache und übersichtliche Aufbau des Falldialogs von entscheidender Bedeutung.

13.8 Zusammenfassung und Ausblick

Zusammenfassend läßt sich feststellen, daß sich der besondere Projektansatz in wesentlichen Punkten bewährt hat. Es sollte erprobt werden, ob mit geringem Aufwand eine wissensbasierte Diagnoseunterstützung aufgebaut werden kann, die praktisch einsetzbar ist und im Betrieb Akzeptanz findet.

Rechnet man die Personalaufwände aller Beteiligter (auch der zukünftigen Benutzer und Mechaniker) großzügig zusammen, so kommt man auf einen Personaleinsatz von unter 100 Manntagen. Dabei ist eine multimedial gut ausgebaute Wissensbasis entwickelt worden, die sich in ersten Tests bewährt hat und von den Benutzern angenommen wurde. Zu beachten ist, daß der Aufwand auch die Einlernphasen umfaßt, die bei der Wissensbasispflege in Zukunft nicht mehr in dem Maße anfallen werden. Es zeigte sich, daß das Entwicklungstool D3 vom Wissensbasisentwickler mit Ingenieurqualifikation leicht und mit geringstem externen Schulungsaufwand zu erlernen war.

Auch wenn eine gut abgesicherte Evaluation noch aussteht, kann man aufgrund der Projekterfahrungen einige notwendige Erfolgsfaktoren benennen, die bisher bestimmend waren:

- Für die Benutzer muß der Nutzwert des neuen Systems im Sinne einer tatsächlichen Aufgabenunterstützung klar erkennbar sein.
- Die Systemnutzung darf keinen nennenswerten zusätzlichen Bedienaufwand erfordern und muß so gut wie möglich in gewohnte Systemumgebungen integriert sein.
- Die Verwendung von einfachen und bekannten Diagnoseverfahren (Entscheidungsbäume) unterstützt das Verständnis auf Entwickler- und Benutzerseite.
- Zusätzliche multimediale Informationen erhöhen den Gebrauchswert beträchtlich und tragen damit verstärkt zur Akzeptanz bei.
- Da Wissensmanagementprojekte in besonderem Maße auf die Partizipation der Mitarbeiter angewiesen sind, muß auf die unterschiedlichen Interessenslagen der beteiligten Mitarbeitergruppen eingegangen werden, um Kooperationsblokkaden zu verhindern.

Die weiteren Planungen sehen vor, daß das Diagnosesystem in einer Testphase bis mindestens Juni 2000 weiter evaluiert wird. Nach der Ende 1999 erfolgten verbesserten Integration von D3 in die Bedienumgebung der Laseranlagen ist mit wesentlich größeren Informationsrückflüssen der Nutzer zu rechnen. Danach soll die Entscheidung fallen, ob D3 in der zum jetzigen Zeitpunkt realisierten Weise die gestellten Erwartungen erfüllt. Als Basis hierfür sollen die Fallprotokolle und die Bewertungen der Nutzer und der Fertigungsverantwortlichen dienen.

Bis dahin obliegt die Betreuung, Pflege und Evaluation weiterhin der Abteilung TEF. Sollte zum o.g. Zeitpunkt die Entscheidung für den weiteren Einsatz von D3 fallen, ist eine erneute Unterstützung eines Werkstudenten für den Ausbau und die Pflege des Systems geplant.

Bis zur Entscheidung des weiteren Einsatzes von D3 bei der Diagnose von Laserstörungen wird die Wissensbasis anhand der Rückmeldungen der Anwender verbessert und punktuell erweitert. Parallel dazu soll die Diagnostik hin zu heuristischen Entscheidungsbäumen erweitert und die Verwendung von Fallvergleichen zur Diagnose getestet werden.

Aus der Erfahrung der Evaluation heraus ist für den Anwender eine einfache Handhabung des Systems von grundsätzlicher Bedeutung, daher soll dieser Aspekt ebenfalls ein Schwerpunkt der weiteren kurzfristigen Arbeiten sein.

Durch die bisherige Zusammenarbeit mit der Herstellerfirma der Laser und der Tatsache, daß dort derzeit über das in Zukunft im Bedienprogramm integrierte Diagnosehilfsmittel diskutiert wird, bietet sich eventuell die Möglichkeit, daß D3 in Zukunft standardmäßig angeboten wird. Diese Lösung hätte für den Anwender den Vorteil, daß die Verantwortung für den weiteren Aufbau und insbesondere die Pflege dieses Teils der Wissensbasis beim Hersteller der Laser liegt, der über ein umfassendes Expertenwissen verfügt. Für die Herstellerfirma wiederum ist das Anbieten eines wissensbasierten Diagnosesystems ein Verkaufsargument, das in den nächsten Jahren sicher zunehmend an Bedeutung gewinnen wird.

Informationen zur CD-ROM

Auf der beiliegenden CD-ROM finden Sie die Software Diagnostik-Shellbaukasten D3, ein Tutorial für die Entwicklung von Wissensbasen mit D3 sowie eine Schritt-für-Schritt-Anleitung zur Entwicklung von Wissensbasen in D3 gemäß dem Formalisierungsmuster „heuristische Entscheidungsbäume".

Die **Hardware-Voraussetzungen** für D3 sind ein PC mit mindestens 64 MB Hauptspeicher, ein Bildschirm mit der Mindestauflösung von 800*600 Pixeln und das Betriebssystem MS-Windows 95/98/2000 oder NT.

Für das Lesen der Dokumente benötigen Sie den Acrobat-Viewer, der auch von der CD her installiert werden kann.

Für eventuelle Fehler in D3 übernehmen wir keinerlei Haftung. Für kommerzielle Anwendungen empfehlen wir Verträge mit einer Firma (s.u.).

D3 wird kontinuierlich weiterentwickelt. Informationen über aktuelle Entwicklungen und kommerzielle Anwendungen finden Sie unter:

> http://d3.informatik.uni-wuerzburg.de   oder
> http://www.d3web.de

Falls Sie spezielle Fragen haben, schicken Sie eine E-Mail an:

> d3@informatik.uni-wuerzburg.de   oder
> info@d3web.de

Die Postadresse ist:

> Prof. Dr. Frank Puppe (Kennwort D3)
> Universität Würzburg
> Lehrstuhl für Informatik VI
> Am Hubland
> 97074 Würzburg

Druck: Strauss Offsetdruck, Mörlenbach
Verarbeitung: Schäffer, Grünstadt